国家哲学社会科学成果文库
NATIONAL ACHIEVEMENTS LIBRARY
OF PHILOSOPHY AND SOCIAL SCIENCES

公共信息服务社会共治理论与实践研究

周　毅　著

科学出版社

内 容 简 介

本书在梳理公共信息服务相关理论研究与实践背景基础上，对我国公共信息服务社会共治的理念与目标、模式构建中的要素变量及其内在逻辑关系等进行系统理论阐述和建模分析，提出了我国公共信息服务社会共治的框架思路及其风险预防与绩效评估等一系列理论命题，并对上述问题进行了比较系统的科学阐释。通过典型案例分析发现了公共信息服务实践的个性和特色，总结了公共信息服务的基本规律，验证或修正了公共信息服务社会共治模式构建及其法治化的一系列理论判断。

本书理论与实践研究相结合，现实研究与趋势研究相结合，可作为公共信息服务各类参与主体的参考资料，也可供高等学校师生、科研机构研究人员学习参考。

图书在版编目（CIP）数据

公共信息服务社会共治理论与实践研究 / 周毅著 . —北京：科学出版社，2023.4
（国家哲学社会科学成果文库）
ISBN 978-7-03-074448-7

Ⅰ . ①公… Ⅱ . ①周… Ⅲ . ①公共服务 – 情报服务 – 社会管理 – 研究 – 中国 Ⅳ . ① G252.8

中国版本图书馆 CIP 数据核字 (2022) 第 254886 号

责任编辑：刘　超 / 责任校对：樊雅琼
责任印制：赵　博 / 封面设计：黄华斌

科 学 出 版 社 出版
北京东黄城根北街 16 号
邮政编码：100717
http://www.sciencep.com

北京中科印刷有限公司印刷
科学出版社发行　各地新华书店经销
*
2023 年 4 月第　一　版　　开本：720×1000　1/16
2025 年 1 月第二次印刷　　印张：22 1/4　插页：2
字数：300 000

定价：160.00 元
（如有印装质量问题，我社负责调换）

《国家哲学社会科学成果文库》
出版说明

为充分发挥哲学社会科学优秀成果和优秀人才的示范引领作用，促进我国哲学社会科学繁荣发展，自 2010 年始设立《国家哲学社会科学成果文库》。入选成果经同行专家严格评审，反映新时代中国特色社会主义理论和实践创新，代表当前相关学科领域前沿水平。按照"统一标识、统一风格、统一版式、统一标准"的总体要求组织出版。

全国哲学社会科学工作办公室

2023 年 3 月

目 录

CONTENTS

第1章

绪　　论

1.1　国内外研究基本情况

公共信息服务是公共服务的重要组成内容，也是政府的法定职能之一。公共信息服务是一个由信息公开或数据开放、公共信息产品生产与推广、公共信息服务组织、信息服务集成数据库或平台建设、公共信息服务衍生品生产等共同构成的价值链与业务链。公共信息服务是服务型政府建设的基本要求和应有之义，是推进经济社会高质量发展的基本力量和动力源泉，同时也是国家治理体系与治理能力现代化建设的重要内容。

基于对国内外相关主题研究学术史的梳理和分析，可以对国内外与公共信息服务有关的研究进展作出以下概要性判断。

国外服务型政府建设起步较早，公共信息服务也较早受到学界关注。通过对 Web of Science（WOS）等相关数据库检索发现，近 50 年国外公共信息服务研究大致可分为四个阶段：1965~1970 年为起步阶段，该阶段学者们开始关注公共信息服务问题；1971~1979 年为快速发展阶段，该阶段研究成果呈快速增长趋势，以理论研究为主，开始涉及技术和应用领域；1980~1995 年为稳定发展阶段，该阶段公共信息服务理论研究逐步成熟，更多转向技术和应用层面研究；1996 年以后为服务评估阶段，该阶段公共信息服务研究文章总量开始递减，主要是关注公共部门信息再利用、政府数据开放、科研数据开放、健康医疗信息服务及地理信息服务等领域的最佳实践案例，并通过案例分析来带动理论研究的发展。纵观国外公共信息服务研究重点，其关注的主要领域包括：用户研究（用户获取/需求/行为等）；公共信息服务机构的服务过程与管理政策研究；公共信息服务的技术应用研究；公共信息服务评估研究等。其中，公共图书馆如何参与公共信息服务、如何参与政府数据开放等也是学界关注的重点内容。

国内公共信息服务理论研究起步相对较晚。自1995年以来，学界主要从基本理论、应用技术、案例与实践三维度展开研究，已有成果主要集中在公共信息服务基础理论（目标与内涵、原则与理念、服务体系与实现模式等）、公共信息服务平台与技术（平台的结构、功能、特征、建设模式、技术实现等）、公共信息资源开发政策与对策(制度体系构建、政策文本分析、对策措施研究）等方面，近年来也出现了将政府数据开放、公共数据开放利用纳入研究范畴的趋势。从实践进展看，目前我国公共信息服务虽在某些领域（如政府信息开放、科研数据开放、地理信息服务等）取得了初步成效，但我国公共信息服务能力和服务质量与绩效均有待提高，公共信息服务有效供给不足和无效供给过剩等现象不同程度存在。因此，深化公共信息服务理论研究、总结公共信息服务典型经验等就成为丰富和深化我国公共信息服务理论内涵和实现公共信息服务供给侧结构性改革的内在要求。

1.2　理论与实践意义

公共信息服务社会共治模式的建构及其法治化是公共信息资源建设与服务的关键理论问题之一。以社会共治理念指导我国公共信息服务的模式建构，可以突破公共信息服务仅由政府机关或事业机构供给的既定模式，将公共信息服务社会共治的相关要素变量纳入一个系统框架进行思考，从而进一步丰富信息资源管理理论、完善服务型政府理论。从实践上看，通过对若干领域或行业典型案例的调研分析，可以总结梳理出某些领域或行业公共信息服务的实践经验，并根据社会共治的内在机理和要求，重新思考和深化公共信息服务模式改革、政策框架设计等，这有利于破解公共信息服务的"碎片化"、服务不充分与不平衡、质量不高和绩效不佳等实践难题，从而将公共信息服务改革实践推向深入，这对面向数字化发展的公共数据开放利用新实践也具有重要参考价值。

1.2.1　理论意义

"公共信息服务社会共治"这一研究命题的主要理论意义包括以下三个方面。

（1）瞄准公共信息服务模式建构这一关键问题，建构起从自变量到因变量的公共信息服务理论框架，揭示公共信息服务发展的内在逻辑与基本规律，从而形成能够体现信息资源管理学科特点和学科使命的战略层面理论。

公共信息服务是一个因情境变化（自变量）而发生变化的因变量。如何建构起新情境自变量 – 现实关键问题梳理与分析 – 公共信息服务发展向度与行为逻辑因变量的理论分析框架，这不仅对回应现实情境中的理论与实践问题具有意义，更重要的是这种理论分析框架可以为公共信息服务理论研究提供一种学科范式，这个学科范式具有情境思维、系统思维等特性。这种由情境自变量 – 关键问题分析 – 理论建构与分析 – 行为检验与实践组成的研究逻辑，不仅体现出信息资源管理学科呼应现实行为实践的基本特点，而且也可以站在国家战略和信息环境变化的高度上对信息资源管理学科发展的一些关键问题作出科学判断。从信息资源管理学科的使命看，以科学性和预见性的理论研究，指导开展以公众满意的信息服务为目标，并以此为中心来组织信息资源管理过程是一个基本原则。因此，对信息资源管理学科而言，建立起公共信息服务理论研究框架本身就是一个战略层面的理论研究内容。

（2）突破在信息服务理论研究中仅将公共信息机构等作为研究对象的局限，回应社会行为实践中已经出现的新问题，科学分析并预见未来实践中可能出现的信息服务新变化，从而形成关于我国公共信息服务发展的规律性认识。

长期以来，我国信息服务理论将研究重点聚焦在公共图书馆、公共档案馆、科技信息中心等服务主体上，将服务内容集中于文献资源保障与服务，对用户需求特点及其变化规律一般以用户职业类型进行区分。以上述思路为基本指导，我国围绕着公共信息机构的信息服务理论研究形成了一批有影响的成果。近年来，公共信息服务环境、公众信息服务需求、公共信息服务供给主体、公共信息服务内容等也正在发生变化，公共信息服务由政府及有关公共信息服务机构垄断的现象正在消失，大批潜在的公共信息服务供给者正在陆续进入该领域，政府与社会力量供给主体的边界、政府供给主体之间的部门边界、公共信息免费与有偿服务的边界、传统信息机构实体服务与数字环境下虚拟服务的边界、公共信息内容交叉融合的边界等都在发生着显著变化。其中一个最基本的发展趋势和特点是"服务边界消失与交叉融合"。将上述公共信息服务发展中出现的新问题纳入研究视野，不仅可以突破信息服务理论研究的思维定式，而且可以极大地丰富我国公共信息服务理论的内涵，以此为基础形成关于我国公共信息服务模式或机制创新的一系列规律性认识。

（3）针对公共信息服务社会共治模式及其法治化等关键问题进行研究，有助于丰富我国社会治理理论研究的内涵，从而为中国特色国家治理体系和治理理论建设提供支撑。

在我国现代国家治理体系建设的情境下，公共信息服务既是一种社会治理对象，又是一种社会治理工具。公共信息服务首先是一种社会治理对象。为了回应社会对公共信息服务的迫切需求，解决当前我国公共信息服务不充分、不平衡、不深入的矛盾，探索并实践公共信息服务社会治理的新模式，实现人民满意的公共信息服务是基本的价值追求。公共信息服务又是一种社会治理工具或治理方式，树立这种理念有助于我们对诸多社会现象的产生机制和社会行动的内在逻辑获得新的理解，从而为现代国家治理体系的建设提供一种新视角，这也可以极大地丰富中国特色国家治理理论研究的内涵。例如，在诸多群体性事件或舆情事件中，有时民间舆论场之所以影响力巨大并能左右事件的发展方向，其内在根源就在于政府数据开放共享不够，以及公共信息服务缺位或不到位，社会公众的信息需求未能从官方渠道获得有效满足。在官方舆论场与民间舆论场的力量博弈中，扩大政府数据开放和增加有效的公共信息服务产品投放力度，对从源头上消解因"小道消息"而引发的社会群体性行动具有重要作用，而且它也在事件演化发展进程中具有引导和控制事件走向的意义。因此，公共信息服务作为一种政府获得影响力、引导力或控制力的方式，以及作为政府获得社会信任的机制，对丰富社会治理工具箱、推动社会治理能力的全面提升等具有重要意义，以此为中心开展的理论研究对建构中国特色国家治理理论具有重要支撑作用。

1.2.2　实践意义

针对公共信息服务社会共治模式及其法治化的研究，不仅在理论上建构起具有中国特色的公共信息服务理论框架，而且在实践上积极呼应社会公众多样化、个性化和公平性的信息服务需求，从而形成公共信息服务改革行动的基本逻辑。其具体应用价值与社会意义包括以下三个方面。

（1）对公共信息服务社会共治模式建构这一现存关键问题的分析，有助于指导实践领域管理者抓住并破解工作中的主要矛盾，从而提高公共信息服务的效率与效果。

随着情境和公众需求的变化，在公共信息服务发展实践中出现了很多迫切需要回答和解决的新问题。公共信息服务发展面临的新问题来源于服务体制与机制、组织与服务政策、资源禀赋与技术保障、权利诉求与安全需要等多个方面。通过对上述问题的元素性、结构性、功能性等不同视角的对策或行动路径分析，有助于实践管理者结合工作实际，认识不同公共信息服务类型的组织方式、政策要求、保障条件等，从而使各级各类管理者或服务参与者在基本理论指导下寻找并破解公共信息服务发展的主要矛盾及其具体行动策略。

（2）对我国公共信息服务发展的最佳实践案例进行分析，可以立足中国国情提出一系列促进公共信息服务发展的典型经验，从而确保我国公共信息服务重点领域的优先发展。

近年来，我国在政府数据开放、政府信息公开、科研数据服务、健康医疗信息服务、信用信息服务、地理信息服务、教育信息服务等领域均有成功实践案例，而上述实践案例在运作过程中所采用的机制、适用的政策、产权保护制度、营销推广策略、公平性保障措施等方面均有差异。选取最佳实践案例并从中分析总结出具有推广价值的典型经验，这对进一步扩大我国公共信息服务领域，深化重点领域的公共信息服务改革等具有重要的应用指导价值，也对面向数字化发展的公共数据开放利用新实践具有重要参考价值。

（3）围绕着"公共信息服务场景力提高"这一核心命题所进行的变革行动研究，不仅可以形成有效推进公共信息服务变革的对策，而且对因此而引发的信息内容产业发展具有规划引领作用。

公共信息服务发展的重要任务就是建构并提高公共信息服务的场景力，其构成要素包括服务适配能力、内容整合能力及社群连接能力等[1]。为了完

---

①周毅，白文琳. 数据驱动环境下公共信息服务的变革向度与逻辑 [J]. 情报资料工作，2019（8）：25-30.

成上述重要任务，需要对公共信息服务变革与改进的具体行动对策形成系统化研究。这种对策研究的作用不仅体现在通过公共信息服务能力提高来满足社会需求的直接功能上，而且还体现在通过促进数据信息消费实现经济与社会发展动能的转换，调整和重新定位公共信息服务业务链上各参与主体的功能（特别是数据服务商的功能，数据服务商主要依靠"上游资源＋中游技术＋下游应用"来开展业务活动），引导信息产业内部结构的优化，促进以信息内容服务为核心的数字内容产业发展等间接功能上。因此，在公共信息服务的变革行动研究中所涉及的优化公共信息服务发展政策与对策，不仅可以为公共信息服务的供给主体提供行动参考，而且可以为相关政府部门的产业规划提供依据。

1.3　研究内容与创新观点

1.3.1　研究内容与核心观点

（1）对我国公共信息服务社会共治的理念与目标、模式构建的要素变量及其内在逻辑关系等进行理论阐述和建模分析，提出我国公共信息服务社会共治的框架思路、风险预防与绩效评估等一系列理论命题，并对上述问题给出科学系统的阐释。

在此问题上的核心观点包括以下五方面。

第一，系统阐明公共信息服务社会共治的内涵与运行机理。公共信息服务社会共治是一个多主体、多要素、多机制构成的复杂体系和运行过程，其主要价值指向是完善公共信息服务的组织结构、治理责任和价值协同，实现公共信息服务公平与效率的双重目标。本书对上述内涵与价值指向的意义进行了分析，从服务主体结构的重构、多元化机制的融合、社会共治的工具组合、多重价值取向的达成、服务层次的转型升级、服务功能的虚拟化等方面具体讨论了公共信息服务社会共治的运行机理。

第二，建构一个公共信息服务社会共治的理论分析模型。在社会共治视角下，公共信息服务模式优化就是要形成公共信息服务主体这一自变量的网络化结构，完善公共信息服务产品的立体化结构和服务过程的标准化流程这两个中介变量，以提高公共信息服务绩效这个因变量。对由自变量、中介变量和因变量所构成的公共信息服务社会共治模型的理论建构和分析是本书的重要内容。

第三，提出公共信息服务供给侧结构性改革的基本思路。社会信息需求的变化和公共信息服务质量的提升要求进行公共信息服务供给侧结构性改革。这种改革必须着力于公共信息服务的类型和形态两个方面。本书将公共信息服务区分为基本型与发展型两种类型，对其内涵与特点进行比较分析，并阐述了两者之间的关系。本书系统梳理了公共信息服务形态的发展变化，认为"可视化"是公共信息服务形态发展变化的基本趋势。为实现公共信息服务供给侧结构性改革，本书提出了若干改革原则和可供选择的路径与方法。

第四，突出网络信息服务与网络信息空间社会共治的重点任务。网络信息服务是公共信息服务实现的重要形式。本书基于度中心性理论在网络空间信息传播中的非适用性，提出了网络空间多元主体社会共治模式。从主体多元、关系建立、主体互动和实现协同四个模块设计了社会多元主体协同治理模式的理论框架，从网络空间多元主体角色分化、多元主体相互依赖、多元主体功能互补和多元主体共同治理四个方面构建了网络空间多元主体协同治理模式[①]，从而为网络信息服务的社会共治提供参考思路。

第五，建构并完善基于产出的公共信息服务社会共治模式绩效评估体系。本书在分析公共信息服务绩效评估工具意义基础上，研究了公共信息服务绩效评估特点和原则，提出绩效评估应关注公众信息需求、关注多元服务价值、

---

①周毅，吉顺权.网络空间多元主体协同治理模式构建研究［J］.电子政务，2016（7）:1-11.

关注整体绩效，从公共信息服务的类型、过程、结果等三个方面论述了社会共治模式下公共信息服务绩效评估的具体维度，通过绩效评估结果的"回溯式设计"来指导公共信息服务社会共治模式构建的再思考，从而保证公共信息服务在主体协调、政策制定、产品创新、流程优化等方面可以得到持续改进。

（2）在公共信息服务社会共治构成要素变量中始终存在着不同的利益、机制、权利、责任等，调整和处理上述问题必须有法治思维。本书以"法治化的意蕴、内容与途径"为线索研究公共信息服务社会共治的法治化进程。

在此问题上的核心观点包括以下三方面。

第一，公共信息服务社会共治中存在着诸多风险类型。在公共信息服务社会共治中可能出现公共信息服务碎片化风险、偏离公共性风险、主体选择风险、责任解构风险、服务安全风险等风险类型。本书对这些风险类型的成因进行了分析，从建立整体性治理机制以减少公共信息服务的碎片化、明确公共信息服务风险的政府责任与问责设计、研判社会共治中安全风险来源等方面进行了对策研究。

第二，公共信息服务法治化是一个过程。法治化是一个从法治理念到法律制度，并从法律制度到法律实现的过程。目前我国公共信息服务在法治理念、法治依据、法治保障机制三个方面均存在不同程度的短板。这就直接导致公共信息服务出现了"不及时、不准确、不回应、不实用"等实际问题。针对上述短板问题如何进行有效改进是本书的研究重点。

第三，公共信息服务法治化的实现是一个自我证明过程。一个成熟的法治要求公共信息服务法律和公共信息服务组织过程要具备科学性和合理性。为此，强化公共信息服务的立法理念、执法理念、守法理念，从确权化、规范化、责任化和协同化等方面加强公共信息服务法律制度的建设，推动公众参与机制、合法审查机制、服务问责机制等公共信息服务法治化实现机制的形成就成为重要任务。

（3）本书突出了理论与实践的相互印证研究，通过典型案例分析不仅发现了具体公共信息服务实践的个性与特色，而且总结出有关公共信息服务的基本规律，验证了关于公共信息服务社会共治模式构建及其法治化的一系列理论判断。

在此问题上的核心观点包括以下四方面。

第一，关于在线开放课程供给模式和管理机制的分析，是公共信息服务社会共治模式构建与运行的典型案例研究。在对在线开放课程的内涵、公共物品属性及其建设意义进行界定基础上，以 Coursera、Udacity、edX、爱课程、清华学堂在线、智慧树在线开放课程平台为对象，分析了其供给主体结构、主体角色作用、主体作用力、公共性表现等方面的差异，提出了形成专业化建设分工合作机制、探索可持续发展生态系统运行机制、建立在线开放课程公共信息服务标准、加强社会共治法治化等在线开放课程服务的社会共治策略。

第二，关于在线开放课程知识产权问题的研究。为了科学处理在线开放课程建设与运营中主体、平台、学习者、教学资源等之间的著作权归属、许可使用等问题，寻求在线开放课程著作权垄断利益保护和知识共享社会利益保护两者之间的新平衡，从在线开放课程建设与运营的利益相关者分析入手，在分析不同利益相关者所面临的著作权问题基础上，具体讨论在线开放课程著作权流转的策略。例如，科学处理在线开放课程著作权流转中的不同主体关系、识别在线开放课程著作权流转的关键问题以及建立在线开放课程著作权集体许可和公共许可的管理机制等。

第三，关于公共信息或公共数据的知识产权特点及其流转机制研究。本书从在线开放课程建设与运营、科研数据流转中所涉及的利益相关者分析入手，在分析利益相关者构成及不同利益相关者面临的知识产权问题的基础上，具体讨论了公共信息知识产权流转策略，提出了如何对公共数据、公共信息进行确权和权利配置的基本问题。

第四，关于公共信用信息社会共治模式运行特点的研究。本书通过对多地公共信用信息服务政策的对比分析，从公共信用信息服务自变量要素主体角色的多元与协同和中介变量要素的产品功能优化与过程重组两大方面，对公共信用信息服务社会共治的运行机制和有关政策特征进行了具体阐释。

（4）本书将历史、现状和趋势的研究结合起来，在公共信息服务研究中既分析了政府供给模式的特点，也分析了公共信息服务社会共治模式现实建构的需要和实践特点，同时对新情境下公共信息服务发展趋势进行了预测。

在此问题上的主要研究包括以下四方面。

第一，对我国公共信息服务社会共治面临的新情境作出了初步判断。数据驱动环境的出现、信息环境治理的要求、现代国家治理体系建设需要等是当前公共信息服务发展问题面临的新情境。随着情境变化，作为因变量的"即将或正在消失的公共信息服务边界"变化，主要体现在服务主体边界、服务内容边界、服务媒体边界、服务空间边界、加工与再开发对象的边界、免费与有偿的边界、服务影响力边界等均在发生变化。如何认识上述变化对公共信息服务模式产生的影响等就是新问题。

第二，对新情境下我国公共信息服务行动的向度与逻辑进行了预测。新环境下公共信息服务变革的向度是要提高由服务适配能力、内容整合能力以及社群连接能力等构成的公共信息服务场景力。公共信息服务的行动转型逻辑是：扩大数据开放，改善公共信息服务的资源禀赋条件；重塑数据管理体制，推动公共信息服务的社会共治；优化公共信息服务模式，实现公共信息服务供给侧结构性改革；再造公共信息服务流程，改善用户的服务体验和获得感；加强数据治理的法治化，促进信息服务公平和产权保护。

第三，对新情境下公共信息服务专业性与社会性的互构及其价值进行了分析。在数据驱动与社会共治模式下，公共图书馆、文献或信息中心和公共档案馆等主体开展的专业性公共信息服务活动正面临着外部进入者或竞争者的巨大压力，这种外部压力同时也是一种机遇。公共信息机构通过信息服务专业性与其他主体信息服务社会性的互构，不仅可以赋予公共信息服务专业性新的内涵，而且可以形塑公共信息服务治理体系与治理能力，其最终目标是实现公共信息服务的高质量发展。

第四，数据驱动环境下公共信息服务研究内容将从公共信息扩大到公共数据，从公共数据运动的"内循环"转向"外循环"。即适应从知情权利保障向数据价值挖掘转变的需要，将研究对象从公共信息扩大到公共数据，研究重点从由公共数据采集归集、分类分级和开放共享等公共数据运动的"内循环"转移到公共数据开发、再加工与再利用、流通交易、资产评估、赋能利用等"外循环"过程。

1.3.2   主要创新观点

（1）提出并建构起公共信息服务社会共治的理论模型。

本书对公共信息服务社会共治的构成要素、模型结构、基本内涵、运行机理、风险规避和绩效评估等进行了系统理论研究，明确了公共信息服务社会共治中各类不同主体的角色与责任，特别是有针对性地提出政府在公共信息服务中应发挥主导作用并承担服务兜底责任。其中关于公共信息服务社会共治内涵与运行机理的分析及公共信息服务社会共治风险及其规避途径的概括，具有一定的原理创新性质。

（2）系统阐明了公共信息服务法治化的内涵及其实现途径。

在全面梳理国内关于公共信息服务法律政策基础上，本书从法治理念、法治依据、法治保障机制三个方面具体分析了我国公共信息服务法治化所存在的短板，并有针对性地提出了公共信息服务法治化实现的机制。这些观点对规范我国公共信息服务实践，提高公共信息服务和信息消费质量等具有现实意义，为我国公共信息服务法律政策体系的优化发展提供了参考依据。

（3）提出数据驱动环境下公共信息服务变革趋势与行动逻辑。

在数据驱动环境下，公共信息服务不仅是一种社会治理对象，而且是一种社会治理工具。以此为基点，适应从知情权利保障（保护"知"的权利）向数据价值挖掘（保护"用"的权利）转变需要，应将研究对象从公共信息扩大到公共数据，并将研究重点聚焦在对公共数据的开发、再加工与再利用、流通交易、资产评估、赋能利用等公共数据运动的"外循环"上。本书分析了公共数据治理的若干体制与机制问题，认为公共图书馆、文献或信息中心和公共档案馆等主体开展的专业性信息管理与服务活动正面临着外部进入者或竞争者的巨大压力，这种外部压力同时也是一种机遇。公共信息机构通过信息服务专业性与其他主体信息服务社会性的互构，不仅可以实现公共信息服务专业性的内涵升级，而且可以形塑公共信息服务治理体系与治理能力，最终实现公共信息服务高质量发展新格局的构建。

（4）将公共信息服务理论与服务实践研究紧密结合。

根据有关领域或行业公共信息服务的实际，本书不仅概括总结了公共信息服务的基本规律，而且也验证了本书关于公共信息服务社会共治模式构建及其法治化的一系列理论判断。本书中关于在线开放课程等教育类公共信息服务、公共信用信息服务等的针对性研究观点已引起相关部门关注。

1.3.3　需要进一步研究的问题

（1）面向数字化发展的公共数据治理和开放利用等新问题研究有待进一步深入。

针对数字化发展的新情境，本书虽然关注到了数据驱动下公共信息服务的变化趋势，但由于我国公共数据开放利用的法律法规或政策尚未系统出台，公共数据作为生产要素和治理要素是全新定位，对公共数据确权及其交易等均属敏感问题，因此，本书对如何处理公共数据开放与公共信息服务的关系，特别是公共数据开放利用、公共信息服务中的数据交易、数据与信息产权等问题未有深入涉及。2020 年，《中共中央国务院关于构建更加完善的要素市场化配置体制机制的意见》和《中共中央国务院关于新时代加快完善社会主义市场经济体制的意见》均强调要"培育和发展数据要素市场"。《中共中央关于制定国民经济和社会发展第十四个五年规划和二〇三五年远景目标的建议》明确提出，要加强公共数据开放共享，建立健全国家公共数据资源体系；扩大基础公共信息数据安全有序开放，探索将公共数据服务纳入公共服务体系；开展政府数据授权运营试点，鼓励第三方深化对公共数据的挖掘利用等构想。2021 年 1 月，中共中央办公厅、国务院办公厅印发了《建设高标准市场体系行动方案》，指出"加快培育发展数据要素市场。制定出台新一批数据共享责任清单，加强地区间、部门间数据共享交换。研究制定加快培育数据要素市场的意见，建立数据资源产权、交易流通、跨境传输和安全等基础制度和标准规范，推动数据资源开发利用。积极参与数字领域国际规则和标准制定"。2021 年 6 月，《中华人民共和国数据安全法》也对"政务数据安全与开放"进行了专章部署。这些立法与政策发展的新动向均对后续研究提出了新要求。

在持续关注"数智"时代公共信息服务发展新变化时，有必要将研究触角进一步深入到公共数据治理体系与治理能力问题上。公共数据治理是由多主体共同参与的、对公共数据资源所开展的一系列协同性、规范性和促进性活动。它在研究对象上包含了政府信息、政务数据、公共信息等在内的各类公共数据资源。以此为思路深化后续研究，可以为我国数据要素市场建设和数字经济发展提供理论保障。

（2）有关公共信息服务、公共数据开放利用案例调研的覆盖面有待进一步加强。

目前本书的案例调研分析主要集中在在线开放课程信息服务、公共科研数据服务和信用信息服务等类型，对其他类型特别是公共物品特性并不明显的公共信息服务调研分析尚显不足，对数字经济、数字社会和数字政府等应用场景下公共数据开放利用的具体案例未有深入调研。在本书研究进入结项阶段的两年内，因国家政策出现重大创新，国内也出现了较多关于公共信息服务、公共数据共享和开放利用实践的新进展，因此需要在案例应用研究上做进一步深入拓展。例如，上海、深圳、浙江等地均提出以公共数据共享驱动为核心，推动数字政府"一网通用""一网通办""一网统管"协同发展；北京、贵阳、成都等地提出通过打造业务中台、数据中台，强化业务集约化能力和数据产品化能力；上海、杭州、苏州等地以"清单制"为抓手，开展公共数据资源大起底，开展"一数一源"专项公共数据治理，打通数据链路，推动供需对接，形成以"业务协同"和"数据共享"为核心的公共数据开放利用改革路径；南京、杭州、武汉、苏州等地选择公共卫生、旅游暴发式聚集等突发应急场景，试验开展"数据靶场"建设，探索不同应急状态下的公共数据利用规则和协同机制。上述实践表明，目前全国各地正各显神通、各有侧重地围绕数据普查、数据分类分级、数据汇聚、数据交易、数据运营等中心内容开展公共数据开放利用体系建设。这些新实践都使以往公共信息服务的实践内容、实践形式等出现了显著变化。如何针对这些新变化进行典型场景的公共信息应用服务、公共数据应用服务等是今后研究的一个重点方向。

第 2 章
公共信息服务研究进展述评及相关理论研究

2.1 公共信息服务研究进展述评

围绕着如何开展公共信息服务，如何满足公众多元化的信息需求，如何保障公共信息服务的公平性等问题，国内学者开展了广泛的理论与实践研究。在此通过对有关研究情况的统计分析，进一步了解我国公共信息服务的发展与变化过程。

2.1.1 研究进展调查

1）数据获取

根据前期文献调查发现，部分学者直接以"公共信息服务"进行专题研究，也有部分学者以"政府信息公开""公共部门信息再利用""数据开放""气象信息服务""地理信息服务""政府信息增值开发"等为对象进行针对性研究。因此，在考虑上述概念之间关联性的基础上，为了提高查全率和查准率，本书选择中国知网期刊数据库，将期刊来源限定为核心期刊和 CSSCI 期刊，以《政府信息公开条例》生效的 2008 年 5 月为起始时间，将检索时间定为 2008 年 5 月至 2020 年 12 月。采取模糊检索，构造检索式为：篇名＝"公共信息"＋"公共数据"＋"政府信息"＋"公共部门信息"＋"政府数据"AND 篇名＝"服务"＋"再利用"＋"公开"＋"开放"＋"共享"，得到 1455 条数据，人工剔除重复、不相关、无意义的数据，筛选出 981 条有效数据，依据搜集到的数据进行分析研究，并得出相关结论。

2）公共信息服务研究主题图谱分析

为了全面地从主题领域展示我国公共信息服务的研究内容、研究趋势，本书分别采用 Gephi、Citespace 对 981 篇期刊论文进行可视化分析。

首先，利用 Gephi 分析工具对公共信息服务以及相关检索关键词共现情况进行可视化分析，绘制关键词共现聚类图谱，发现研究对象之间的亲疏关系，挖掘潜在的或者隐性的研究领域，并揭示出公共信息服务主题领域内的重点研究内容[①]。笔者选择中国知网期刊数据库对公共信息服务的研究现状进行调查，选择文献题录信息统计分析工具（SATI）创建关键词共现矩阵，利用知识图谱构图软件 Gephi 构建关键词共现网络知识图谱，并以此为基础分析公共信息服务的研究主题分布。

其次，利用 Citespace 绘制国内公共信息服务的关键词时区知识图谱，从时间维度来展示国内公共信息服务研究主题的演变；利用 Citespace 提供的突发主题检测功能，通过考察词频的时间分布，挖掘国内公共信息服务研究中变化频次较高的关键词，根据关键词变动频次确定各阶段研究的热点主题演化。

2.1.2　公共信息服务研究主题相关数据分析

1）关键词共现分析

通过以上实现机制，对 981 篇期刊论文进行关键词共词聚类分析，结果如图 2-1 所示。其中边的粗细表示边的权值，权值越大，边越粗，表示节点

---

①李煜，刘虹，孙建军.中国图书馆学博士论文研究主题图谱分析［J］.图书馆杂志，2018（3）：22-30.

之间的联系越紧密，并使用社区网络探测算法对网络节点进行了分类表示。从图 2-1 可以看出，自 2008 年以来，公共信息服务研究以政府信息公开、公共图书馆信息服务、数据开放或开放政府数据、公共部门信息再利用为主线，并围绕公共信息服务的内涵及目标界定、运行机制、法规政策支持、绩效评估等方面展开。

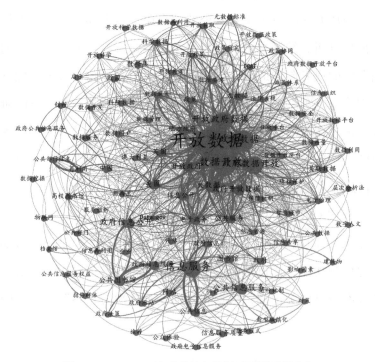

图 2-1   2008~2020 年公共信息服务知识网络主题分布

2）关键词时区分析

将高频关键词按照时间序列可视化，可以清晰地展示出我国公共信息服务相关研究的变化情况。利用 Citespace 绘制关键词时区图谱，按照由左至右的顺序从时间维度展现研究热点的主题演化，结果如图 2-2 所示。

由图 2-2 可以看出，2013 年是公共信息服务研究的一个分界线。2013年前，公共信息服务聚焦于"政府信息"，以政府和公共图书馆的政府信息

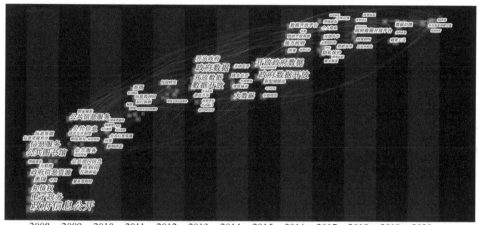

图 2-2　2008 ～ 2020 年公共信息服务关键词共现时区视图

公开为主要研究内容，并开始关注"公共部门信息再利用"；2013 年后，关于开放数据的研究逐渐增多，公共信息服务研究的中心开始由"政府信息公开"转向"政府数据开放"或"公共数据开放"，这个热点在 2018 年达到较高峰值。

2.1.3　公共信息服务研究主题内容分析

2.1.3.1　公共信息服务的基本内涵

公共信息服务是信息服务与公共服务的交叉领域，它既强调服务的专业性也强调服务的公共性。围绕着公共信息服务内涵的认识，夏义堃认为"公共"是公共信息服务的本质，它明确限定了信息服务的主体、客体及内容，使公共信息服务成为公共主体利用各种有效的方式提供社会公共事务管理以及公共产品等相关信息，以满足人们公共信息要求的活动[1]；邓胜利认为，公共信息服务是一种开放性的信息服务，即以包括各行业用户在内的公众为对象，

①夏义堃 . 公共信息服务的社会选择——政府与第三部门公共信息服务的相互关系分析 [J] . 中国图书馆学报，2004(3)：18-23.

以提供信息发布、交流和利用服务为内容，以服务于社会为目标的社会化服务[①]。因此，可以初步认为，公共信息服务是一项以满足公众公共信息需求为目的的社会化服务活动，其本质特征是"公共性"。

公共信息服务的内涵极为丰富，政府信息服务、政府信息公开、政府数据开放、公共部门信息再利用等都属于公共信息服务的范畴。在以往的研究中，由于公共信息资源大多掌握在政府手中并主要由政府提供，因此关于公共信息服务的研究也就大多源自政府信息服务，并有将二者内涵等同的现象。实际上，公共信息服务的范畴远大于政府信息服务。

从图 2-1 和图 2-2 可以看出，虽然存在着信息公开、数据开放、开放政府数据、公共信息服务等相关概念交叉使用的情况，但总体上可以认为，"政府信息公开"是"政府数据开放"的前提和基础，"政府数据开放""公共数据开放"是公共信息服务的新发展，现阶段我国公共信息服务的广度和深度都达到了新水平[②]。

公共信息服务的发展需要以更广泛的数据开放为基础。政府部门在履行行政管理、公共事务管理、公共服务过程中采集、形成并保存了大量数据，以政府数据为核心的公共数据共享与开放将会使公共信息服务的资源基础得到很大拓展[③]。与这种基本认识相适应，学界在研究动态上也表现出从"政府信息公开、政府信息资源再利用、公共部门信息资源增值利用"等，逐渐向"政府数据共享、政府数据开放、公共数据开放利用"等研究的转变，政府数据与公共数据共享与开放实践也在江苏、浙江、上海、深圳、贵阳等地区均得到了极大推进。上述转变表明，公共信息服务有了更为丰富的数据与信息资源禀赋，更加强调服务形式的多样化，更加注重数据与信息资源的挖

---

①邓胜利.公共信息服务的体制转型与组织研究［J］.情报理论与实践，2009(10):17-20.

②付熙雯，郑磊.政府数据开放国内研究综述［J］.电子政务，2013(6):8-15.

③此处的"政府部门"是指广义上的政府，除政府行政机关外，也包括立法、司法、审判机关和有关事业单位，还包括与提供公共服务密切相关的国有企业或社会组织等。

掘和深加工，并根据用户需求的变化提供个性化服务。这也表明，在不同发展阶段，公共信息服务的基础、内涵、内容、形式和运行机制等均会有一定差异。

2.1.3.2　公共信息服务的目标

公共信息服务的目标是满足社会公众的信息需求。邓集文等提出我国政府在提供公共信息服务时应该具备道德观念、道德信念和所追求的道德理想。具体而言，就是公共信息服务应该具备为民理念、公正理念、诚信理念和适度理念[①]。颜海等从价值取向角度提出要构建以公众为中心的公共信息服务体系[②]。周毅等提出了公共信息服务的能力目标、过程目标与结果目标，并对三个目标的维度进行了解析，论证了能力目标、过程目标与结果目标等的实现路径[③]。由此可见，关于公共信息服务目标的研究主要围绕着"提高公共信息服务的公众满意度"这个中心问题展开，强调对公共信息服务理念的坚持，注重对政府自身职能的完善，加强对公共信息服务过程的规范，实现从理念、能力、过程、效果等方面对公共信息服务目标的全面考量。

2.1.3.3　公共信息服务体系的构建

公共信息服务体系是基于满足公共信息需求的目标，由公共信息资源、公共信息管理政策、公共信息服务平台等要素构成的一个有机整体。围绕着公共信息服务体系的构建，冯惠玲等提出应基于管理与服务理念、集成服务平台、政策保障体系、专业规划与协调职位和信息内容产业方向等构建"五

---

①邓集文,刘霞.略论我国政府公共信息服务的道德理念 [J].伦理学研究,2011(4):90-95.

②颜海,王雪雪.以公众为中心的政府公共信息服务体系的构建基准 [J].档案记忆,2011(11):12-15.

③周毅,谢欢.论服务型政府的公共信息服务目标及其实现路径 [J].信息资源管理学报,2011(3):20-25,98.

位一体"的公共信息服务体系，并以此为基础对上述各个构成要素的内涵进行了阐释[1]。杨溢则提出运用协同理论构建以战略协同、管理协同、服务协同、技术协同为要素的政府公共信息服务协同体系[2]。雷晓庆等基于系统论提出公共信息服务体系由服务主体、服务对象、服务内容和服务基础四个部分组成[3]。此外，有部分学者以旅游类、交通类、地理信息类等公共信息服务为例，从实践层面分析了行业或专业领域公共信息服务体系建设与实践进展及其存在的问题。从已有理论与实践分析看，基本的认识结论是，我国公共信息服务体系在公共文化体系建设中具有重要战略地位，通过多年建设已取得显著成效，但我国公共信息服务体系仍然存在着资源配置不均衡、基础设施相对薄弱、法规政策不完善、社会公众信息素质有待提高等问题。只有构建完善的公共信息服务体系才能推进公共信息服务的高质量发展。

2.1.3.4　公共信息服务模式

公共信息服务模式是指通过集体性的制度安排，对公共信息服务主体、方式、要件（产品和过程）、绩效等作出决策、安排并进行监管[4]。就政府对公共信息服务的控制程度来看，范丽莉等将公共信息服务模式归纳为公办公营、合同外包、公私合营、特许经营、完全私营五种，并通过综合平衡来选择最佳运营模式[5]。王印红在分析"广电"模式和"政务网"模式利弊的基础上提出"民情在线视频"新模式，并对新模式的结构进行了分析[6]。王臻等通过分析某一区域的公共信息服务现状，总结了现有公共信息服务模式

①冯惠玲，周毅. 论公共信息服务体系的构建［J］. 情报理论与实践, 2010(7):26-30,6.
②杨溢. 政府协同公共信息服务体系研究［J］. 华北水利水电大学学报（社会科学版）, 2013(5):6-9.
③雷晓庆，李春娇. 基于新型城镇化的公共信息服务体系构建［J］. 图书馆学研究, 2015(3):71-75.
④张起. 欧盟开放政府数据运动：理念、机制和问题应对［J］. 欧洲研究, 2015(5):66-82.
⑤范丽莉，王晓艳. 公共信息服务的运营模式研究——以交通信息为例［J］. 图书情报工作, 2013(20):33-40.
⑥王印红. 公共信息服务的创新模式研究［J］. 中国管理信息化, 2011(1):72-74.

存在的问题，提出了公共信息服务模式改革与完善的路径①②。梁峰等在探讨公共信息服务中引入市场机制的可能性基础上，提出构建公共信息服务市场化运作模式及其具体实现对策③④。近年来，随着服务型政府的建设以及公众需求的变化，公共信息服务模式建设要求遵循以公众为中心的原则，倡导公共信息权利均等，坚持和发展服务对象细分化、覆盖群体无缝化、无障碍信息通道等理念和机制。因此，部分学者引入新公共管理理论，提出了对公共信息服务模式进行重构的若干思路。例如，夏义堃强调第三部门是公共信息服务的重要力量，认为在公共信息服务领域，政府应该有选择地退出和第三部门有选择地进入⑤。周毅提出政府信息开放与增值服务是政府力量、社会力量等共同作用的领域，并对它们的服务业务领域和协调分工等相关问题进行了研究⑥。上述研究已初步突破政府单一信息服务模式的框架，企业、非营利组织等社会力量已开始参与到公共信息服务进程。

2.1.3.5　公共信息服务法律政策研究

公共信息服务法律政策是政府为了保护有关主体的权利或经济社会发展目标而对公共信息形成、管理、利用等进行指导和管制的各种法律制度与社会政策的总和，它通常表现为一系列的法律制度、规定、规划、计划、措施、项目及战略等。自 2008 年《政府信息公开条例》生效以来，学界将公共信息服务研究聚焦于政府信息公开，围绕开放服务的义务与权利主体、开放服

---

①王臻，贺小培，张楠.大数据背景下公共信息服务供给与运营机制的困局与对策——"智慧朝阳服务网"案例分析 [J].电子政务，2014(2): 54-59.

②汪雷.基层政府公共信息服务供给机制研究 [J].情报理论与实践，2009(12): 41-44.

③梁峰，孙华.公共信息服务的市场化机制思考 [J].情报理论与实践，2009(2): 40-42.

④郑丽琳.基层政府公共信息服务市场化运作模式研究 [J].情报理论与实践，2010(6): 53-55,45.

⑤夏义堃.公共信息服务的社会选择——政府与第三部门公共信息服务的相互关系分析 [J].中国图书馆学报，2004(3): 18-23.

⑥周毅.试论政府信息增值服务及其运行机制的创新 [J].图书情报工作，2008(1):39-43.

务的客体结构、开放服务的程序与方法等进行了研究①。随着政府转型及公众法治意识、信息利用能力的提升，自上而下的政府信息公开已不能完全满足公众的信息权利保障要求，这在一定程度上加速催生了政府信息公开走向政府数据开放②③。通过开放政府数据来促进公共信息服务发展已经成为新时代的一个重要议题。目前学界对政府数据开放的研究主要关注数据开放的组织架构、政策法规、数据门户、评估机制等问题。在上述研究内容中，不同学者所论及的协同构建政府数据开放政策目标、确立数据开放的责任主体与客体对象、统一数据开放标准与要求、构建多元主体间的合作模式等内容均属于法律政策体系研究的范畴。这在一定程度上表明，学者们均不同程度地意识到，系统完整的法律政策保障是促进公共信息服务规范化和高质量发展的基础。

引进和介绍国外关于公共部门信息再利用的政策是近年来公共信息服务法律政策研究的重点之一。冉从敬对美国版权制度、《信息自由法》和《文书削减法》等促进公共部门信息再利用政策进行了分析④。欧盟《公共部门信息再利用指令》是公共信息服务政策领域的一个标志性成果，也是欧盟各成员制定国内相关准则的基础，对其深入解读并跟踪其政策效果是近年来学术界的热门问题。邓灵斌等比较了美国和欧盟公共部门信息再利用模式的异同，并以信息内容产业为切入点，提出了在我国公共部门信息再利用中可以借鉴的经验⑤。对澳大利亚公共部门信息再利用法律政策的研究主要集中于版权保护方面。陈美通过梳理澳大利亚知识共享许可协议的应用实践，分别从管理、政治、法律的视角分析了澳大利亚公共部门信息再利用中版权保护

---

①周毅，王杰.公共信息服务社会共治内涵与运行机理分析 [J].情报理论与实践,2018(3)：1-5.

②张起.欧盟开放政府数据运动：理念、机制和问题应对 [J].欧洲研究,2015(5):66-82.

③郑磊.开放政府数据研究：概念辨析、关键因素及其互动关系 [J].中国行政管理,2015(11):13-18.

④冉从敬.美国公共部门信息再利用的制度体系研究 [J].图书与情报,2010(4):69-74.

⑤邓灵斌，刘任东.美国、欧盟公共部门信息再利用模式之比较及有益借鉴——以信息内容产业为切入点 [J].四川图书馆学报,2012(6):11-14.

架构，并指出了有关做法对我国的借鉴意义[①]。

通过上述梳理可以发现，近年来我国虽然不断加大公共信息服务法律制度的建设，但我国在公共信息服务法律政策研究上仍然处于借鉴国际经验和探索创新的起步阶段。

2.1.3.6　公共信息服务质量评价研究

公共信息服务的效果通常需要通过公众的感知来进行衡量，最终以质量评价或绩效评估来体现。

公共信息服务的质量评价是指根据某类标准和某种规则、采用规定的工具和方法，对公共信息服务质量优劣进行客观评价和衡量的过程。目前学界关于公共信息服务质量的研究，大多数集中在对某种类型公共信息服务质量的评价，一般是通过建立质量评价体系和绩效评估指标来完成对公共信息服务效果的检测。例如，史敏等从分析科技信息服务供给方式入手，建立了科技信息服务的绩效指标体系[②]。李枫林等对传统的 SERVQUAL 评价模型进行改进，构建网络公共商务信息服务质量的评价模型和评价指标[③]。周毅基于政府与公民的信任关系构建公共信息服务质量评价体系，提出公共信息服务绩效评估应关注公众信息需求、关注多元服务价值、关注整体绩效，应将公共信息服务的类型、过程、结果等三个方面作为公共信息服务的具体维度[④]。

2.1.3.7　公共信息服务实践案例研究

近年来，公共信息服务平台建设已经成为我国各级政府电子政务建设的

①陈美.澳大利亚公共部门信息再利用中的版权保护——基于多元公共行政观的视角[J].情报理论与实践，2014(5):130-135.

②史敏，肖雪葵.科技信息公共服务绩效评价研究[J].中国科技论坛，2010(2):17-22.

③李枫林，黄燕.基于 SERVQUAL 的网络公共商务信息服务质量的调查分析[J].情报杂志,2010(8):169-173.

④周毅.公共信息服务质量问题研究——基于建立政府与公民信任关系的目标[J].情报理论与实践,2014(1):17-21.

重要内容。基于技术和服务创新的平台建设是公共信息服务的重中之重。从结构上看，公共信息服务平台是指各级政府电子政务框架中提供公共信息服务的界面结构、技术结构、逻辑结构、组织结构和标准规范等要素集成后所形成的有机统一体。从内容上看，公共信息服务平台是在确保信息资源安全的前提下，集成公共卫生、科技成果、社区、农业、科技等各种公共信息资源的综合服务平台。

　　我国公共信息服务具体实践主要集中在地理信息服务、旅游信息服务、物流信息服务、法律与政策信息服务、统计基础数据服务、教育信息服务等方面。罗静在分析现有公共信息服务问题的基础上，以地理信息为对象进行公共信息服务框架研究，系统论证了基于本体技术的公共信息服务框架对智慧城市建设的支撑作用[1]。乔海燕基于智慧旅游视角构建旅游公共信息服务系统，通过该系统满足游客对信息的查询以及自助游和自驾游游客对旅游信息的个性化需求[2]。杨泽明等基于区域物流发展需求，提出物流公共信息服务平台建设目标，整合物流公共信息服务体系中的各个资源要素，使其服务于本地物流产业[3]。此外，交通、气象、健康、教育信息服务也越来越受到关注。武晓博等探讨了交通运输公共信息服务的发展趋势与对策[4]。韩佳芮对公共气象信息服务的若干问题进行了分析[5]。周晓英提出健康服务应成为公共图书馆服务的新领域。公共图书馆作为社会公共文化设施，应将健康服务融入其发展政策，利用自身特色，通过跨机构合作，开展倡导健康理念、引导健

　　①罗静.以地理信息为载体的智慧城市公共信息服务框架研究[J].地理信息世界,2015(4):13-16.
　　②乔海燕.关于构建旅游公共信息服务系统的思考——基于智慧旅游视角[J].中南林业科技大学学报(社会科学版),2012(2):27-29.
　　③杨泽明,杨为尧.区域物流公共信息服务平台服务资源整合及功能设计探讨[J].技术与市场,2015(9):217-218.
　　④武晓博,孙志超,伍朝辉.交通运输公共信息服务发展趋势与对策研究[J].中国交通信息化,2016(8):78-81.
　　⑤韩佳芮.公共气象信息服务的若干问题分析[D].北京:中国气象科学研究院,2007.

康行为、促进健康生活方式、提供权威健康信息、提升健康素养的健康促进和健康服务活动①。

从以上分析可以看出，以某一行业或专业信息的服务实践作为研究对象已在学界受到关注，而且这种实证研究在欧美国家更为普遍。为了验证有关公共信息服务理论的价值，或者进一步从实践中总结归纳出具有普遍指导价值的理论成果，学界和业界都对案例或实践研究投入了较大热情。

2.1.4　国内公共信息服务研究进展述评

通过以上研究主题内容的分析可以发现，我国公共信息服务研究的理论体系正在逐步形成，公共信息服务理论与实践的关系也开始受到关注。从理论研究体系看，公共信息服务的内涵及目标界定、服务组织与运行过程、服务政策与制度、服务质量评价或绩效评估等均已取得了初步理论成果，并逐步形成研究体系。伴随着理论研究的深入，公共信息服务相关实践探索逐渐增多。旅游、交通、健康、教育、物流等领域的公共信息服务实践也显示出强大的爆发力，实践经验层出不穷，实践成效也已显现，公众已开始从这些行业或专业领域的公共信息服务实践中领略到信息惠民的价值。

基于上述有关定量或定性的分析，对我国公共信息服务理论与实践研究进展，可以作出以下三点基本判断。

一是实践探索多，系统理论研究少。近20年来，伴随着政府信息公开、政府数据开放等相关法律法规的陆续发布，我国在政府信息与数据开放、科研数据开放、交通信息服务、旅游信息服务、地理信息服务、健康信息服务、在线教育信息服务等实践领域成效明显，相关理论研究也持续深入展开，取得了一批有影响的成果。从总体上看，对实践经验进行调查总结、对已有法律法规进行介绍或效应分析等研究开展得较为充分，但从"信息权利全面保

①周晓英.健康服务:开启公共图书馆服务的新领域〔J〕.中国图书馆学报,2019(4):61-71.

护"这个中心出发进行信息服务法律体系的系统设计、以政府数据共享与公共数据开放等为中心进行系统的公共信息服务理论研究尚不够深入。例如，在公共信息服务理论建设中，对有关"全面开放数据服务所要保护的利益"与"有限公开信息服务所要平衡的利益"、公共信息服务的社会共治机制如何建构、政府在公共信息服务中的责任、公共信息服务社会共治可能产生的风险、公共信息服务社会共治的绩效评估、数据驱动下公共信息服务的高质量发展、面向数字化发展的公共数据开放利用能力建设等重大理论问题均需要系统深入研究。

二是局部领域研究多，全面覆盖研究少。公共信息是指与公共利益、公共政策制定、公共管理制度安排与执行和公共事务管理活动相关的信息[①]。围绕与公众利益密切相关的公共信息服务开展全方位研究本应成为一个常态。但较长时间以来，我国信息服务理论研究一般聚焦在公共图书馆、公共档案馆等服务主体上，服务内容以文献或文件资源及其相关咨询服务、用户对象以有阅读性或查证性需求主体的行为特点与规律等研究为主。公共图书馆、公共档案馆等主体虽是开展公共信息服务的重要力量，也担当着政府信息公开或数据开放的任务，但它们并不是公共信息服务主体的全部。如何在发挥政府主体和公共事业单位主体服务功能的同时，动员或激励更多的社会力量参与到公共信息服务行动并形成社会共治的基本格局就需要引起理论上的关注。目前学界关注的图书档案文献及其数据库服务虽有较大的服务面向空间，但其信息资源存在结构性局限，这也决定了其不可能满足公众的全部信息服务需求，而且公共图书馆、高校图书馆等也不具备生产加工专题数据库的能力，大多数数据库均由营利性的数据服务商进行生产加工并有偿服务，如何实现数据服务商的商业利益与公共利益、作者的知识产权利益等平衡就需要理论上的有力支撑。目前学术界虽有一些研究开始涉及公共信息资源的

①冯惠玲，周毅．论公共信息服务体系的构建［J］．情报理论与实践，2010(7):26-30,6.

多元化管理与服务问题，以政府为主导、社会力量共同参与公共信息服务等问题也被提出，有学者依据政策文件也概括出了政府购买公共信息服务的具体项目，如信息收集与发布服务、信息储存与管理服务、信息宣传与咨询服务、信息技术服务和信息综合服务五种类型，但隐藏在这些问题背后的公共信息服务模式选择、成本分担、服务标准、服务风险、用户信任、服务监管等问题并未被学术界普遍关注。因此，提高公共信息服务理论研究的覆盖面和阐释力就成为当前需要解决的问题。

三是总结性或被动性研究多，预测性或主动性研究少。从总体上看，我国信息服务理论往往习惯于对已有实践经验进行被动性的调查或总结，这在一定程度上使我国信息服务理论与实践改革之间存在一定的"时间差"，理论的"滞后性"现象较为明显，理论对实践改革的引导或指导功能并不突出。目前我国服务型政府建设正进入一个攻坚期，"互联网＋政务"、数字政府建设、公共数据开放、智慧城市建设等命题都已被正式提出，这表明公共信息服务的新情境已开始出现①。如何针对这些正在出现或可能出现的新情境，有针对性地开展预测性研究，并提出公共信息服务社会共治的改革与发展逻辑就是一个值得引起学界注意的问题。

2.1.5　理论依据与主要研究方法

在梳理国内外关于公共信息服务研究脉络的基础上，本书以多元共治理论、利益相关者理论和信息生命周期理论等为依据，对公共信息服务的流程、组织运行模式等进行系统分析。

（1）多元共治理论。多元共治意指"多个主体共同参与治理"，其落脚点在于"治理"。治理理论的核心主张之一是倡导政府之外的多个社会主

---

①周毅，白文琳 . 数据驱动环境下公共信息服务的变革向度与行动逻辑 [J] . 情报资料工作，2019(8)：25-30.

体参与到公共事务之中，这一主张成为多元共治的核心思想。国内研究者认为，多中心治理理论主张的政府、市场和社会协同参与的治理模式具有为公民提供多种选择、避免公共服务提供不足或过量、增加公共决策的民主性和有效性、提升不同治理主体的积极性等优势，它具有"多元"和"协同"等特征，其理论被很多学者认为是多元共治的理论源泉，它赋予了多元共治理论意涵①。多元治理主体既包含政府体系内部各种层级关系，也包含政府与公民以及非政府组织的关系，同时还包含了非政府组织与公民，企业与公民之间的多维关系，各种关系相互交织构成了立体化治理结构。公共信息服务是一种复杂的系统，具有动态性特点且服务主体的边界模糊，系统内各个主体之间相互协作配合运行的机制复杂，因此，运用多元共治理论为指导，可以在发挥政府供给主导作用的同时，进一步发挥其他各类主体参与服务供给的作用，不同程度地解决各主体在公共信息服务过程中出现的各种冲突、摩擦和离散等内耗现象，从而提高公共信息服务的整体效果。

（2）利益相关者理论。学术界对利益相关者理论的研究，多以弗里曼教授在《战略管理：利益相关者方法》一书中提出的概念为基础②。弗里曼教授认为，在公司治理领域，利益相关者是"任何影响组织目标实现或者受组织目标实现影响的个人或群体"③。如果将该种理论运用到公共信息服务理论与实践的研究中，则任何影响公共信息采集、加工和保护等过程实现的个人、群体（不论是积极影响还是消极影响），都是该行为的利益相关者。通过利益相关者理论，可以将社会公众、各类社会组织、市场主体以及国家政府部门等作为公共信息服务过程的主要利益相关者，它们在公共信息服务

---

①王名，蔡志鸿，王春婷.社会共治：多元主体共同治理的实践探索与制度创新［J］.中国行政管理，2014(12):16-19.

②付俊文，赵红.利益相关者理论综述［J］.首都经济贸易大学学报，2006(2):18.

③爱德华·弗里曼.利益相关者理论：现状与展望［M］.盛亚等译.北京：知识产权出版社. 2013:27.

过程中会因角色不同而可能同时发挥着不同作用。

（3）信息生命周期理论。20 世纪 80 年代初，美国学者 Levitan 首次将"生命周期"引入信息管理理论中，认为信息或信息资源是特殊的商品，也具有生命周期特征，其包括信息的生产、组织、维护、增长和分配[1]。美国学者 Horton 认为信息资源生命周期是其运动的客观规律，由一系列逻辑上相关联的阶段组成，并提出了两个不同层面的信息生命周期构成：由需求、收集、传递、处理、存储、传播、利用组成的信息利用和管理需求信息生命周期；由创造、交流、利用、维护、恢复、再利用、再包装、再交流、降低使用等级、处置组成的信息载体与信息交流信息生命周期[2]。从信息生命周期理论的基本含义中可以发现，公共信息的产生、处理、利用和再利用过程本身也是一个循环往复的过程，公共信息服务本身就是一个公共信息价值不断被发现、被挖掘和被实现的过程。公共信息服务组织过程不仅受到信息生命周期理论的指导，而且通过公共信息的价值增值服务、公共信息的再开发与再利用等新功能的发现，也可以为信息生命周期理论的发展提供依据。

本书研究采用以下三种主要研究方法。

（1）规范研究与文献研究相结合。例如，在规范研究中将运用"问题 – 解构 – 对策"的基本范式。从分析影响我国公共信息服务的相关因素入手，提出我国公共信息服务社会共治模式的理论框架，分析实现上述框架的具体对策。

（2）个案实证研究和社会调查方法相结合，定性研究方法与定量研究方法相结合，注重大样本调查与典型调查相结合。例如，对公共信息服务社会共治模式的建构就是在对在线教育信息服务、信用信息服务等典型案例进行调查

---

① Levitan K B. Information resources as "goods" in the life cycle of information production [J]. Journal of the American Society for Information Science,1981 (1) : 44-45.

② Horton F W. Information resources management [M] .London: Prentice Hall，1985.

的基础上，提出具有广泛适用性的公共信息服务社会共治的一般理论和方法。

（3）比较研究法与评估研究法相结合。比较研究法主要是对国内外公共信息服务模式、相关制度规范等进行比较分析，从中寻找对我国公共信息服务社会共治模式建构和法治化推进可以借鉴的经验教训；评估研究法重点是对我国公共信息服务社会共治的绩效水平进行评估指标体系构建和实际评估活动的展开，在公平与效率兼顾的双重视角下保证我国公共信息服务目标的充分实现。

2.2　公共信息服务及相关概念解析

2.2.1　公共信息

公共信息是一个含义宽泛的概念，国内外至今未能形成统一的定义。在此仅列举几种具有代表性的观点。美国得克萨斯州《公共信息法2018年手册》中规定，"公共信息是指政府机构拥有的可供公众使用的信息。包括法律、法令规定的或与公共事务有关的记录、制作、收集、组装或维护的信息，如政府机构产生、拥有、有权访问、政府财政资助编写、制作、收集、组装或维护的信息，以及政府官员或受雇于政府机构的工作人员在履行公共任务过程中产生的信息"[①]。邵平等认为公共信息资源是产生于社会领域并能为公众所享有的具有公共物品特性的信息资源[②]。胡昌平等认为公共信息是指所有发生并应用于社会公共领域，由公共事务管理机构依法进行管理，具有公共物品特性，并能为全体社会公众共同拥有和利用的信息[③]。傅荣校等认为公共信息资源是指所有公共部门生产、采集、加工、组织的，进入公共领域，

---

① Paton K. Public Information Act Handbook 2018［EB/OL］.［2019-1-19］.https://www.texasattorneygeneral.gov/sites/default/files/2018-06/PIA_handbook_2018_0.pdf.
②邵平，杨玉麟.论公共信息资源管理的体制与模式［J］.图书馆学研究,2007(8):49-51.
③胡昌平等.信息服务与用户［M］.武汉:武汉大学出版社,2008:230-235.

为公众公开利用的,反映和维护公共利益活动的信息集合及其他相关要素[①]。周毅认为公共信息是产生并应用于社会公共领域,具有公共或准公共物品性质,能为全体社会公众共同拥有和利用的信息[②]。

从上述观点可以看出,国内外学者均认同公共信息具有公共性特征、能够为社会公众利用的基本内涵。但是,关于公共信息来源以及公共信息的公共物品特性的认识则有一定分歧。

关于公共信息的来源,部分学者认为公共信息产生于公共管理机构及其管理公共事务的过程;也有学者认为公共信息产生于社会公共领域,不仅公共管理机构及其在管理公共事务过程中会产生公共信息,而且在其他社会公共领域也会产生公共信息。前者是狭义的公共信息来源,后者是广义的公共信息来源。从"公共信息"的表面意义和背景含义出发,采用广义的公共信息来源比较可取,即公共信息来源于社会公共领域。因此,公共信息是指国家机关,法律、法规授权的具有管理公共事务职能的组织,以及其他提供公共服务的组织在履行法定职责、提供公共服务过程中产生、收集的信息。

关于公共信息的公共物品特性,有学者认为公共信息是一种纯公共物品,也有学者认为公共信息既可以是纯公共物品,也可以是准公共物品。我们认为公共信息是一种纯公共物品或准公共物品。例如,当信息获取渠道通畅、公众具备相同信息素养时,公开的政府信息对所有公众而言不具备排他性和竞争性;当信息获取渠道受阻(如部分地区网络中断)、公众信息素养参差不齐时,公开的政府信息对部分公众而言就具有部分排他性和竞争性。这就决定了其在公共物品特性上存在一定差异。

综上所述,公共信息是产生于社会公共领域,能够被全体社会公众共同

---

①傅荣校,叶鹰.公共信息资源管理[M].北京:科学出版社,2011:17.
②周毅.公共信息服务制度的定位及其核心问题分析[J].情报资料工作,2014(4):15-20.

拥有和利用的信息，是一种纯公共物品或准公共物品。

在学术界，与公共信息密切相关的概念有政府信息、公共部门信息、政府数据、公共数据等。上述概念既有区别又有联系，对此学界已有研究。为了使公共信息的概念更加清晰，有必要对公共信息与政府信息、公共部门信息、政府数据等概念之间的关系进行简单辨析。政府信息是产生于政府部门内部或政府部门在履行职责过程中产生的信息；公共部门信息是公共部门为履行公共管理和服务职能而采集、生产、加工、发布和使用的信息[1]；政府数据是国家机关在履行职责时所生产、获取、加工、保存、使用的数据[2]。从信息与数据之间的关系看，数据只有经过加工后才能成为信息，数据的外延要远大于信息。但通过对比四者的形成领域，可以发现公共领域的范围远比政府部门、公共部门的范围宽泛。因此，可以认为，公共信息包含政府信息、公共部门信息、政府数据等。在一般情况下，本书均表述为"公共信息"，并用其涵盖政府信息、政府数据、公共数据等。在一定语境下，为了表明政府信息公开、政府数据共享或公共数据开放利用等的不同，则会分别采用上述不同概念。

2.2.2 公共信息服务

公共信息服务是一个跨学科的研究主题，对公共信息服务的定义存在诸多不同观点。邓集文认为政府公共信息服务是指政府为满足公众对公共信息的需求，通过多种途径和方法，收集、加工、传输或公开公共信息的职责、行为及其过程[3]。杨富斌认为旅游公共信息服务是指旅游目的地政府及其他公共组织为满足广大旅游者对该地相关旅游信息的需求，通过多种途径和方法，收集、加工、传输或公开旅游信息的职责、行为及其过程[4]。李晓燕等

①刘雅琦.基于敏感度分级的个人信息开发利用保障体系研究［M］.武汉：武汉大学出版社,2015:11.
②新玉言，李克.大数据：政府治理新时代［M］.北京：台海出版社,2016:122.
③邓集文.中国政府公共信息服务问责制改革研究［M］北京：知识产权出版社,2012:12.
④杨富斌.旅游法教程［M］.北京：中国旅游出版社,2013:47.

认为公共信息服务是指银行通过自己的网站向客户发布广告、宣传资料、业务种类、操作规程、最新通知、年报等综合信息的服务形式[①]。朱丽娜将公共信息服务定义为由政府提供的，用以满足社会公众信息需求的各种硬件和软件的集合服务，包括各种信息基础设施和公共信息[②]。

综上所述，公共信息服务主要包含三个要素：服务提供者、服务对象和服务内容。服务提供者，即提供公共信息服务的主体，公共信息的公共性属性决定了公共信息服务是服务型政府的一项重要职责，所以服务提供者理应是政府，政府也可以委托其他主体开展服务，但服务责任的承担者仍是政府。服务对象则包括所有享有公民权利的社会公众。服务内容是指服务的客体对象及其具体的服务方式。服务客体对象是公共信息及相关产品，对其开展的服务方式多种多样，主要有信息收集、信息组织、信息开放和信息开发等环节，既可以是线上服务，也可以是线下服务。

总之，公共信息服务是指对与公共利益、公共政策制定、公共管理制度安排与执行和公共事务管理活动等有关信息进行与开发服务的过程，公共信息服务有面向政府系统内部的对内信息服务和面向社会公众的对外信息服务两个不同路径[③]。为了对上述概念内涵有深入理解，可以进一步对公共信息服务的类型与特征、公共信息服务的基本形态等问题进行分析。

2.3　公共信息服务的类型与特征分析

对公共信息服务的类型与特征进行分析主要是为了界定不同公共信息服务所表现出的内在品质、内容层次等本质因素差异，它与易得性、可用性、

---

①李晓燕,李福泉,代丽.电子商务概论［M］.西安：西安电子科技大学出版社,2011:117.
②朱丽娜.政府公共信息服务模式研究［D］.武汉：华中师范大学,2011:8.
③冯惠玲,周毅.论公共信息服务体系的构建［J］.情报理论与实践,2010(7):26-30,6.

可理解性等公共信息服务的这些外在表象因素一起，共同影响和决定着公共信息服务的功能及其实现程度。从内在品质、内容层次等进行划分，可以将公共信息服务区分为基本型服务和发展型服务两种类型。

2.3.1　基本型公共信息服务的内涵与特征

基本型公共信息服务是指为了保障公众的信息知情权，由公共信息形成者或保存者向社会提供原始政府信息或公共数据（形成者或保存者一般未对信息或数据的内容特征进行加工），满足公众基本公共信息需求的一种服务类型。其具体实现形式有政府信息公开、公共信息开放存取、政府数据或公共数据共享开放等。从"政府信息公开"到"公共信息开放"再到"公共数据开放利用"的表述和实践变化，也可以看出基本型公共信息服务的发展脉络。

政府信息公开始终是基本型公共信息服务的主要内容与形式。由于公共信息在政府机关的高度积聚，以及社会对政府信息公开水平与质量的新期待，解决当前政府信息公开实践中出现的"更新不及时""公开渠道单一""公开的信息群众不关注、群众关注的信息不公开"等共性问题就成为基本型公共信息服务的主要任务。

由于公共信息还大量分布在科学、教育和文化等领域，因此，许多学者以《布达佩斯开放存取倡议》为依据，对公共信息开放存取的对象、范围和实现途径等进行了广泛讨论[①]，并提出了目前不同地区、人群在公共信息获取上所存在的公平性差异等相关命题。这无疑给基本型公共信息服务的改进注入了丰富内涵。

随着大数据时代的来临，作为大规模原始数据采集者的政府等公共部门，同时负有向公众开放数据资源、提供信息服务并接受公众监督的责任。大数

---

①夏义堃.公共信息资源的多元化管理［M］.武汉：武汉大学出版社,2008:18.

据往往建立在开放数据基础上，需要整合和利用多种来源的数据，政府等公共部门的数据就是不可或缺的组成部分，开放政府数据就成为大数据战略实现的前提。如果囿于传统的政府信息公开思维，没有充分开放公共部门持有的数据资源，那么这些资源就无法转变为对社会有益的"资产"[①]，也不可能转化为生产要素和社会财富。以政府数据为核心的公共数据共享与开放关注的是数据而非文件，在数据发布范围、类型、时间点上都有更大拓展，而且公共数据共享与开放也会催生新的产业模式，激发数据生产要素市场活力，带动数据产业乃至整体经济的发展[②]。

无论是政府信息公开、公共信息开放存取还是公共数据共享与开放，作为基本型公共信息服务，它们均表现出以下特征。

1）原始性

政府信息或公共数据是指对所有产生于政府内部或外部，并对政府活动、公共事务和公众生活产生影响、有意义的信息资源与数据资源的统称。从原始性特征表现上看，数据是最原始的、第一手的记录，未经加工与解读，不具有明确意义，它包括原始数据、衍生数据、元数据和运营数据等；而信息是经过连接、加工或解读之后被赋予意义的数据。对普通用户而言，只有被赋予了意义的数据才具有实际意义[③]。对数据所进行的连接、加工和解读等行为，实质上仍然是一种对其形式特征的加工，并没有深入到内容特征加工的层次。因此，无论是政府信息公开还是公共数据共享开放，均保留了数据与信息的原始状态。

2）碎片化

"碎片化"(fragmentation)是指将完整的东西分割或破裂为诸多零块，

---

①张起. 欧盟开放政府数据运动：理念、机制和问题应对［J］. 欧洲研究，2015(5):66-82.
②夏义堃，丁念. 开放政府数据的发展及其对政府信息活动的影响［J］. 情报理论与实践，2015(12):1-6,19.
③郑磊. 开放政府数据研究：概念辨析、关键因素及其互动关系［J］. 中国行政管理，2015(11):13-18.

在信息交流语境中可以从三个不同层面进行理解。

首先，公共信息在来源与管理上的碎片化。由于公共信息来源于政府机关和其他各类具有公共服务职能的社会组织等，它们不仅在形成与保管的主体上具有多源性，而且不同主体之间的数据融合、信息共享、服务协同等很难实现。这种公共数据与信息在来源、服务和管理上的碎片化现状，使当前我国信息惠民工程建设的核心任务就是要解决跨部门、跨区域、跨层级、跨系统的公共信息共享和业务协同问题，构建全流程、全覆盖、全模式、全响应的公共信息管理与服务系统①。在学界曾有学者对我国基层公共图书馆服务体系建设的碎片化问题有过专门分析②，并提出通过"总 – 分馆"的管理模式来解决公共信息服务碎片化的问题。这实质上就从一个侧面对我国公共信息来源与管理碎片化问题进行了初步揭示。

其次，公共信息在服务内容上的碎片化。由于公共信息来源多样且开放共享有限，因此，公共信息一般多限于由形成或管理主体对其从形式上进行加工，这种从形式特征上对数据或信息所进行的加工一般只能建立起数据或信息的外在松散联系，其内容上的内在关联性十分有限。虽然在信息资源管理实践中也提出了以分类号、主题词（或关键词）等内容特征为线索的信息加工思路，通过分类号、主题词或关键词等能够将信息内容建立起一定语义联系，在实际应用中也不同程度实现了关联信息检索与服务的功能，但这仍然停留在语义信息加工的层面，其局限就是没有能够做到根据用户需求进行深度的内容关联分析，并实现语用信息的加工及服务。从语法信息加工、语义信息加工到语用信息加工的层次变化，与之相伴随的是信息内容碎片化程度的递减，信息内容系统性和针对性程度的递增。

---

①单志广.信息惠民的核心是破解信息碎片化［J］.中国信息界,2016(1):29.
②王宏鑫.基层公共图书馆服务体系建设的碎片化困境与整体化出路［J］.新世纪图书馆,2015(2):15-19.

最后，公共信息传播服务的碎片化。这主要是指公共信息通过微信、微博等媒介的再编辑与传播呈现出块状、零散的描述形式，其具体表现就是服务主体的多元化与文本呈现形式的微型化两个方面。智能设备与自媒体社交工具的出现和移动互联技术的发展，使得被动接受的受众反转为传播者，任何一个公共信息接受者同时也是公共信息传播者，公共信息服务社会共治模式的建构更加凸显出服务主体多元化的趋势，同时这也有可能会进一步加深社会对公共信息服务"碎片化"的刻板认识。文本呈现形式的微型化是指在自媒体环境下各种多来源的、未经权威验证的、不成系统的公共信息相互拼合，最终以"信息拼图"的形式传播开来。作者认为，不适当的文本呈现形式微型化也可能导致公共信息传播服务的碎片化。如果微型化的公共信息传播失去了完整性与系统性，则其传播的准确性与权威性就会受到挑战。因此，在技术融合的推动下，微型化的公共信息服务应立足于打造完整的公共信息内容产品来满足社会需要。虽然一段文字、一组图片、一段音视频等也可以满足用户的信息需求，但强调信息内容的相对完整更应是公共信息服务的质量底线。

3）行动参与者的单一性

基本型公共信息服务因其面向对象范围的不同，可以划分为两个不同层面：一是对全社会而言，只要是无条件公开、开放的公共数据与信息，全社会所有享有政治权利的公民均可自由获得并充分使用，利用公共数据与信息的目的可以不受限制，也无须获得相关授权；二是对局部对象而言，即是指有条件公开、开放或只对特定对象开放的公共数据与信息，使用者范围及其使用数据与信息的时空环境均会受到限制并应得到具体授权。例如，仅在政府系统内的部门间而非向社会开放的政府信息或数据就属于有条件的开放。一般而言，由于政府信息或公共数据是由政府机关和各类公共服务部门形成或保管，应根据法律法规的规定，围绕着开放什么（开放客体对象选择、开放程度判断)、向谁开放(面向对象判断)、何时开放(及时性、新颖性判断)、以何种方式开放等要素进行一系列判断。这些判断决定着公共信息的安全性和可获得性程度,需要有对相关法律法规和公共业务活动的全面认识和把握,一般只能由公共信息的形成者或保存者来完成。因此,基本型公共信息服务的核心行动者就以政府机关、公共服务部门以及各类公共信息机构为主。

2.3.2 发展型公共信息服务的内涵与特征

发展型公共信息服务是超越原始数据或信息本身而实现的一种数据与信息增值服务。这里所强调的公共信息增值服务是指由有关主体针对不同用户的信息需求,开发不同的公共信息内容产品并提供给有关用户的过程。它蕴含着两层意思:一是从经济学角度来讲,在对原始公共数据与信息进行再加工、再开发的过程中,可以实现公共信息的价值增值;二是通过提供原始公共数据与信息内容本身以外的服务给用户,从而实现增值服务,它强调给用户提供公共数据与信息本身以外的服务,从而实现公共信息的服务增值[①]。无论是采用上述哪种理解,均意味着发展型公共信息服务是一种超越原始公共数据、信息本身的服务,它强调服务主体在服务过程中要付出很多额外的智慧与劳动。

目前比较典型的发展型公共信息服务产品有:定制类在线学习产品、专业或专题类数据库产品、整合分析类民生信息产品等。定制类在线学习产品就是在数字资源管理平台或系统的基础上,以移动定制技术为支撑,将数字化学习资源在全时空状态下推送到用户手中;专业或专题数据库产品就是借鉴成熟的数据库出版模式和经验,通过网络移动设备,以内容推送和搜索引擎拉动相结合的方式,向社会公众提供专题式、体系化地定制公共信息产品;整合分析类民生信息产品就是将与公众日常生活密切相关的零散数据与信息

---

①迪莉娅,杨燕霞.超越价值增值的公共信息增值服务研究 [J].改革与战略,2010(4):34-36.

进行系统梳理,并在形式特征加工基础上形成有规律性、指导性的内容分析。发展型公共信息服务主要包括以下三个特征。

1)集成性

集成有内部相互联系、融合为一个整体或一体化的含义。集成有多种称谓,如"整合""一体""综合"等。胡昌平等曾对信息集成的内容与层次进行过系统梳理,并认为信息集成服务包括信息资源集成服务、信息集成服务系统、信息集成服务模式、信息集成服务方法与技术等方面[①]。这种理解为我们深化发展型公共信息服务的内涵提供了帮助,也验证了前文提到的关于"增值服务"与"价值增值"均属发展型公共信息服务的基本观点。此外,毕强等则根据信息集成层次,提出了基于共享和知识集成的信息集成服务。基于共享的信息集成服务解决的是语法信息层次信息集成问题,主要通过对网上分布、异构的信息资源实施有效集成,将它们的分布性和异构性屏蔽起来,向用户提供一致的数据界面和高效、简便的查询服务;基于知识集成的信息集成服务解决的是语义甚至语用信息集成问题,通过对原始信息中的相关内容重新组织成新的信息或对原始信息进行分析得出结论性或咨询性信息,向用户提供综合的、集成的、带有决策咨询性质的信息服务[②]。若以这种划分方法进行类推,则可以发现,事实上前者突出的是公共信息服务的形式集成,后者突出的是公共信息服务的内容集成。作者赞成这种划分方法。以此为依据,也可将发展型公共信息服务的集成性区分为共享型和知识型的公共信息服务。前者主要是通过"共享"来实现公共信息的"增值服务",后者则主要是通过"知识加工"来实现公共信息再加工基础上的"价值增值"。

①胡昌平,周永红.信息集成服务回顾与展望[J].图书馆论坛,2005(4):1-7.
②毕强,史海燕.网络信息集成服务研究综述[J].情报理论与实践,2004(1):20-24.

2）增值性

发展型公共信息服务的增值性是指面向不同的细分用户，对公共信息服务产品进行分层开发和结构性再造，增加公共信息服务产品的独特性，满足不同用户的个性化需求，从而使公共信息服务在再生产或再加工基础上呈现出多种形态。

发展型公共信息服务的增值性可以从内容与形式两个不同层面上体现出来。

在内容上表现为借助一系列信息分析方法或工具，通过对公共数据与信息内容的挖掘、分析，从而形成有内容创新的公共信息研究产品。在公共信息内容的生产上，由于自媒体的发展使公众参与正成为可能，这就使发展型公共信息服务产品的生产更加丰富多样。

在形式上，发展型公共信息服务的增值性表现为提供公共信息之外的附加服务和公共信息服务产品的结构性再造。公共信息服务产品本身以外的附加服务主要表现为适应公众在服务时间、服务方式、服务价格等方面的需求变化，从形式上保证公众得到附加服务。此外，数字技术的发展和媒体融合，使公共信息服务产品的结构性再造成为可能。这种结构性再造强调信息内容资源的核心保持不变，变化的是内容产品的介质形态或表现形式，从而使内容产品可以实现文字、图片、声音、影像等不同形态的转换。例如，传统电视、文献服务、在线新闻、网络报纸、手机报纸、手机电视、数字电视、数字广播等多种形式的复合使用，使公共信息服务可以兼顾不同人群的需求特点。同时，超文本与超媒体技术的使用，使公共信息内容产品的形态多元化成为可能。超文本和超媒体的技术特性，能够把内容以一种灵活的、多变的方式表达出来，信息消费者可以按照自己的需求来获取信息，从而使内容产品的

---

①曾祥敏，孙羽．论媒介融合背景下的电视内容产品生产与集成［J］．电视研究,2010(4):37-39.

形态多元化并产生互动①。对公共信息服务的这种形态变化将在后文中再做
具体分析。

　　3）行动参与者的多样性

　　发展型公共信息服务是以公开或开放的公共数据与信息为资源基础，通
过再加工、再开发形成公共信息产品再向社会提供服务，它突出的是公共数
据与信息经过再开发、再加工后所产生的文化、经济和社会价值。虽然政府
信息与公共数据再利用在信息、数据选取标准及再利用模式上会有所差异①，
但从本质上看，它们均属于对信息或数据内容特征进行加工的层次。由于所
有公民或社会组织均对开放的公共数据与信息具有"知"的权利，而且法律
法规对其所获得的公共数据与信息在使用目的上并没有限制，这就使它们在
获得这些原始公共数据与信息后有权利、有机会进行再加工、再利用，并通
过信息聚合、浓缩、重组等方式生产创造出内容更新的公共信息产品提供给
社会。因此，发展型公共信息服务的行动参与者不仅包括政府机关、公共服
务机构，而且也包括了其他有权获得公共数据与信息的一切社会力量，如专
业信息服务商、非营利性组织、公民个人等。这不仅可以打破公共数据与信
息被其形成者或保存者垄断开发的局面，促进公共数据与信息作为生产要素
在市场上的流通，而且也可以提高公共信息服务的绩效，更加关注通过增值
服务为用户创造价值。为此，发展型公共信息服务的行动参与者必须更加关
注与用户的双向互动，研究用户的信息需求，某些公共信息服务产品的生产
过程可能还会直接吸纳用户参与。发展型公共信息服务的实际行动者包括各
种社会力量，它们了解社会的真实利用需求，其自身就有作为用户的实际利
用体验，且不同行动参与者之间也存在着一定的服务竞争，这就从服务特性、
供给渠道上保证了发展型公共信息服务的实际效果和用户满意度。

---

①郑磊.开放政府数据研究：概念辨析、关键因素及其互动关系［J］.中国行政管理,2015(11):13-18.

2.3.3　基本型与发展型公共信息服务的关系

公共信息服务与其他所有公共服务一样也面临着公平与效率的关系问题。如果说基本型公共信息服务更多关注的是公平问题，那么发展型公共信息服务则更多关注的是效率问题。为了做到公共信息服务公平与效率的兼顾，必须明晰基本型与发展型公共信息服务的关系。

1）相对独立

基本型与发展型公共信息服务的相对独立，首先，表现为服务对象所针对的群体不同[①]。前者是针对全体公民，在服务对象上具有普惠性，其基本要求是强调服务的均等化；后者是针对特定对象，在服务对象上具有局部性，其基本要求是强调服务的适用性。其次，从服务层次上看，前者主要是满足社会大众对政府信息或公共数据"知"的需要，是一种较低层次的服务；后者则主要是满足特定对象对公共数据或信息内容产品"用"的需要，是一种较高层次的服务。最后，基本型和发展型公共信息服务在服务组织形式、服务质量要求、服务收费政策等方面都表现出一定差异，前者是政府单一主体供给，主要强调公共信息的准确性和及时性，在服务过程中实施免费原则；后者则是多元主体参与供给，主要强调公共信息的针对性和研究性，在服务过程中可以实施合理收费原则。可以预见，随着社会公共信息服务需求的逐步变化、数据要素市场的形成和我国公共信息服务能力的提高，基本型与发展型公共信息服务之间的边界也会发生变化。发展型公共信息服务的内涵及其产品形式会不断创新，某些发展型公共信息服务产品也会逐步被纳入基本型公共信息服务的范畴。

2）相互关联

基本型与发展型公共信息服务的相互关联主要表现为发展型公共信息服务是建立在基本型公共信息服务基础之上，只有政府信息公开与公共数据开

---

①娄兆锋，曹冬英.公共服务导向中基本公共服务与非基本公共服务之研究［J］.中国行政管理,2015(3):102-106.

放共享到位，才能给以数据挖掘分析和整合聚类研究为特征的发展型公共信息服务提供丰富的数据源和信息源基础。从现实进展看，我国政府信息公开已有一定基础，政府数据共享与开放也已起步。对政府机构和其他公共服务部门而言，要实现数据的采集、清洗和转换，并实现全方位的数据开放共享，还面临着诸多问题。数据开放进程缓慢、政府数据统筹管理刚刚起步且共享障碍明显、数据质量和可用性不高等均是当前我国政府数据开放共享的突出问题[①]。这些问题若不能有效突破，则不仅基本型公共信息服务不能全面到位，而且也会极大地制约发展型公共信息服务的推进。从源头上看，加强对政府信息公开、公共数据开放共享等基本型公共信息服务过程与质量的监督和评估就显得尤为重要。

2.4　公共信息服务的基本形态分析

产品形态是传递产品信息的第一要素，能使产品内在品质、组织、结构、内涵等本质因素上升为外在表象因素，并通过视觉使人产生生理和心理过程[②]。公共信息服务的形态是指公共信息服务的功能、内容、结构和技术等因素的综合反映，简单地说就是公共信息服务的内容、功能和结构等所采取的具体表现方式，它是公共信息服务的外在表象因素。合理规划设计公共信息服务的形态，充分发挥不同产品形态的作用，既能节省人力物力，又可以避免内容同质化，满足用户多层次、全方位的信息需求，改善用户的信息利用体验。

2.4.1　公共信息服务的形态构成

公共信息服务的基本形态包括公共信息文本提供、公共信息出版物（含

---

①王芳,陈锋.国家治理进程中的政府大数据开放利用研究［J］.中国行政管理,2015(11):6-12.
②王勇安,赵小希.论数字教育出版物的产品形态创新［J］.中国出版,2012(3):37-39.

数字化的非正式出版物）、公共信息服务客户端、政府门户网站信息发布、专业公共数据库与数据服务平台等。从理论上看，所有新媒介都是公共信息服务形态的可能选择，它们各有特征和优势，它们与纸质公共信息宣传品或原始公共文档公开一起共同组成公共信息服务产品集群。

首先，各类实体机构提供的公共信息文本是社会公众较为熟悉并依赖的一种公共信息服务形态。各级党政机关、公共服务部门和各级各类图书馆、档案馆、文件查阅中心等均是提供公共信息文本的依托主体。提供公共信息文本不仅可以满足部分人群的纸本信息阅读习惯，而且可以实现公共信息的证据保全和利用需要。但从其局限性上看，相同或相近内容文档的关联性与逻辑性不够，可能会导致公共信息服务的碎片化、文本提供利用受时空限制、即时性公共信息无法有效提供等，这些均影响了其服务效果。

其次，微博、微信公众号、电子出版物等是原始公共信息服务发布的重要形式。与公共信息文本提供相比，其良好的互动机制、移动性、便捷性、内容简约化等都是重要特征。同时，通过对上述服务的后台追踪，可以对用户的使用轨迹、点击行为、停留时间等因素进行数据统计分析，掌握用户的公共信息服务需求特点与规律，为公共信息服务的内容选择等提供依据，指导有关机构以更高频率针对性地进行信息内容更新和维护，从而形成特色化的公共信息内容汇聚与发布机制。

政府网站及移动客户端、专业性公共信息服务网站或数据平台等可以为公共信息、公共数据的集中开放提供平台。它们一方面可以充当原始公共信息发布的源头，另一方面可以发挥链接发展型公共信息服务产品的作用。这些公共信息或数据服务平台既可以由政府建立，也可以吸纳企业和相关社会组织共同参与建设。例如，2014年上海率先实行政府数据资源向社会开放，来自28个市级政府部门的190项数据内容成为重点开放对象（从医院床位信息到候诊人数信息，从挖路、占路、封路信息到停车场库及路侧车位信息等），以政府数据服务网作为开放统一入口，提供数据查询、浏览、下载等功能，其范围涵盖地理位置、道路交通、公共服务、经济统计、市场监管、资格资质、行政管理各类人群统计数据等 11 个领域的数据产品。根据规划，上海政府数据资源开放主体将扩展到法律法规授权的具有管理公共事务职能的组织，以及与人民群众利益密切相关的公共企事业单位[①]。从上海公共信息服务实践看，其主要特点就是通过政府数据网或数据库向社会发布原始公共数据，它是一种典型的基本型公共信息服务。目前，在浙江杭州、广东深圳等地也都不同程度启动或实现了公共数据共享或开放。此外，在阿里巴巴的案例中，我们则可以看到发展型公共信息服务实践的端倪。2015 年 3 月，阿里巴巴宣布推出国内首个面向政府开放的大数据产品——阿里经济云图。一旦申请并开通进入阿里经济云图的权限，各级政府可自助查询当地多维度的电子商务经济数据，为政府实现互联网经济分析与决策提供支持[②]。从阿里经济云图这类公共信息服务产品的服务方向来看，其服务对象不仅是政府（政府机构也是公共信息服务的需求者），也可以是各类企业和公民个人。2019 年，苏州市以公共信息与公共数据流程梳理与整合服务为基础，打造惠民数字化品牌"苏周到"。秉持"周到服务，舒心苏州"宗旨，聚焦群众办事堵点、难点，聚焦广覆盖、高频次、普惠性业务需求，不断革新服务理念、创新服务方式、优化服务流程、延伸服务触角、提升服务效能，努力以公共信息与数据治理能效的提升来带动实现政府治理效能的新提升。依托"一网通办"平台，大力推进"一件事一次办"，打造线上一个平台线下一个窗口统一办理模式，通过跨部门事项整合、流程再造和信息共享，变群众办事"找部门"为"找政府"，实现群众办事"好办快办"，切实提升政务服务水平；创新数字政府运营管理模式；建立市域一体化的三级数字城市运行管理中心；

①杨光.上海将政府大数据"富矿"免费供全民共享［J］.计算机与网络,2014(10):7.
②阿里巴巴推出大数据产品经济云图：面向政府开放［J］.上海企业,2015(3):8.

构建各部门、各单位横向多维度协同，市、县级市（区）、镇（街道）、村（社区）、网格纵向五级联动的指挥调度体系，实现城市运行"一网统管"，从而使公共数据与公共信息服务成为牵动数字化政府改革的新动力。上述服务实践表明，如果实现了公共信息、公共数据的公开和共享，那么更多的社会力量都可以参与到发展型公共信息服务产品的开发过程中，发展型公共信息服务的形态与场景也会呈现出更加丰富多彩的局面。但在这个过程中，因公共数据汇集、共享和开放而可能引发的数据与信息安全问题也应引起高度关注。

2.4.2　可视化：公共信息服务形态的发展趋势

可视化 (visualization) 是利用计算机图形学和图像处理技术，将数据转换成图形或图像在屏幕上显示出来，并进行交互处理的理论、方法和技术。从用户体验反馈和发展趋势看，"可视化"在公共信息服务再加工与再利用中正越来越成为被广泛采用的表现形态。

在实践中，公共信息服务的可视化已经被很多政府机构或部门所运用。例如，近年来央视新闻中一系列民生新闻类公共信息（如民生价格变化信息、社会保障政策变化信息等）正尝试着采用图片或动画等方式进行信息内容表达，通过图形的形状及配比、色彩的构成及搭配等方式有效梳理出公共信息内容的逻辑关系和层次关系，这极大地提高了公共信息的传播效果。再如，国家统计局在提供公共信息与数据查询时就专门提供了一个"可视化产品"入口。通过国家统计局公共信息服务可视化产品，可以动态地看到"中国城镇化率"是一个过程，而且这个过程可以进行可视化的动态展示。"城市房价"是全社会关心的问题，通过国家统计局网站上的可视化产品可以迅速浏览全国 70 个大中城市房价的变化，从而使一些生硬的数字信息以更具灵动性的方式呈现出来。此外，"能源生产情况""平均消费支出构成""地区排污情况""城市职工基本养老保险"等基本公共信息及其动态变化趋势均可从国家统计局的公共信息服务可视化产品中找到答案。国家统计局公共信息服务可视化产品所呈现的内容已经不仅是最基本的原始数据与信息,而且也包括了一些基于数据的内容与趋势分析。

上述实践案例表明,公共信息服务要重视其形态发展中的可视化趋势,并将主要工作放在内容选择和视觉传达上。从常理看,如果公共信息文本内容具有丰富的信息量及较强的逻辑性,此类公共信息就适合采用可视化的方式来呈现。公共信息文本可视化的难点在于如何通过各种不同的信息传播元素来准确表达丰富的文字信息。因此,可视化的公共信息服务产品生产组织需要收集许多素材,文本、图片、插图、制表和漫画等都是信息传播元素。选择和运用上述传播元素的重要前提是要保证公共信息内容的准确性、完整性、可理解性、易读性等特征能够得到充分实现。

此外,近年来有学者提出,在政府数据开放服务中也可采用"数据故事化"的形式[①]。数据故事化就是通过叙事方式和可视化技术揭示数据的内在逻辑关联,支持全景式描述数据,将数据故事化引入政府开放数据实践中,有利于提高用户对数据的感知、理解、探索和重用,进而识别、挖掘出数据隐性价值。深入研究数据故事化的实现方式并将其引入公共信息服务的全过程,这对提高公共信息服务的能力与效果都将产生重要作用。

---

①王萍,周霞.政府开放数据故事化实现模式研究［J］.文献与数据学报,2020(2):3-13.

第 3 章
公共信息服务社会共治模式构建理论研究

3.1 公共信息服务社会共治问题的提出

对照前文关于公共信息服务基本类型和结构形态的分析，从总体上看，目前我国公共信息服务虽在某些领域取得了成效，但公共信息服务主体的选择及其角色定位不够明确，公共信息服务碎片化现象明显，公共信息服务能力和服务质量与绩效均有待提高，这都是目前我国公共信息服务所面临的基本问题。因此，从社会共治视角研究我国公共信息服务模式优化与实现的理论和方法就成为公共信息服务深化的内在要求。

我国公共信息服务实践在地理信息服务、气象信息服务、公共卫生与健康信息服务等领域均有不同程度开展。从近年来的实践进展可以管窥我国公共信息服务发展的基本脉络。

地理信息服务是我国公共信息服务的重要内容，是目前实践最广泛的公共信息服务类型之一。我国地理信息服务由国家测绘地理信息局主管，其主导建设的国家地理信息公共服务平台——"天地图"，改变了传统地理信息服务方式。天地图的主要功能有服务重大工程建设、重大规划、政府决策、应急救灾、百姓生活等，并且提供手机地图、专题应用、地图 API 等服务[①]。

①中国新闻网 31 家单位获得互联网地图服务甲级测绘资质［EB/OL］.［2019-12-22］. http：//www.chinanews.com/it/2010/09-08/2520894.shtm.

地图 API 服务共享了地图资源，方便国家其他部门和各省市基于天地图开发增值性专业服务。除由政府提供地理信息服务外，百度地图、高德地图等商业地图也为公众提供丰富的地理信息服务。

气象信息服务是基础性公共信息服务之一，目前我国气象信息服务已取得了长足发展。2006 年《国务院关于加快气象事业发展的若干意见》（以下简称《意见》）强调了健全公共气象信息服务体系、推进气象信息共享平台建设的紧迫性。在《意见》指导下，各省市相继搭建气象（信息）服务平台，如江苏构建了由"公共气象服务信息整合加工平台""公共气象服务信息发布平台""公共气象服务信息监控与反馈平台"组成的三位一体平台[1]。除此之外，各类门户网站、通信运营商也参与到气象信息发布服务中。

公共卫生与健康信息服务也是基础性公共信息服务之一，医疗信息化水平的提高促进了公共卫生与健康信息服务的快速发展，区域医疗卫生信息平台是公共卫生与健康信息服务的重要组成部分。2014 年，北京、广东、江苏等地加快了区域医疗卫生信息平台建设，区域医疗卫生信息平台标准统一、架构规范、安全可靠，不仅实现了资源全面整合和共享，而且减少了公众看病的费用与时间[2]。在国家健康战略及其政策实施过程中，"互联网＋医疗"等网络健康信息服务模式不断升级发展，以新媒体为主要载体的健康信息传播促进了健康信息资源组织与利用形态的变革。在信息技术发展的同时，用户也要求更高的健康信息服务质量与精准度，健康信息服务应以提供高质量与精准度的健康信息内容产品为发展目标[3]。

地理信息服务、气象信息服务、公共卫生与健康信息服务等专业领域的

---

①毛庆 . 江苏省首个气象科技公共服务平台通过验收［EB/OL］.［2017-12-23］. http://www.njdaily. cn/2017/1009/241743.shtml.

②少丽 . 区域信息平台建设成 2014 年各地医疗信息化建设重点［EB/OL］.［2014-12-24］. http:// news.hc3i.cn/art/201405/29685_all.htm.

③邓胜利，付少雄 . 健康信息服务的供给侧结构性改革研究［J］. 情报科学，2019（4）：144- 149,177.

公共信息服务虽在开展方式和推进进度上略有不同，但从中仍可看出我国公共信息服务的基本结构和发展趋势。

第一，公共信息服务的主体不再局限于政府部门。例如，地理信息服务的主体已经突破了国家测绘地理信息局，目前我国有31家单位获得互联网地图服务甲级测绘资质，可以独立开展互联网地图服务。气象信息服务的主体也不再局限于政府气象监测业务部门，门户网站和通信运营商均可参与发布。而且，从参与服务的主体构成看，企业等社会力量主体提供的公共信息服务呈增长趋势，如百度地图和高德地图更受公众青睐。健康信息服务的参与主体更是多样。

第二，政府部门在公共信息服务中仍然处于主导地位。现有政策一般规定由政府有关部门牵头建设公共信息服务中心或数据服务平台，如规定国家测绘地理信息局组织、指导基础地理信息社会化服务。部分公共信息、公共数据也只有政府部门有能力进行资源整合和开展服务，如气象信息服务的信息采集和公共卫生与健康信息服务的资源整合就是如此。

第三，公共信息服务主体所提供的服务产品趋于丰富。公众的信息需求正由普遍性信息服务需求、公共数据开放需求向个性化信息增值开发服务需求转变，针对性、个性化、专题化、系统化等是公共信息服务发展的趋势和要求。例如，地理信息服务中的交通路况、餐饮购物、周边优惠等已成为增值性信息服务。在杭州等地以智慧城市建设为契机、以"城市大脑"为枢纽的关联性数据与信息整合增值性服务已经不同程度实现。随着健康信息内容结构变化、健康信息媒介日趋多元、公众健康信息搜寻意愿提升，健康信息服务的精准度和个性化需求也将明显提高。

第四，公众满意度是公众选择公共信息服务主体及其服务产品的依据。公众的关注已不再局限于已经提供了哪些公共信息服务，而是逐渐转向注重公共信息服务的过程和结果。随着公共信息服务主体的多元化，新技术在公共信息服务中的广泛运用，公共信息服务的过程、产品、结果也将各具特色，公众对公共信息服务产品的选择将会有更大空间。

适应公共信息服务实践的需要，及时对有关实践经验进行总结，有预测性地开展相关理论研究就具有重要意义。其中，推进公共信息服务社会共治模式的建构和实现就是一个重要战略选择。

3.2　公共信息服务社会共治的内涵及其价值指向意义

3.2.1　公共信息服务社会共治的内涵

社会共治蕴含了多元主体、协商博弈、共同利益和社会权力等公共管理领域诸多相互交织的概念。社会共治是指多元社会主体共同治理公共事务，通过协商民主等手段发起集体行动以实现公共利益的过程。公共信息服务的社会共治就是在公共信息服务中通过多元主体参与、改革思路的转换、政府自身的角色再造、双向互动的路径选择以及多样化治理手段的运用等，实现公共信息服务的公平和高效。

公共信息服务社会共治的基础是强调政府、市场主体、社会组织、公民等角色都是社会共治的主体。社会共治要求承认上述力量的合理性及在公共信息服务领域合作的可能性。政府、市场主体和社会组织等分别承担不同的角色，有时互相独立，有时互相支持，有时互相牵制，有时互相导向①。公共信息服务的社会共治需要所有主体的共同努力，每个主体都有自己的比较优势，因而可以担当最适合的角色。

公共信息服务社会共治的纽带是不同主体基于实现公共利益的愿景和动

---

① Johanso J, Mattsson L G. Interorganizational relations in industrial systems: a network approach compared with the transaction-cost approach [J]. International Studies of Management & Organization, 1987(1):34-48.

机。在公共信息服务社会共治中，参与主体的共同愿景是价值基础。所有参与者的共同愿景是为用户提供便捷、丰富、有效、公平的公共信息服务这个公共利益。公共利益是一定社会条件下或特定域内不特定多数主体利益相一致的方面。由于公共利益的受益人主体具有不确定性及由此引发的利益主张者的缺位，政府及其有关部门就成为公共利益的代言人。然而，其中隐含的一个问题是，政府及其部门的利益也是公共利益的组成部分，当某一层级的政府及其部门出于其自身部门的利益动机参与公共信息服务活动时，可能也会牺牲其作为"公共利益代言人"的部分利益。从这个意义上看，在公共信息服务中就有必要强调不应再是政府垄断，而应是主体多元、相互协作、机制灵活和开放竞争，这样也有利于发挥企业、公民和社会组织等主体对政府及其部门作为公共信息服务建设这个公共利益代言人的约束或监督。因此，公共信息服务的社会共治就成为一种合理选择。

公共信息服务社会共治机制是强调所有参与主体均有介入公共信息服务的意愿、动力和预期，并围绕着公共信息服务这个主题建构起一个不同社会主体的良性合作关系和秩序。公共信息服务的所有参与者是否有主动介入和合作开展服务的意愿或动机、是否对参与服务的结果有一定预期，这都会影响公共信息服务社会共治的效果。针对公共信息来源渠道广、种类内容多、参与主体分散等特点，应通过分工与合作、沟通与协商、信任与互补等机制来实现公共信息资源的共享和开发服务。

公共信息服务社会共治的目标是强调通过多主体广泛参与和共同治理，有效解决当前我国公共数据或公共信息管理与服务所存在的"分散化"和"碎片化"问题，发挥不同主体在公共数据或信息采集、加工和服务活动中的相对优势，建立起公共信息服务的运行体系，从而实现高效的公共数据与信息聚合服务。

3.2.2 公共信息服务社会共治的价值指向及其意义

1）公共信息服务社会共治的价值指向

公共信息服务社会共治是一个包括政府机构的规划主导、社会组织的协同参与、企业机构的市场介入等机制的良性互动过程，其主要价值指向是完善公共信息服务的组织结构和治理责任，实现公共信息服务公平与效率的双重目标。这种公共信息服务社会共治价值指向的特点是，根据当代中国公共信息服务实践的基本现实，推动公共信息服务从政府管理到社会共治的实践转型，在公共信息服务组织结构的建构上有所突破；彰显公共信息服务的理论转型，即由"何为公共信息服务""某类公共信息服务政策"等的一般知识性阐释和经验介绍，向我国"需要何种模式的公共信息服务"，以及"如何有效实现公共信息服务"的理论转型。

2）明确公共信息服务社会共治价值指向的主要意义

（1）消解政府公共信息服务能力有限性与社会信息需求多样性的矛盾。近年来，我国政府部门虽然在公共信息服务上投入了大量的人力、物力和财力，但在人才结构和素质、信息技术保障、数据与信息资源整合和共享能力、公共数据开发利用政策创新等方面还无法满足公众的信息服务需求和数据与信息要素的确权及流通要求，政府公共信息服务总体供给不足和局部供给过剩的现象同时存在。供给不足主要表现在政府公共信息服务内容的更新维护力度普遍不足；政府公共信息服务的深度不够，静态新闻和转载页面多，而互动服务和原创信息少；政府信息公开多，但政府数据或公共数据开放利用少。供给过剩表现在政府公共信息服务系统或服务平台重复建设的现象依然存在；政府公共信息服务系统内容普遍存在冗余和重复交叉[①]。而另一方面，社会公共信息需求却呈现出日益多样性的特点。社会公共信息需求的"同质

---

①管延斌,孙静,王建冬.我国政府公共信息服务的供求曲线和供求均衡分析[J].现代情报,2016(6):16-26.

性"正逐渐减少，"异质性"信息服务需求在逐渐增加，获取个性化的信息服务也正成为公民信息需求的新形式。如何协调公共信息服务大众化与个性化之间的关系，突破政府公共信息服务能力有限性与社会信息需求多样性的矛盾，就需要对政府单一管理与服务模式进行反思。但这种反思不是对既有公共信息服务模式的否定，而是一种注重现实国情、关注治理创新的模式重建过程。公共信息服务的社会共治就是这样一个重建过程。面向公众提供无差别的信息服务是政府服务职能的基本要求，既可以由政府直接提供，也可以由政府委托企业或社会组织提供；面向少数用户的个性化信息需求则需要依靠专业信息服务商或社会组织来承接服务。这种公共信息服务治理模式的转型，既应体现在理论研究层面，也应体现在实践过程层面。

（2）呼应公共信息服务转型的基本趋势。在现代公共行政理论中，公共选择理论、新公共管理理论和多中心治理理论等均提出了公共服务转型的发展要求。上述公共行政理论虽然内涵差异明显，但它们在主张重新界定政府、市场和社会之间关系这一主题上却表现出高度的相似性。具体到公共信息服务领域，它们在理念上均强调：公共信息服务的参与者包括政府和社会力量（如私人部门、非政府组织、民间组织等），参与主体具有多元性；公共信息服务目的是满足公众的信息需求，应避免出现公共信息服务有效供给不足和服务效率低下等问题；公共信息服务的实现应根据公共利益、公共信息服务属性和类型等进行最佳的制度安排。正是基于上述共同的理念认识，以公众信息需求和服务满意为导向，重新定位各类主体在公共信息服务中的角色和作用，提高公共信息服务绩效等就成为公共信息服务转型的基本主题。在公共信息服务转型设计中，特别需要注意以下两个基本问题。

一是改变公共信息服务的发动力量及其组织机制。公共信息服务究竟是由行政力量发动还是由需求力量发动是一个不能回避的问题。在我国，由政府主导的公共信息服务像其他行政事务一样是自上而下按统一规则要求贯彻落实的，各级政府往往把公共信息服务视为一种行政任务而非属于自身的一项公共服务职能。在行政力量牵引下，公共信息服务往往缺少公众的表达或参与，有些公共信息服务项目或内容也往往是行政上的"规定动作"。正因如此，政府系统所强调的信息公开实践不同程度上呈现出象征化和形式化倾向。公众对"三公经费"信息公开服务的评价是看不懂，这不仅因为"三公经费"概念模糊、标准不明，而且因为其信息公开内容笼统抽象、缺少必要说明，也缺少对公众需求或质疑的回应①。如果公共信息服务遵循的是需求导向，就应吸纳公众参与公共信息服务决策，并将公众满意度作为公共信息服务绩效评价的主要依据。这就要求公共信息服务不能局限于政府体系的内部运作，而应建立灵活的公众信息需求表达与参与机制，并在此基础上进行公共信息服务生产供给机制的创新。

二是契合公共信息基本属性的内在规定。公共信息中的基础信息属于公共物品，非基础信息属于准公共物品，增值信息属于准公共物品或私人物品②。对于公共物品，由政府充当资源配置者会达到"帕累托最优"。然而，仅仅由政府配置也会产生公共物品供给的垄断行为和信息寻租现象，从而产生交易成本的增多和社会资源的浪费，出现"政府失灵"。但如果将公共物品单纯由私人进行供给，则"契约失灵"和私营企业选择性投入等行为将严重损害公共部门和公众的利益③。因此，基于不同类型公共信息的基本属性，在供给上选择由公共部门、第三部门和私营部门相互合作，则不仅可以充分发挥不同主体的供给优势，明确不同主体的责任分担，而且可以兼顾公共利益与商业利益的双重目标，保证不同类型公共信息供给的公平与效率。"公

---

①我国"三公"经费公开的现状、问题与对策建议 [EB/OL]. [2017-1-22].http://www.xzbu.com/9/view-5333370.htm.

②冉从敬. 公共部门信息再利用制度研究 [M]. 北京：科学出版社,2015:17-39,60,89-97.

③冉从敬,陈传夫,贺德方. 公共部门信息增值利用的社会责任研究 [J]. 中国软科学,2014(12):48-59.

共信息的二次利用和加工蕴含了巨大的经济效益，市场配置公共信息资源有其必要性和合理性"[1]，"公共部门所生产的公共信息具有潜在的市场利用前景，同时也是私人企业进行新的增值信息服务的基础"[2]。正是由于公共信息资源在公共价值属性中的经营性空间（至少在某些领域存在经营性空间，如气象信息、地理信息、交通信息等），在公共信息服务中实现多主体合作才有了可能。这既能保证政府提供公共信息服务的公益性特质，也能满足企业参与公共信息服务的营利性需求[3]。从不同主体参与公共信息服务的类型看，政府直接提供、政府委托企业或其他社会组织提供的内容主要是政府行政信息、原始数据等，其主要特点是面向所有公众提供免费或低成本的无差别信息服务；企业主体选择供给的内容主要是对公共数据、原始资料进行加工处理后形成的信息增值服务，其主要特点是面向特定用户提供个性化服务。

3.3　公共信息服务社会共治模型构建及其内在逻辑关系

从理论上讲，公共信息服务主要取决于公共信息资源禀赋条件和公共信息服务模式选择两个因素。当把公共信息资源禀赋看作给定的约束条件时，公共信息模式选择就成了关键变量。其中，公共信息服务主体及其结构是自变量、公共信息服务内容和组织过程是中介变量，公共信息服务绩效是因变量。上述变量要素及其内在结构关系如图3-1所示。

---

①夏义堃.公共信息资源市场配置的实践与问题 [J].中国图书馆学报,2007(4):68-72.
②夏义堃.公共信息资源市场化开发利用的内涵、渠道及制约因素分析 [J].情报理论与实践,2008(4):326-329.
③陈怀平,金栋昌.基于大数据时代的公共信息服务政企合作路径分析 [J].图书馆工作与研究,2014(8):9-13.

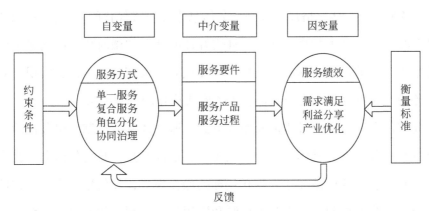

图 3-1　公共信息服务社会共治模式构建的要素变量及其结构关系

　　在社会共治视角下，公共信息服务模式优化就是要研究形成公共信息服务主体的网络化结构自变量，完善公共信息服务产品的立体化结构和服务组织的标准化流程这两个中介变量，以提高公共信息服务绩效这个因变量。这三个变量之间的互动关系事实上是一种宏观层面的社会共治格局。在此格局下，三大变量内部各要素之间的互动与协同是微观层面的社会共治。公共信息服务社会共治的要素变量及其结构关系分析可以从三个层面分别进行。

　　1）自变量要素及其相互关系分析

　　目前我国由纵向等级制和横向职能分工形成的公共信息服务主体参与结构，极易导致公共信息服务供给系统（包括制度本身）碎片化、服务懈怠、服务质量不高等问题。因此，运用社会共治理念，通过模式优化来推动公共信息服务供给主体网络化结构的形成显得至关重要。其目的是实现公共信息服务从单一服务向复合服务的转化，形成角色分化和协同治理的公共信息服务基本格局。

　　2）中介变量要素及其内容分析

　　公共信息服务模式的中介变量要素分为服务产品和服务过程两个方面。

　　从服务产品上看，依据社会信息需求，促进、引导公共信息服务产品多层次、多类型的立体化格局形成是公共信息服务模式优化的基本任务。在"媒介融合时代"（"大数据时代""社交媒体时代""微时代"的交融）公共信息服务产品的形态、内容、结构等均发生着重大变化，因此，实现公共信息服务的产品融合就成为公共信息服务模式优化的基本要求。

公共信息服务组织过程涉及服务方式、服务体制或机制、服务保障、服务质量和服务评估等具体内容。重点要回答的问题是：政府如何向社会力量购买公共信息服务产品和建立委托代理的操作模式；如何建立购买公共信息服务的需求瞄准机制、过程管理机制和资源传输机制；如何建立培育引导机制、知识产权保护机制和运营管理机制等来调动企业积极投资和参与公共信息增值服务，从而逐步扩大公共信息内容产业的规模等。

3）因变量要素及其评价

作为公共信息服务模式因变量要素的服务绩效体现在用户的信息需求满足（数量与质量）、参与主体的利益分享和公共信息内容产业的生成及其规模化等方面。上述内容也应成为指导公共信息服务改革的基本方向。

公共信息服务社会共治的自变量、中介变量和因变量三要素之间不仅呈现出一种相关关系或递进关系，而且通过因变量的评价反馈还会启动新一轮的自变量要素变化，从而形成一次新的公共信息服务社会共治的过程循环。如果将公共信息服务社会共治视为一个系统，那么这个系统不仅是一个动态发展的系统，而且也是一个闭环系统。

3.4　公共信息服务社会共治的运行机理分析

公共信息服务社会共治的运行机理就是以政府主导公共信息服务的政策与行动分析为基础，以实现公共信息服务优质性、公共性、公平性、高效性等为目标导向，具体设计、分析和阐述公共信息服务社会共治模式的建构逻辑和改革思路①②。

3.4.1　公共信息服务组织体系重构

在相当长的时间内，我国公共信息服务主体相对简单，政府主体（包括具有很强政府特性的事业单位）是其核心构成。政府主体提供的是公共数据或公共信息开放服务，在服务内容上以原始文件信息、图书信息、原始数据等为主，此时政府承担着多重角色，它既是公共信息资源的主要形成者或保管者，也是公共信息服务的生产者、供给者、监督者或评估者等。在这种公共信息服务组织体系中，政府角色和职能是多重混合的，以此来回应公众的基本型公共信息服务需求还比较可行。但面对多样化、个性化的发展型公共信息服务需求，政府的专业化程度、服务能力、资源配置方式等就显得明显不足。为了应对这样的困境，公共信息服务社会共治模式的建构就应运而生。这种模式塑造了公共信息服务参与的多重主体，即政府主体、社会力量主体（包括社会组织、企业和其他机构）、公众主体等。上述主体分别承担着公共信息服务责任承担者、服务供给者、服务生产者、服务监督者、服务使用者、服务质量评估者等多种不同角色与职能。根据上述主体参与公共信息服务的动机，明确它们各自的权责、行为边界和合作基础等，这是公共信息服务社会共治组织体系建构的基本内容。

3.4.2　公共信息服务的供给机制

公共信息服务社会共治事实上是构建一种由政府机制、市场机制和社会机制组合而成的复合型机制③。政府机制是以行政权力关系为基本特征，这种行政权力关系一方面表现在由政府主导公共信息服务的类型、内容、实现

---

①王浦劬，郝秋笛，等.政府向社会力量购买公共服务发展研究［M］.北京：北京大学出版社,2016:18.
②王浦劬.政府向社会力量购买公共服务的改革机理分析［J］.北京大学学报,2015(4):88-94.
③周毅.论政府信息增值服务及其运行机制的创新［J］.图书情报工作,2008(1):39-42.

方式及其所面向的对象等，政府直接或通过具有准行政属性的事业单位向公众提供公共信息服务；另一方面则是明确政府在公共信息服务领域的法定服务责任与相关保障责任。公共信息服务是政府的基本职能，也是政府的法定责任。公共信息服务应该成为政府行政系统必须选择的义务而不是可以选择的义务。在公共信息服务领域，政府不仅要履行法定的信息公开、公共数据开放服务和安全责任，而且还必须履行对其他不同类型或层次公共信息服务的必要保障责任，这种保障主要包括开放数据保障、资源保障、政策保障和质量保障等。

市场机制是以市场交易关系或契约关系为基本特征，把市场激励机制引入公共信息服务之中，通过吸纳专业化、营利性的信息服务商参与到公共信息服务过程，发挥它们的灵活性、专业性等优势，从而实现公共信息服务的专业化和有效性。在市场机制运作中，政府一般是通过购买、外包等方式委托信息服务商开展发展型公共信息服务，在政府与信息服务商之间会就公共信息服务的类型、基本服务要求等达成契约关系。由于发展型公共信息服务是满足特定人群的个性化服务，政府虽原则上应保证其公共性这一基本属性，但这并不意味着信息服务商必须完全免费提供。因此，在信息服务商与特定用户之间也会就某些公共信息服务的价格、质量要求等达成市场交易关系。政府、信息服务商、特定用户三者就公共信息服务所达成的不同交易或契约关系是保证市场机制得以顺利运行的基础。供求、竞争和价格等市场机制的工具作用，其目标均指向公共信息服务的有效和高效供给。

社会机制是以社会志愿动机为基本特征，动员互益性的社会团体与行业组织（如各类行业协会、学会以及商会）、民间公益组织（如志愿者组织和慈善机构等）以及带有成本收费性质的民间社会组织（如各种社会、市场中介组织和非营利民办信息咨询机构等）等参与到公共信息服务过程。社会机制是以社会志愿服务或公益服务的契约关系为基础，其最核心的优势是可以有效保护公共信息服务的公益性，并发挥各类社会组织熟悉和了解公众信息需求的优势，从而保证公共信息服务的有效性。

在公共信息服务中，政府机制、市场机制和社会机制的有效组合可以发挥不同机制的互补功能，从而进一步提高公共信息服务的可及性、公平性和有效性。

3.4.3　公共信息服务的多重价值取向

公共信息服务的价值取向是适用、优质、公平和高效。上述价值取向最终体现在公共信息服务的覆盖面、均衡度、供给效率和公众信息需求实现程度及其满意水平等具体指标上[①]。如果仅依赖于某个主体、某个方面或某种机制的作用，在引导或达成公共信息服务上述价值取向上常常容易出现难以全面顾及的状况。长期以来的实践表明，采用单一的政府机制供给虽然较多地顾及了公平价值取向，但公共信息服务效率、用户信息需求满足程度等价值要求还是受到了影响。近年来广泛开展的政府信息公开虽取得了一定成效，但公众对此类公共信息服务的实际获得感、满意度均不高已经很能说明问题，公众一定程度上已经对政府的公共信息服务产生了强烈的改善需求[②]。因此，从理论上看，公共信息服务的多重价值取向应通过多种主体合作、多重机制协调才能得以实现。其中，政府机制重点取向于利用政府主体是公共信息服务制度与规则设计者、服务法定责任承担者和基本信息服务保障者等角色或身份，保护公众的公共信息获取与利用权利，实现公共信息服务机会和规则的公平；市场机制重点取向于利用市场主体的自主决策和供求、竞争与价格等机制，进行公共信息服务的理性行为选择和资源优化配置，从而推进

---

①周毅,谢欢.论服务型政府的公共信息服务目标及其实现路径 [J].信息资源管理学报,2011(3):20-25.

②周毅.公共信息服务质量问题研究:基于建立政府与公民信任关系目标 [J].情报理论与实践,2014(11):17-21.

公共信息服务的有效供给、效率优化和质量提升；社会机制重点取向于利用社会组织、公民主体等的志愿服务行为进行公共信息服务生产和提供，在遵循市场规律的同时，兼顾公共信息服务的公共性和公益性，从而实现公共信息服务的优质高效和公平正义价值。由此可见，公共信息服务的社会共治模式可以通过多种主体不同机制的共同作用，平衡并实现适用、优质、公平和高效等公共信息服务价值取向。

3.4.4   公共信息服务的转型升级

国内外学界和业界对公共信息再开发、再利用的内涵解析和认识虽历经变化，但目前正趋于基本一致①。公共信息再开发与再利用的核心特征是：再开发与再利用主体正由公共部门扩展到非公共部门，再利用的目的可以是商业性的也可以是非商业性的，公共部门公共任务之外的公共信息开发与利用才是"再开发"与"再利用"。从上述特征可以看到，公共信息再开发与再利用不仅吸纳了除公共信息形成、持有或管理者以外社会力量主体的参与，而且社会力量主体在参与过程中也会因动机驱使、运行机制活力等的作用，共同推动公共信息服务向再开发与再利用的转型。

公共信息服务的转型升级主要表现在：社会力量出于不同动机参与到原始公共信息服务的过程，这可以扩大基本型公共信息服务的供给渠道，从而提高基本型公共信息服务的水平与效果；社会力量更多是通过增值开发实现公共信息服务产品的内容或形态创新，从而更好地满足公众的个性化信息需求。这种参与不是出于完成所谓"公共任务"的刚性需要，也无须更多考虑公共部门的偏好。也正因为如此，社会力量主体可以充分发挥市场机制和社会机制的作用，进行多样性、自主性的公共信息加工与服务策略安排。如果某些社会力量主体具有营利性动机，那么它们也会更好地在用户需求导向下

---

①冉从敬.公共部门信息再利用制度研究［M］.北京:科学出版社,2015:17-39,89-97.

进行公共信息再开发与再利用的策略与制度设计。从已有实践看，吸纳社会力量参与对推动我国公共信息服务水平的提高发挥了巨大作用[1]。例如，我国气象信息服务分为公众气象信息服务、决策气象信息服务、有偿气象信息服务和商业性气象信息服务四类。前两类服务分别是面向社会公众和各级党委、政府及其防灾减灾机构，属于基本型公共信息服务；后两类服务是面向特定的企事业单位或个人，主要是提供个性化服务并收取信息处理费或服务费。从参与主体看，前两类服务的主体是以公共气象信息部门等为主，后两类服务的主体是以商业性气象信息服务企业等为主。气象信息服务企业的服务特点及其运行机制等均极大地推进了我国气象信息服务层次的升级。在科学数据服务、水利信息服务、测绘信息服务等专业领域也有类似实践。

3.4.5　政府公共信息服务职能的虚拟化

社会共治是推动政府公共信息服务职能虚拟化的重要途径之一。在政府公共信息服务职能虚拟化过程中，政府及其相关部门与社会力量共同完成公共信息服务生产或供给任务，政府及其有关部门的主要职能转变为协调、沟通、监管和信息源供给，而其他具体的公共信息服务生产或供给任务则交由社会力量分工协作完成。在这个过程中，作为核心行动者与责任承担者的政府必须建立起相应的合作伙伴选择机制、沟通协调机制、绩效评价机制、利益分配机制和风险管理机制。

合作伙伴选择机制是指政府对参与公共信息服务的社会主体的选择程序与方法等，这种选择必须遵守一定的标准和规范，政府必须设计一定的准入和动态评价标准，并根据规范、公开的程序选择合作伙伴。沟通协调机制是指政府应定期或不定期发布公共信息服务状态报告，发布对不同类型主体所提供的公共信息服务满意度的测评结果、公众的公共信息服务需求状况及趋

---

① 冉从敬. 公共部门信息再利用制度研究 [M]. 北京：科学出版社, 2015: 60.

势等信息，从而引导社会力量参与公共信息服务活动。绩效评价机制就是从微观上对某类或某个专业领域、某个或某类服务主体的公共信息服务绩效进行针对性分析评价，从宏观上评估并比较政府垄断与社会共治两种公共信息服务模式的差异性及其影响，它不是对政府机构服务绩效和信息服务绩效的评估，而是应关注公众信息需求、关注服务价值、关注整体绩效，体现公共信息服务社会共治的政治责任、经济责任、安全责任等多重责任目标导向，实现对公共信息服务协同水平和全部产出的整体绩效评估。利益分配机制是指应根据公共信息服务主体利益多元化的取向来设计利益协调机制。在公共信息服务社会共治模式中，政府追求的是社会利益最大化（含国家安全利益），企业追求的是经济利益最大化，非政府组织或民间机构等追求的是团体特定利益基础上的社会利益。因此，政府应通过政策设计保障所有公共信息服务参与主体的利益实现，从而形成社会共治模式的有效内部激励。但应注意的是，公共信息服务社会共治是为了提高公共信息服务效率和效果而产生的一种新型服务组织形态，这种服务组织形态并没有改变公共信息服务的基本性质。因此，在保障各类主体利益实现的基础上，突出社会利益和公共利益的最大化仍应居于首位。风险管理机制是针对公共信息服务社会共治中可能出现的服务责任归属风险、信息服务质量风险、利益平衡风险、信息安全风险等进行的政策与策略设计。服务责任归属风险是指政府通过社会共治模式可以动员更多主体参与公共信息服务，所有服务主体均应承担具体的项目服务责任，但这并不意味着政府可以外包责任。对公共信息服务中的政府底线保障责任和服务主体的项目管理责任均应进行科学设计。我们认为，公共信息服务中的政府责任分为履行责任、担保责任和网罗责任[1]，而服务主体的项目责任则更多体现在服务水平与服务质量上。信息服务质量风险是指因服务主体能力等的不同所可能导致的信息内容新颖性、科学性和可靠性等指标差

---

[1]周毅.论公共信息服务的法治化［J］.中国图书馆学报,2016(4):88-101.

异，它会影响用户的消费体验。利益平衡风险是指在平衡不同主体的利益取向关系时所可能出现的偏差，如果处理不当就会出现社会利益、公共利益损失或因局部利益受损而影响某些主体的服务参与动力。信息安全风险是指因服务主体的多元性而可能在信息内容安全、政治立场安全、知识产权保护等方面存在的风险。

综上所述，公共信息服务社会共治作为一种服务组织形态创新，可以动员更多的力量和资源参与到公共信息服务过程，充分发挥其内在运行机理的作用有助于公共信息服务整体效能的提升。

3.5　基于变量要素协同的公共信息服务社会共治模式优化

3.5.1　公共信息服务社会共治的自变量：主体要素角色分化与协同

1）政府的角色

公共信息服务中的政府角色是一个十分敏感的话题。在相当长时期里，政府及其有关部门主要扮演着公共信息服务提供者的角色。政府的公共信息服务具有两种天然的功能优势，即垄断性强制力优势和公信力优势。

政府的垄断性强制力优势是其他任何主体都没有的，而且公共信息提供不能缺少这种公权力的主导或参与。这具体表现在：一是政府及其有关部门可以利用公权力直接进行数据与信息的采集、处理并向社会提供。由于政府（广义的涵义，包括行政机关、司法机关和提供公共服务的相关部门与企业等公共机构）是公共数据与信息的主要来源，因此，政府及其有关部门的履职过程事实上就伴随着公共数据与信息的采集、处理过程。二是政府可以利用制度设计或法律形式赋予某些主体提供公共数据与信息的权利，并要求某些主体履行保证公共数据与信息完整性、准确性的义务。三是政府具有综合信息能力优势，即政府可以利用行政权力与府际协作在行业内或区域内实现公共信息资源整合与共享，实现公共数据与信息平台的规划和建设。

公信力是公共信息服务过程中的无形保障，一定程度上代表了公共信息的可靠性和公众的依赖性。市场和社会主体的参与会直接导致公共数据与信息采集、加工主体发生变化，它们所采集、加工的数据与信息的可靠性由谁保证将是一个问题，并将直接影响公共信息服务的产品质量和服务绩效。相比较而言，政府的权威存在使其提供的数据与信息有较强公信力，而且政府对其所提供的公共信息只需承担较轻的自我证实责任，自我证实的成本也较低。虽然近年来某些地方政府或政府机构因虚假信息、腐败现象等使其公信力有所下降，但总体而言，目前公众对政府直接提供信息的信任度还是最高①。所以，政府在公共信息服务中拥有一定的公信力优势。

2）市场与社会组织主体的角色

市场与社会组织在当前公共信息服务发展中的定位相对模糊，但其存在价值不容忽视。随着公众需求的增长和商业机会的显露，公共信息服务正逐渐打破政府部门单一供给的局面，市场与社会组织主体也参与到公共信息服务中，成为公共信息服务主体的重要组成部分，但它们与政府之间的关系并不明确（合作中的竞争或竞争中的合作）。前文实践分析表明，市场与社会组织主体所提供的公共信息服务占比将呈逐渐增大趋势，这是由市场经济的资源优化配置特征和主体自由竞争特征所决定的。

公共信息资源优化配置是公共信息服务市场调节的过程，根据公共信息服务供求的变化，市场及时调节公共信息资源的开发、分配和使用，促使公共信息资源效用最大化。在市场机制下，公众信息需求的产生、变化带动着公共信息资源的生产与分配，避免了公共信息资源的盲目开放和开发。

市场与社会组织主体的参与及其自由竞争有助于公共信息服务质量的提高。具体表现为：一是自由竞争带来的优胜劣汰模式将吸引有资源、有技术、

①应飞虎.信息、权利与交易安全：消费者保护研究［M］.北京：北京大学出版社,2008:110-118.

有能力的主体进入公共信息服务领域，促进公共信息服务生产、服务过程、服务价格和服务品牌等的竞争，保障公众对公共信息服务的满意度；二是自由竞争带来了公共信息服务产品多样化，使得公众的信息需求在服务竞争中获得满足。

3）政府、市场与社会组织主体功能上的互补与协同

"社会共治"并不是政府、市场和社会组织主体的简单相加，而是网络治理理念在社会治理中的延伸，强调多元主体的协同治理[①]。多元主体协同治理要求政府、市场和社会组织主体根据各自职能，在共同目标下制定并遵守公共信息服务发展的原则、标准和制度，实现功能互补，并在关系互动中实现协同效应。

建立政府、市场与社会组织主体的功能互补关系是公共信息服务社会共治模式构建的首要任务。从已有实践和发展趋势看，掌握并控制公共数据与信息资源的政府将在今后很长一段时间内保持其公共信息服务提供者的角色，并主导公共信息服务社会共治目标、标准、制度等的制定，推动公共信息服务社会共治的进程；市场主体是公共信息服务的有力竞争者，其可以发挥资源、技术和灵活性等优势，在公共信息服务中率先进入一些公众需求但政府目前却无力开展服务或是低效服务的领域；社会组织主体是公共信息服务的参与者或合作者，在政府主导或引导下，社会组织主体可以独立承担或参与政府的公共信息增值服务。由此可见，政府在对待公共信息服务面临的竞争者进入问题时，既不是对竞争者的排挤，也不是被竞争者所取代，而是形成一种互相依赖的关系，这种依赖关系包括竞争性互相依赖和共生性互相依赖[②]。竞争性互相依赖可以推动主体间相互学习，共生性互相依赖可以推动主体间功能和资源互补。因此，政府需将多主体参与视为市场调节的必然

①王名,蔡志鸿,王春婷.社会共治:多元主体共同治理的实践探索与制度创新 [J].中国行政管理,2014(12):16-19.

②孙国强.关系、互动与协同:网络组织的治理逻辑 [J].中国工业经济,2003(11):14-20.

趋势，将相关主体的资源和管理优势进行整合与协同，从而构建起公共信息服务的社会共治模式。

3.5.2 公共信息服务社会共治中介变量：服务产品优化与过程重组

如果要具体、客观地描述衡量涉及因果关系的变量，就要通过某种方式观察到这些变量，然而，有时并不能全然满意所提出的解释[①]。因此，认定社会共治视角下公共信息服务模式的自变量（主体要素的角色分化与协同）可以提高因变量（服务绩效），但这可能还不够严密，所以我们在研究中加入了中介变量——服务要件。换言之，公共信息服务社会共治模式的自变量（主体要素的角色分化与协同）影响到中介变量（服务产品和服务过程等服务要件），才能导致因变量（服务绩效）的提高。所以对中介变量的研究显得格外重要。

1）公共信息服务产品优化

社会共治视角下的公共信息服务模式促使公共信息服务产品进一步优化，其基本表现是公共数据与信息开放共享水平的提高、公共信息产品形式的丰富、公共信息服务产品功能的提高、公共信息服务产品相关标准的统一等。

公共数据与信息开放共享水平的提高是社会共治视角下公共信息服务模式的首要表现。随着公共信息服务主体的角色分化与协同，公共数据与信息开放共享机制将逐渐完善成熟。从机构设置、人才队伍、基础设施、服务渠道、财政支持、技术规范等方面进行公共数据与信息开放共享服务政策创新是推进这种开放与共享水平提高的重要条件[②]。近几年来，开放政府数据进程的大力推进、政府数据开放共享政策的出台和多地大数据管理局的陆续成立等都表明公共数据与信息开放共享水平在不断得到改进和提高。

---

① Donald R, Cooper, Pamela S. 企业研究方法［M］. 古永嘉，杨雪兰，译 . 台北：美商麦格罗·希尔国际股份有限公司台湾分公司 ,2013:30-30.

②周毅，孙帅等 . 政府信息资源管理：视域及主题深化［M］. 上海：复旦大学出版社 ,2014:239-241.

公共信息服务产品形式的日益丰富是媒体融合下的必然要求。在新媒体迅速发展的推动下，公共信息服务产品不再局限于网站平台、纸质文件、手机短信等形式。在传统媒体与网络媒体融合、互联网 PC 端与移动端融合的大环境下，公共信息服务产品的形式需根据不同用户群体获取信息偏好差异和拥有数字设备差异进行个性化设计。

公共信息服务产品功能的提高是为了满足用户个性化信息需求所进行的服务策略调整。为了通过满足用户多样化信息需求来提高竞争优势，各类服务主体将投入更多时间和人力进行用户信息需求调查分析、公共信息服务产品功能设计、公共信息服务产品可用性与易用性检验等，从而开发出功能全面、体验优秀的公共信息服务产品。例如，天地图、百度地图、高德地图等地理信息服务商之间的竞争就有效提升了我国公共地理信息服务的水平。

公共信息服务产品相关标准的统一既是多主体协同的内在要求，同时也是多主体协同的必然结果。公共信息服务各主体要素只有共同参与制定并遵守公共信息服务开放和开发标准、产品服务标准和产品设计标准，才能产生社会共治的协同效应。

2）公共信息服务过程重组

社会共治模式下公共信息服务过程将由单一供给机制向协同供给机制转变。协同的公共信息服务过程需要经历一个从关系到互动再到协同的循序渐进的过程，即"关系 – 互动 – 协同"的发展，这是社会共治的内在逻辑[1]。

首先，以功能互补建立起各主体间的关系，形成政府主导、市场调节、社会参与的公共信息服务格局。其次，加强各主体间的互动，推动主体间的合作。主体互动是实现协同的基础，从建立关系到实现协同是各类主体在公共信息服务中深度互动的过程，具体体现在主体互动和服务要素两个维度[2]，

---

①孙国强 . 关系、互动与协同：网络组织的治理逻辑［J］. 中国工业经济 ,2003(11):14-20.

② Veronica S, Thomas F. Collaborative innovation in ubiquitous systems［J］. International Manufacturing, 2007(18):599-615.

如图 3-2 所示。根据两个维度的不同层级，将实现协同的中间环节分为沟通、协调和合作三个层级。沟通强调公共信息的开放共享，决定着公共信息开放的水平，是各主体生产增值类公共信息服务产品的基础；协调强调公共信息的开放共享和资源配置，协调需结合市场的调节和政府宏观调控，将信息基础设施、信息服务人员、信息服务平台等资源要素进行整合，提高公共信息服务的效率；合作是指在信息资源和管理资源整合基础上实现服务行动的优化与同步，属于关系互动的深度层次，可以避免公共信息资源的重复建设以及管理资源的浪费。建立在沟通、协调和合作基础上的互动关系表明，公共信息服务质量不再由单个主体的服务行动决定，而是受各主体间的互动程度影响，并由互动水平所决定。最后，在互动中达成默契实现协同。协同是主体间互动产生的结果，是主体功能互补而实现的效应，各主体在发挥优势的同时，其方式、目标、功能等方面也表现出整体性和一致性，从而实现不同主体在公共信息资源、管理资源、服务行动和服务产品等方面的全面整合，实现公共信息服务质量和公众满意度的全面提升。

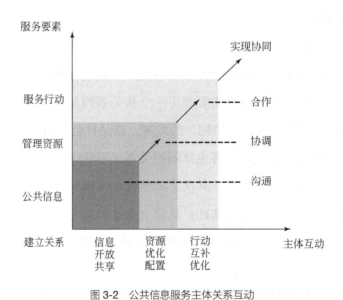

图 3-2　公共信息服务主体关系互动

3.5.3　公共信息服务社会共治因变量：服务绩效的评价

1）公共信息服务绩效评价体系设计

构建公共信息服务绩效评价体系是为了更直观地体现自变量因素是否以及在多大程度上通过中介变量对因变量服务绩效产生影响。我们从评价内容、评价方式、评价过程三个方面构建公共信息服务绩效评价体系。

公共信息服务绩效评价的核心内容由公众的信息需求满足、参与主体的利益分享和公共信息内容产业的生成及其规模化等方面构成。公众的信息需求满足包括公共信息服务数量上的满意和质量上的满意[1]，可以围绕公众的期望服务、感知服务、感知价值、用户满意、用户抱怨和用户忠诚度六个因素展开评价[2]。利益分享是衡量社会共治模式下公共信息服务各主体利益分配是否合理的重要指标。利益相关者理论要求公共信息服务的目标不能局限于公众的信息需求满足和政府绩效评估，还应同时考虑其他社会参与主体的利益[3]，只有利益动机得到了满足才能动员和激发更多的社会主体参与公共信息服务活动。所以，需要充分发现各主体的利益需求，并在利益需求基础上实现利益分享。公共信息内容产业能否快速发展和优化是检验公共信息服务社会共治模式的重要标准。随着公共信息服务社会共治模式的深入推进，不仅公共信息服务的产品形式逐渐多样、产品功能逐渐丰富、产品标准逐渐统一，而且公共信息服务主体角色定位也逐渐明确，产业配套设施也逐渐齐全，公共信息内容产业规模不断扩大。

从公共信息服务绩效评价方式看，全方位、多角度的评价方式更能体现服务绩效评价的准确性，包括参与主体自我评价、用户评价和第三方评价。参与主体自我评价是各主体从自我利益角度进行自我肯定或自我否定，推动

①胡昌平.信息服务与用户 [M].武汉：武汉大学出版社,2008:127-136.

②周毅.公共信息服务质量问题研究：基于建立政府与公民信任的关系 [J].情报理论与实践,2014(1)：17-21.

③贾生华,陈宏辉.利益相关者的界定方法述评 [J].外国经济与管理,2002(5):13-18.

参与主体合作模式的优化；用户评价是从使用者角度对公共信息服务产品和服务过程的反馈，包括对公共信息服务的期望；第三方评价是通过第三方组织从客观事实角度对参与主体、服务方式、服务产品、服务过程等多方位进行全面评价，更具科学性和客观性。

从公共信息服务绩效评价过程看，重点内容是对公共信息服务过程的追踪评价，主要围绕公共信息服务供给方式、公共信息服务产品设计、公共信息服务流程和公众接受模式等方面进行。

2）公共信息服务绩效评价结果运用

公共信息服务绩效评价结果能够及时反映当前公共信息服务水平，可将因变量结果及时反馈给自变量要素，从而成为调整优化和制定我国公共信息资源管理政策、公共信息服务模式的基本依据①。公共信息服务绩效评价结果的反馈主要包括公众需求满足程度、参与主体利益分享水平和公共信息内容产业发展状况等内容。

公众需求满足程度的反馈是提升公共信息服务产品质量、改进公共信息服务过程的重要依据。现有的公共信息服务是否能够在数量和质量上满足公众信息需求？公众对公共信息服务有哪些期望？这些问题需及时反馈给公共信息服务参与主体，并通过沟通协调，在公共信息服务方式和服务要件上进行改良，从而实现公共信息服务绩效的提升。

参与主体利益分享是公共信息服务社会共治模式实现的基础，各参与主体互为利益相关者，最终的利益分享反馈将成为主体间责任义务和职责分工调整的导向，并通过参与主体的沟通交流，实现社会共治模式的逐步优化。

公共信息内容产业发展状况的反馈是对我国公共信息资源配置、公共信息服务政策等进行宏观调控的依据。公共信息内容产业理应是信息产业的核心组成部分，但从结构与规模上看，我国公共信息内容产业还有较大改善与

①周毅.公共信息服务制度的定位及其核心问题分析［J］.情报资料工作,2014(4):15-20.

提升空间。从社会效益和经济效益角度对公共信息服务社会共治模式的进程与效果等进行评价，有利于从资源、政策、机制等方面不断调整优化公共信息服务模式，从而提高信息内容产业对我国经济发展的贡献力。

从理论与实践看，公共信息服务社会共治模式的构建正成为推进我国公共信息服务高质量发展的重要内容，也是面向数字化发展的公共数据开放利用体系建设的基本趋势。因此，围绕自变量、中介变量和因变量三个要素，就有必要论证和分析各变量之间以及各变量内部要素之间的内在逻辑和相互关系。

第 4 章
公共信息服务社会共治的自变量要素及其相互关系分析

不同服务主体在公共信息服务中可能会发挥不同作用，并因此而形成不同的公共信息服务模式。因此，本书首先开展公共信息服务模式的比较研究，这有利于在公共信息服务社会共治模式构建中有针对性地发挥不同主体的优势和特点。

4.1 公共信息服务模式的比较与选择

公共信息服务模式是指通过集体性的制度安排，对公共信息服务的主体、方式、要件（产品和过程）、绩效等作出决策、安排并进行监管。根据公共信息服务主体类型及运行机理，可以将公共信息服务模式划分为政府模式、市场模式和志愿模式三种类型。政府模式是指政府部门作为主要服务主体，负责汇集、整合、组织、管理和推广公共信息服务及其产品，以满足公众的信息服务需求。市场模式是指在确定政府公共信息服务责任的前提下，把私人部门的管理手段和市场激励机制引入公共信息服务之中，以追求公共信息资源的最优配置[①]。志愿模式是指由第三部门主导的公共信息资源配置方式。公共信息服务主体运行特征（优势、劣势）不同和产生效用的条件（机遇、

①周毅.论政府信息增值服务及其运行机制的创新［J］.图书情报工作,2008(1):39-42.

风险）不同是导致公共信息服务主体供给能力存在差异的关键因素。在此，可以运用 SWOT（优势、劣势、机遇、风险）分析法对上述三种公共信息服务模式进行比较，从而寻找公共信息服务主体供给能力的差异所在，为完善与创新公共信息服务模式提供理论依据。

4.1.1 不同服务主体的优势分析

1）政府部门

政府部门具备服务理念、基础资源和基本职能等优势。政府的主要服务理念有为民理念、公正理念、诚信理念和适度理念[①]。在上述服务理念指引下，政府部门以维护公众基本信息权利为宗旨，认真履行公共信息服务承诺，准确回应公众信息服务需求，努力为公众提供用得上、用得起、用得好的公共信息服务。

基础资源优势是指政府部门对公共数据与信息资源有绝对控制优势。据统计，政府部门控制着全社会 80% 左右的信息资源。随着我国政务公开法律与政策体系不断健全、主动公开水平逐步提升、依申请公开日益规范[②]，政府部门的基础数据与信息资源优势正被激活，这为公共信息服务向广度和深度发展创造了条件。

政府部门的基本职能优势是指政府机关及其相关部门的供给行为及服务内容一般具有公共性、普遍性、导向性和规范性。例如，在公共信息服务覆盖范围方面，政府部门不仅应满足政府系统内部不同层级、不同部门之间的公共信息共享需求，而且应保证进一步缩小地区之间、城乡之间的公共信息服务水平差距，通过公共信息服务的公平性和包容性等来保证弱势群体享受到基本公共信息服务。在公共信息服务生产方面，政府部门可以在法律授权

---

①邓集文, 刘霞. 略论我国政府公共信息服务的道德理念［J］. 伦理学研究, 2011(4):90-95.
②中国社会科学院法学研究所. 中国政府透明度指数报告 (2016)［M］. 北京: 社会科学文献出版社, 2017.

范围内，打破层级、地域、系统甚至所有制结构的限制，无障碍地获取数据与信息资源，确保公共信息服务中数据与信息来源的全面、安全、真实。在公共信息服务推广方面，政府部门既可以通过行政指令逐级推广公共信息服务，也可以运用宏观政策调控公共信息服务质量与数量，并引导私营部门、社会组织等主体生产与推广公共信息服务，不断拓宽公共信息服务的广度与深度。

2）私营部门

私营部门参与公共信息服务的优势可概括为引入市场机制、注重服务绩效、开展多样化服务。

私营部门将包括供求机制、价格机制和竞争机制等在内的市场机制引入公共信息服务活动。供求机制连接公共信息服务的生产、流通、推广、消费等环节，是公共信息服务生产者与消费者经济关系在市场上的集中反映，它可以调节公共信息服务供给与需求的矛盾。价格机制是通过价格信号引导市场不断调整公共信息服务供给与需求，确保公共信息服务效益达到最大化。竞争机制要求私营部门准确掌握信息市场动态、合理控制投入与产出比例、及时更新公共信息服务及其产品形态，以满足全体社会的公共信息服务需求。

私营部门注重从公共信息服务的丰裕度、精准度和满意度等方面提升公共信息服务绩效。具体而言，私营部门重点关注其提供的公共信息服务是否能够匹配公众信息需求、是否能够保证公众较容易获取公共信息服务、是否能够让公众从公共信息服务中获益及获益多少。

私营部门类型多样性与运行机制的灵活性可以保证其能够开展多样化的信息服务。信息咨询机构、网络运营商、数据库商等服务主体可以综合运用大数据、云计算、人工智能、可视化等先进技术为公众提供涉及公共安全、医疗卫生、教育文化、社保就业、交通运输等不同内容、不同形式的公共信息服务及相关产品。

3）社会组织

从范围上讲，社会组织是指不属于第一部门（政府）和第二部门（企业）的其他所有组织的集合，它们具备公益性和灵活性优势。

首先，社会组织是组织的志愿精神体现，它在遵守法律规定的前提下，以满足全体社会或一定范围内公众的信息服务需求为宗旨，开展公共信息服务活动。为了维持自身运行，社会组织可以依有关规定接受政府委托开展专项服务并获得政府财政资金支持或根据发展需要收取部分服务成本费用。

其次，相比较于其他公共信息服务主体，社会组织组建灵活、来源广泛、渗透力强，可根据环境变化迅速调整服务战略和行动计划，及时回应公众提出的信息服务需求，可以有效填补政府部门和私营部门在公共信息服务领域的空白。

4.1.2　不同服务主体的劣势分析

1）政府部门

政府部门在公共信息服务中的劣势是政府部门可能偏离公共利益、组织运行效率较低、难以满足多元化需求。

公共选择理论认为，政府部门及其工作人员也是以追求自身利益最大化为行为准则的经济人。在追求自身利益最大化动机的驱使下，政府部门及其工作人员也会置公众的长期利益和整体利益于不顾。政府部门可能会在共享和开放公共数据与信息过程中，因出于部门利益需要而有选择性地共享与开放公共数据或信息，扩大有条件开放或不开放的数据与信息范围；可能会有选择性利用各种政策工具影响或干扰其他主体参与公共信息服务；政府机构及其工作人员也会在公共信息服务决策、安排及监管等过程中出现不同类型的信息寻租现象。对此后文将做具体分析。

政府部门结构一般为科层管理体系。这种由纵向等级结构和横向职能分工组成的管理体系，容易引起部门间信息流通不畅、职能定位不准、权力配置不清、运行效率不高、资源浪费严重等问题，可能会因政府机关及部门组织运行中的结构性、元素性和时序性等形式的内耗，削弱和影响政府部门供给效率。

公众信息行为特点或习惯持续变化，政府部门很难满足公众多元化、个性化的信息需求。一方面，受"搭便车"心理的影响，公众容易隐藏自己的真实信息需求，从而影响到政府部门对公众需求信息的收集与分析判断及跟踪服务；另一方面，现代公共管理理论和实践证明，政府的能力和职能决定政府部门在公共信息服务供给中的职责是提供基础信息，满足社会全体成员或大多数成员最基本的公共信息需求①，因而政府部门在个性化信息服务上会关注不足。

2）私营部门

私营部门在公共信息服务中的可能劣势是过分逐利和缺乏信息共享机制。

垄断公共信息服务市场和提供负外部性公共信息服务是私营部门谋求高额利润的两种方式。垄断公共信息服务市场是指私营部门以联合操纵和控制公共信息服务生产、销售和定价等方式追求高额利润。例如，数据服务商在定价机制、销售模式、使用规则、产品服务等方面的不合理行为造成科研数据垄断，从而增加图书馆经济负担，加剧图书馆法律风险，妨碍图书馆业务开展和知识传递，最终浪费社会资源，损害公共利益②。提供负外部性公共信息服务是指私营部门参与公共信息服务的行为致使他人或其他企业经济遭受损失且未对受损个人或企业进行相应补偿。这是一种典型的以牺牲他人利益为代价来谋取自身利益的行为。例如，部分网络信息服务平台在参与公共

---

① 范丽莉. 政府信息资源供给的市场机制研究［J］. 图书情报工作,2008(5):133-136.
② 王杰，周毅. 知识产权流转：科研数据垄断问题的理论回应［J］. 情报理论与实践,2018(4):16-20.

信息服务中通过对用户个人隐私信息的不正当或非法采集与披露来谋取不当利益就是目前应该重点关注的问题。

私营部门之间缺乏信息共享机制是因为它们在本质上是由一个个自主经营、自负盈亏、独立核算的法人或其他经济组织组成，彼此之间相互独立。此外，信息市场信息流动量大、信息类型与内容构成复杂、行业信息标准缺失等多重因素也可能会进一步放大私营部门在公共信息服务中的劣势。

3）社会组织

社会组织在公共信息服务中的可能性劣势是供给能力有限和缺乏公信力。

社会组织是由其成员根据自身共同意愿或需求自发形成的组织形式。他们通过自主决策、自我管理、自行协调为自身及特定社会群体提供公共信息服务。我国早期的社会组织大多是自上而下形成，一般作为政府行政机关的下属事业单位而存在。社会组织参与公共信息服务活动往往被视为政府部门公共信息服务职能的补充或自然延伸，其服务宗旨、服务领域、服务范围都受政府的政策和规划影响，在服务方式上体现出强烈的行政色彩。长期以来，他们需要依赖政府部门的政策支持、私营部门的资金资助和志愿者的无私奉献才得以生存。社会组织的发展规模及依赖性特征决定了其在整合公共信息资源、筹集运作资金、培养专业人才等方面存在明显局限，这将影响社会组织公共信息服务供给的效果。

社会组织缺乏公信力是因为我国公民对其认识和接纳程度不高。一方面，我国社会组织管理体系尚未完善，亟须一套涵盖战略、决策、信息、财务、人员管理的科学体系来对其公共信息服务行为进行规范；另一方面，我国社会组织起步晚，直至 20 世纪 70 年代末才开始慢慢迎来现代意义上的兴起和发展时期[1]，目前还未能产生持续的社会影响力。

①李玫.非营利组织管理学［M］.北京：高等教育出版社,2016:31.

4.1.3　不同服务主体的机遇分析

政府部门、私营部门和社会组织的共同机遇是公民信息需求增加、政府数据加速开放和行政体制深化改革。

截至 2020 年 12 月,我国网民规模达 9.89 亿;网络新闻用户达 7.43 亿人,在线政务服务用户达 8.43 亿人,占网民整体的 85.3%。我国电子政务发展指数排名在全球位列第 45 位,在线服务指数位列全球第 9 位[①]。以上数据从多个角度反映出我国公民信息需求正逐步增加。围绕着公民不断增加的信息需求,政府信息公开、政府数据开放也正向广度和深度进军,共享经济、电子商务、数据挖掘、网络游戏、网络广告等一大批数字内容服务产业集群竞相发展,吸引着越来越多公共信息服务主体的关注。

自 2012 年上半年上海市推出全国第一个政府数据开放平台起,我国地方政府上线的数据开放平台数量快速增长,从 2017 年的 20 个,增长到 2018 年的 56 个,2019 年增长至 102 个,再到 2020 年的 142 个[②]。政府数据加速开放改变了传统信息流通方式,驱动多元主体从多角度、全方位洞察数据之间的关联性、耦合性和整体性,极大地改善了公共信息服务的资源禀赋。

党的十八大和十八届二中、三中全会对深化行政体制改革作出全面部署,要求以政府职能转变为核心,简政放权,推进机构改革,完善制度机制,提高行政效率[③]。行政体制深化改革在强化政府部门公共服务职能、优化政府组织结构、提升政府部门行政效率的同时,也为私营部门和社会组织的发展腾出空间。在宏观政策层面,政府先后制定并颁布一系列鼓励政策,支持并

---

① 中国互联网络信息中心.第 47 次中国互联网络发展状况统计报告[EB/OL].[2021-7-11]. http://www.cac.gov.cn/2021-02/03/c_1613923423079314.htm.
② 复旦大学数字与移动治理实验室.中国地方政府数据开放报告[EB/OL].[2021-7-11].http:// www.cbdio.com/BigData/2021-01/22/content_6162544.htm.
③ 杨晶.以加快转变政府职能为核心,深化行政体制改革[J].行政管理改革,2014(3):4-11+2.

保护多元主体参与公共信息服务。如《公共文化服务保障法》《政府信息公开条例》《公共信息资源开放试点工作方案》等。在活动空间层面，政企分开、政事分开、政社分开、党政分开等意味着国家权利边界从无限到有限的界定，从个人的经济活动到公民的话语表达、自我组织、自我管理等社会空间逐渐被释放出来①。

此外，私营部门还面临数字经济快速发展的新机遇。近年来，我国数字经济发展进入快车道。《中国独角兽企业研究报告 2021》列出中国独角兽数量共计 251 家，数字文娱赛道企业数量达 19 家②。数字经济正成为创新公共信息服务方式，推动公共信息服务产业优化升级的重要力量。

4.1.4 不同服务主体的风险分析

1）政府部门

政府部门面临的风险是信息化发展水平不平衡、公共信息服务参与主体素质良莠不齐。

《国家信息化发展评价报告（2016）》指出，中国信息化发展水平从东部沿海地区向西北、西南、东北三个方向，基本呈现逐步递减态势；与全球信息化发达国家和地区相比，中国信息化在网络基础设施、终端设备普及率、关键核心信息技术创新等方面仍旧存在一定的差距③。虽然目前未看到关于国家信息化发展评价的最新报告，但结合中国互联网络信息中心第 47 次《中国互联网络发展状况统计报告》的数据看，我国信息化发展的地区差距仍然存在。信息化发展水平区域、行业或部门失衡是制约政府部门公共信息服务供给能力的主要因素。

---

①刘春湘．社会组织运营与管理［M］．北京：经济管理出版社,2016:259.
②《中国独角兽企业研究报告 2021》发布［EB/OL］.［2021-7-22］. http://www.360doc.com/content/21/0427/13/11677680_974400397.shtml.
③中国互联网络信息中心．国家信息化发展评价报告 (2016)［EB/OL］.［2021-1-22］. https://www.sohu.com/a/119469038_500643.

公共信息服务参与主体素质是影响政府部门供给能力的根本因素。从提供主体看，政府机关及其工作人员如果不能正确理解推进基本公共信息服务是服务型政府建设的应有之义和政府部门的法定职能，那么他们在公共信息服务类型选择、供给方式安排、服务质量保障等方面都将产生消极行为。例如，对公众信息公开要求不予理睬，延迟、被动、应付式、选择性地公开政府信息[①]。从公共信息服务消费主体看，我国公民信息素养还存在不平衡[②]，容易在认知、获取、利用和传播政府公共信息服务等方面出现偏差。

2）私营部门

私营部门面临的风险是公共信息服务知识产权界定困难、政府干预活动失灵等。

公共信息服务知识产权界定困难是因为公共信息服务具有非竞争性和非排他性，即公共信息服务的生产者和支付服务费用的消费者根本无法阻拦其他消费者享用同样的公共信息服务。由此造成的后果是，在公共信息服务领域内，公共信息服务及其产品的知识产权归属不清、授权许可机制效率不高、投资保护不足、知识产权侵权纠纷易发多发，这可能会极大地挫伤私营部门参与公共信息服务活动的积极性。

政府部门适度干预信息服务市场活动是保证市场充分发挥合理配置公共信息资源功能的前提条件。如果政府部门干预失灵，就会带来公共信息服务行为垄断、信息市场秩序混乱、信息质量低劣、供给者和消费者合法权益难以保障等问题。目前我国知识产权法律体系相对滞后、公共数据与信息分类分级分类制度不明、公共信息服务市场准入退出办法缺失、公共信息服务行业标准空白等就是政府干预局部失灵的具体表现。

---

①梁丽. 政务微博助力推进政府信息深入公开探析［J］. 情报资料工作,2014(5):69-73.
②查继红. 我国公民信息素养教育体系的构建［J］. 图书馆学刊,2013(12):7-9.

3）社会组织

社会组织面临的风险是缺乏法律和资金保障。国外实践表明，非营利组织的健康发展和作用的充分发挥，根本路径在于完备的法律保障[1]。从我国现行法律制度框架看，信息领域和社会组织领域立法相对滞后（法律体系不健全、法律位阶过低、法律冲突明显等）已成为制约社会组织供给公共信息服务的关键因素，例如如何开展公共数据或信息的授权运营就是一个政策难点。因此，扩大现行法律制度空间以满足社会组织参与公共信息服务的迫切需求将是未来立法实践中需要重点关注的研究课题。资金短缺问题同样长期困扰社会组织。调查显示，有 41.4% 的社团认为他们面临的首要问题是资金缺乏[2]。活动经费的缺乏导致社会组织在公共信息服务志愿者招募、基础设施建设、服务推广等方面面临一定困难。

4.1.5　结论

SWOT 分析结果表明（表 4-1），公共信息服务的政府模式、市场模式

表 4-1　公共信息服务模式 SWOT 分析图

公共信息服务模式类型	优势	劣势	机遇	风险
政府模式	1. 服务理念优势 2. 基础资源优势 3. 基本职能优势	1. 政府利益容易偏离公众利益 2. 组织结构臃肿 3. 难以满足多元化需求	1. 公民信息需求增加 2. 政府数据加速开放 3. 深化行政体制改革 数字经济快速发展	1. 信息化发展水平不平衡 2. 公共信息服务参与主体素质良莠不齐
市场模式	1. 引入市场机制 2. 注重服务绩效 3. 开展多样化服务	1. 过分追逐利益 2. 缺乏信息共享机制		1. 公共信息服务知识产权界定困难 2. 政府干预信息市场活动失灵
志愿模式	1. 公益性优势 2. 灵活性优势	1. 家长式作风明显 2. 供给能力有限 3. 缺乏公信力		缺乏法律和资金保障

---

①周恩毅 . 非营利组织管理概论［M］. 西安：西北工业大学出版社,2014:178.

②王名，贾西津 . 中国非营利组织：定义、发展与政策建议［C］.2006 年度中国汽车摩托车配件用品行业年度报告,2006:12.

和志愿模式有各自运行特征与产生效用的条件。发挥三种模式的不同作用并形成与完善公共信息服务的社会共治模式就成为提升公共信息服务水平的重要措施。

4.2 网络信息服务社会共治模式的构建

公共信息服务社会共治的科学性有必要通过典型领域的实证分析来进一步验证其有效性。当前，网络空间已经成为政府与公民实现信息沟通的重要场所，其发展日新月异且作用愈发重要。因此，网络信息服务社会共治模式构建及其有效性分析就成为本书研究的一个重要内容。

4.2.1 网络信息服务社会共治模式的理论框架

从理论上看，多元主体社会共治模式是从主体多元到实现协同的循序渐进过程，这一过程以 Johanson 和 Mattsson 提出的关系与互动模型（JM 模型）和孙国强将 JM 模型扩展成的关系、互动、协同模型为基础，添加"主体多元"要素，设计出"主体多元 – 关系建立 – 主体互动 – 实现协同"的模式框架（图 4-1）。多元主体社会共治模式就是相对独立、相对平等的多元化主体，在共同的目标下，出于合作共赢的意愿，通过一定规则建立互为导向的关系，然后再通过沟通、协调、合作等互动行为实现网络空间治理的一致性和整体性，从而实现共同治理的协同效应。

4.2.1.1 主体多元及其特征

主体多元是公共信息服务社会共治模式建构的前提。主体多元在公共危机管理、公共服务、市场调节等多个领域得到广泛应用，其本质是强调主体的多样性，是依靠主体间的博弈、协商来解决所发生的问题。主体多元是治理的基本要求，是主体单一性向多元性的转变，是垂直型管理模式向扁平化合作模式的转变，是管理理念向治理理念的变革。

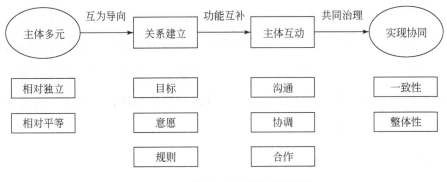

图 4-1　网络信息服务社会共治模式框架

主体多元要求每一节点的主体拥有相对独立和相对平等的关系。相对独立是指各主体的行动和资源不受其他主体限制，能够相对独立和自由地运营。相对平等是指各主体间的关系不再是管理与被管理的从属关系，而是一种平等合作关系。

4.2.1.2　关系建立及其特征

关系建立是公共信息服务社会共治模式建构的基础。管理主体的单一性向治理主体的多元性转变并不能直接产生共治效应，即多个主体的简单相加并不会为整个组织系统带来有价值的利益。然而，多元主体共治的目的是实现共赢效应，其利益是来源于各主体资源的整合，因此，在讨论治理主体相对独立时，如何将多个主体进行有机联系是社会共治模式构建的前提。

网络关系理论认为，在网络组织中，各节点主体的行为、资源、得失相互影响，而且各节点主体的利益来源于网络组织中所有节点主体的资源整合[1]。所以，多元主体通过构建网络关系，能够实现网络组织的利益最大化。在网络关系中，各主体互为导向，形成依赖关系。每一主体的决定与行为不

---

[1]孙国强.关系、互动与协同：网络组织的治理逻辑［J］.中国工业经济,2003(11):14-20.

再以自身目标和利益为依据，而是依赖于其他主体，以整个网络组织的目标和利益为导向，形成互为导向、互为依赖的组织关系。因此，共同目标、合作意愿和参与规则是多元主体有效构建网络关系的基础。只有拥有相同的目标、合作的意愿，遵循相应的参与规则，才能够全面整合各主体的资源，充分发挥各主体的能力，在主体行为上表现出相应的整体性，从而实现资源整合和行动整合的优势。

4.2.1.3　主体互动及其特征

主体互动是公共信息服务社会共治模式建构的关键。在网络组织中，各主体的积极互动能够更快地对共同目标达成一致，强化各主体的合作意愿，促进合作规则的制定，最终将多元主体协同治理模式中的自治和共治进行有机融合。

主体互动的本质是通过促进各主体之间功能互补，来提升网络组织公共信息服务的整体水平。网络关系的构建促使各个主体存在于其他主体的关系中，每两个或多个主体间的关系变化均对其他主体以及整个组织产生重大变化，所以，在构建多元主体网络关系后，仍需通过沟通、协调、合作等互动行为来维持网络关系的高效运营。主体互动促进了各主体之间的功能互补，即各主体之间的资源互补和行动互补。在网络关系中，每一个主体对其他主体均有较强的依赖性，这种依赖性来源于各主体之间行动和资源的差异与互补，是共生性依赖[①]。因此，通过主体间的互动来获取行动的整合和资源的整合，从而提高组织系统的整体行动能力和资源调配能力。

从行动整合和资源整合所体现出的功能互补看，主体互动实现了网络组织从主体合作到主体共治的转变，将网络组织中分散在各主体中的行动和资源进行了联系与整合，优化了行动能力和资源配置，使得各主体的行动能力

①董文琪.政府、企业及非营利组织的共生关系探析［J］.江淮论坛,2006(2):73-77,89.

和资源水平均有较大提升，进而提高了网络组织的行动效率和资源利用率。

4.2.1.4　协同效应及其特征

协同效应是公共信息服务社会共治模式建构的目标。协同效应是一种实现高于网络组织各主体自治效益总和的共同治理整体效应，是网络组织在主体多元、关系建立和主体互动后产生的，是网络组织各主体共同治理的初衷。

协同效应主要表现在网络组织中各主体行动的一致性和资源的整体性，是网络组织共治的最终追求。因此，协同模式下的网络组织不再是多个主体间的简单合作，而是多个主体的有机融合，各主体利益和网络组织利益的逻辑思维也由此发生改变。

从各主体利益角度看，各主体考虑问题不再是从自身出发，而是要从所处的整个网络组织出发。每一个主体的行为不仅会影响自身主体，同时也会影响到与其有联系的其他主体，甚至会使整个组织产生变动；各主体的利益大小不再取决于主体自身能力的大小，而是依赖于网络组织内其他主体的行动和资源。所以，各主体之间互为利益相关者，考虑问题的角度由点转变成面。

从网络组织的利益看，网络组织创造效益能力的焦点不再是各主体的能力大小，而是各主体间协同程度的大小，其中协同程度主要体现在主体间关系的稳定程度和互动程度等。因此，各主体间的关系和互动是协同模式下网络组织密切关心和迫切要解决的问题。

4.2.2　网络信息服务社会共治模式构建的内在逻辑

在网络空间中，强调公共信息服务治理主体的多元性本就是一个比较敏感的话题，这一敏感性来源于"国家（或政府）在互联网治理中应扮演什么角色"问题的长期讨论。关于该问题的讨论形成了两种对立观点：其一是"网络自由主义论"，他们支持网络空间的自由与独立；其二是"网络保守主义论"，他们认为只有国家（或政府）权力才能维持网络空间的有效运作①。在我国，网络空间的管理机构虽然涉及多个部门，但主要是强调政府管理。然而，从我国网络空间所呈现出的信息生态失衡、网民参与秩序失控、舆论危机和网民道德失范等问题看，目前我国政府对网络空间的管理效果并不十分理想，在网络空间秩序维护、负面清单信息清理、正能量信息投放和网络信息内容生态安全风险预防等方面仍有较大的提升空间。因此，在网络空间治理中引入多元主体的社会共治模式是网络空间发展的内在要求。但是，网络空间多元主体协同治理模式并不完全肯定"网络自由主义论"，也不完全摒弃"网络保守主义论"，而是通过治理主体角色分化与协同，优化主体行动能力和资源配置，共同维护网络空间信息生态安全与秩序，加强网络空间正负面信息内容的对向标示治理，从而提高网络空间的公共信息服务治理效果。

4.2.2.1　主体多元：多元主体角色分化

党委领导、政府管理、企业履责、社会监督、网民自律是我国网络信息服务主体的基本框架。根据网络空间中信息活动参与者的目的、性质、特点的不同，可以将网络空间中社会共治参与主体进行类别的具体明确，主要有政府、网络媒体、意见领袖、社会组织和普通网民等。

1）政府角色

在网络空间中，政府所扮演的角色十分复杂，政府角色的定位是造成"网络自由主义论"和"网络保守主义论"两种观点长期讨论的关键。在网络信息服务社会共治模式中，政府应淡化其在网络空间管理中的绝对权力，以合作者身份参与其中，但仍要扮演主导者角色。政府主导者角色是由其公共利益代言人和公共权力执行者的角色所决定的。

政府作为公共利益的代言人，有义务营造良好的网络信息服务环境。网

---

① 穆勒.网络与国家：互联网治理的全球政治学［M］.周程，译.上海：上海交通大学出版社,2015:10.

络空间属于公共空间,其公共利益的直接受益者具有不确定性,而且网络空间主体多元复杂,公共利益的维护者也不明确。因此,政府就成为网络空间公共利益的代言人,有职责维护网络空间信息活动的自由、平等、安全和公正。

政府作为公共权力的执行者,有能力保障网络空间各主体的有序参与。即使网络空间各主体拥有共同的目标和合作治理的意愿,以及制定了相应的参与规则,也无法保障在主体利益和共同利益发生冲突时各主体的行为完全有序和公正。只有依靠以政府为主导制定的网络信息服务协同治理机制,才能保障各主体分享核心资源,保障各主体的一切信息行为以共同利益为准则。

2)网络媒体(网络信息服务平台)角色

网络媒体多以内容服务商、网络信息服务平台等企业性质存在,它们作为主要的信息来源和信息传播媒介,在网络空间中扮演着关键的信息枢纽作用,这是由网络媒体的媒介资源和传播能力两种优势所决定的。

网络媒体拥有丰富的媒介资源。除了网络媒体之间有着密切联系外,网络媒体与政府、意见领袖、社会组织和普通网民均有着紧密联系。以网络媒体为枢纽,任何信息都可以在网络媒体间进行快速传播,并且可以通过网络媒体向政府、意见领袖等其他主体进行扩散。在丰富的媒介资源优势下,网络媒体汇集了大量的信息资源,其影响力也在不断提升,在各主体之间的中心性地位越来越显著。

网络媒体具有卓越的传播能力。网络媒体擅长利用信息传播技巧,在病毒式传播、滚雪球效应、首因效应等信息传播理论下,能够快速向其他主体推送信息,而且能在较短时间内将某一话题聚焦成网络热点问题。因此,网络媒体不仅掌握大量信息资源,而且能直接影响舆论态势。

也正是因为网络媒体具有上述特点,在我国公共信息服务治理建构中,正自觉或不自觉地形成一种基于"政府 – 平台 – 网民"的社会共治内在逻辑。网络媒体或网络信息服务平台是网络信息内容发布、交流和传播的关键节点和枢纽。我国《网络安全法》中所指网络运营者包括网络所有者、网络管理者和网络服务提供者。我国有关法律法规均直接或间接地提出，网络媒体在信息安全、个人信息保护、用户信息发布等方面负有监管并有向有关主管部门报告的义务或责任。虽然在法律法规中的有关表述略有不同，但其所体现出的基本思想都是网络媒体既有义务性又有权力性，网络媒体除承担平台有效运行的相关管理义务外，同时也要承担行政监管职责。由网络媒体等主体来分担行政管理职能，这在一定程度上契合了我国简政放权与"多元主体共同治理"的要求。但是如何协调国家监管与网络服务平台参与监管的关系，如何合理合规地对网络媒体平台这种"私主体"赋予管理公共事务的公权力，这仍然是一个值得探索的重要问题。

3）意见领袖角色

意见领袖是指在信息传递和人际互动过程中少数具有影响力、活动力的主体。现实社会的意见领袖扮演着大众传播和普通民众之间的连接角色，即形成"大众传播－意见领袖－一般受众"的基本传播关系[1]。意见领袖除了将政府的政策信息和媒体的舆论信息及时传递给普通网民外，更重要的是对所传播信息的解读，尤其是对网络热点信息的评论，推动了网络热点事件的发展，影响了舆论焦点和态势发展。相较于网络媒体角色，意见领袖同样具有较强的辐射影响力，而且所受关注度更高，更具亲和力[2]，对粉丝或者支持者的影响更大。

4）社会组织角色

社会组织一般是指行业协会、志愿团体等非营利性组织。在网络空间里，他们是基于共同目标或兴趣而聚集在一起的网络群体，其网络行为均具有一定的目的性。社会组织在网络信息服务治理中扮演的角色不能忽视，尤其是

---

① 郭庆光. 传播学教程［M］. 北京：中国人民大学出版社，1999.
② 宋好. 微博时代"意见领袖"特点探析［J］. 今传媒，2010(11):96-97.

在网络突发事件信息服务中，社会组织的作用往往十分关键。

5）网民角色

普通网民是网络空间数量最多、最为基础的主体。在网络空间中，他们既是信息的生产者，也是信息的传播者和接收者，普通网民推动了政府、媒体、意见领袖和社会组织的影响力扩散。

4.2.2.2　关系建立：多元主体相互依赖

作为网络空间的治理主体，政府、网络媒体、意见领袖、社会组织和普通网民的直接相加并不会提高网络信息服务的效果。网络关系的建立是网络空间多元主体协同治理的基础，它承认了政府、网络媒体、意见领袖、社会组织和普通网民等力量在网络信息服务治理中的合理性，强调了网络信息服务共同治理的可能性。网络关系通过共同目标、合作意愿和参与规则将各主体紧密联系在一起，并根据主体的特征和优势，使得各主体在网络信息服务治理中担任适当的角色，互为支持、互为牵制、互为导向，最终形成相互依赖关系。

网络信息服务社会共治的目标是通过政府、网络媒体、意见领袖、社会组织和普通网民的积极参与和共同治理，发挥各主体在信息资源配置、正能量信息生产服务、负面信息清理等服务过程中的比较优势，有效解决目前网络空间存在的信息生态失衡、舆论危机、信息安全风险等问题，共同营造平等、公正、有序的网络信息服务环境。

网络空间各主体参与共同治理的意愿是实现公共利益和主体利益共赢。在网络信息服务社会共治模式中，对公共利益的认可和追求是网络空间各主体参与共同治理的前提。网络信息服务治理的公共利益是营造参与方式自由、参与过程公平、参与秩序稳定以及舆论态度积极的网络空间氛围，而公共利益的实现需要依靠各主体的自身努力和相互协作。因此，公共利益成为各主体信息服务协同治理的枢纽。此外，在实现公共利益基础上实现各主体的自身利益是各主体参与共同治理的动力。网络空间主体的自身利益与网络空间的公共利益密切相关，只有拥有良好的网络空间环境，各主体才能够在网络空间中自由、平等地参与信息服务活动，才能够在网络空间中实现自身利益最大化。因此，各主体之所以有意愿维护网络空间的公共利益，是因为他们希望通过信息服务的公共利益来实现更大的自身利益。由此可见，公共利益和主体利益的共赢是网络信息服务共治模式建构的内在驱动力。

网络空间多元主体协同治理的参与规则是强调政府、网络媒体、意见领袖、社会组织和普通网民等主体均需按照一定的行为准则，自觉履行网络信息服务及其治理的相关义务，围绕网络信息服务治理主题构建起多元主体的依赖关系和合作秩序。

基于共同目标、参与意愿和参与规则所建立的网络空间多元主体网络关系，促进公共信息服务社会共治主体的沟通与合作，逐渐实现资源全面整合和主体优势互补。

4.2.2.3   主体互动：多元主体功能互补

网络空间各主体之间的互动，推动了各主体之间的合作。在互动过程中，政府、网络媒体、意见领袖、社会组织和普通网民彼此之间的了解不断加深，对各自在网络公共信息服务治理中的资源优势和行动优势有进一步认识，从而在共同治理中通过功能互补来实现协同效应。

网络空间主体间的互动程度直接决定了主体间的功能互补程度，互动程度由浅至深分为沟通、协调和合作三个层次[1]。

沟通是网络空间各主体间较浅层次的互动，涉及网络信息资源的公开与共享。由于网络信息资源不对称是引发网络空间信息生态失衡、舆论危机以及群体性事件的重要原因，各主体对其所拥有信息资源的及时公开与共享显

---

①周毅，孙帅.政府信息资源管理研究：视域及主题深化［M］.上海：复旦大学出版社,2014.

得尤为重要，沟通交流正是促进信息公开和资源共享的首要途径。政府、网络媒体、意见领袖、社会组织和普通网民之间的沟通交流能够及时分享时事热点、舆情事件、新闻政策等信息资源，并在沟通交流中辨认信息的真伪，消除信息不对称，从而避免各主体因信息不对称发生信息内容与舆论场的对抗，同时避免因错误信息引发消极舆论，甚至导致网络突发事件的发生。

协调是网络空间各主体间更进一步的互动，涉及网络信息资源的优化配置。主体自身信息资源匮乏是导致网络信息服务治理效果不佳的重要原因，这也是目前我国在网络信息服务治理时面临的棘手问题。例如，网络媒体、意见领袖等在对食品安全公共信息进行传播与引导时，因缺乏涉及事件社会组织的真实信息以及政府相关审查信息，从而导致舆情事件进一步恶化。所以，网络信息资源缺乏整合，网络空间各主体缺乏协调，这不仅加大了对涉事主体的舆情负面影响，更可能导致网络信息服务秩序的混乱。因此，在网络信息服务治理过程中，需加强各主体之间的协调，及时整合相关信息资源并对其进行优化配置，从而提高网络信息服务治理效率，降低网络信息服务治理成本。

合作是网络空间各主体间更深层次的互动，涉及网络空间行动能力的互补。在网络空间里，政府、网络媒体、意见领袖、社会组织和普通网民的角色特点差异决定了他们在公共信息服务行动能力上的差异，如政府的公权优势、网络媒体的传播优势以及意见领袖的影响优势等。合作强调的是根据各主体相对优势对行动能力进行互补优化，将网络信息服务行动任务分解并分配给最适合的主体，避免各主体在行动上发生冲突，同时结合信息资源的整合，提高网络信息服务治理的速度和效果。

4.2.2.4　实现协同：多元主体共同治理

网络空间多元主体治理的协同涉及网络信息资源和行动能力的全面整

合，是多元主体协同治理模式的最终目的。网络公共信息服务治理的协同效应是政府、网络媒体、意见领袖、社会组织和普通网民在沟通、协调、合作的基础上，通过信息资源优化配置和行动能力整合互补，发挥共同作用，并在网络信息服务治理过程中表现出整体性和一致性，维护网络信息服务环境的公平、安全、高效和有序。而且，协同治理能够产生各主体自身所没有的新作用，实现网络信息服务治理效果的增值，最终达到最大限度地维护和提高网络公共信息服务公共利益和各主体利益共赢的目的[1]。

---

①郑巧，肖文涛 . 协同治理：服务型政府的治道逻辑［J］. 中国行政管理 ,2008(7):48-53.

第5章
公共信息服务社会共治的中介变量要素及其内容分析

公共信息服务社会共治的中介变量要素分为服务产品和服务过程两个方面。首先，从服务产品上看，依据社会信息需求，促进、引导公共信息服务产品多层次、多类型立体化格局形成是公共信息服务社会共治的基本任务。其次，公共信息服务过程涉及服务方式、服务平台、服务保障、服务质量和服务评估等具体内容。本部分的核心任务是根据公共信息服务需求实现的逻辑链条，即从"公众需求→需求表达→服务决策→服务供给"构成的完整链条入手，在分析公共信息服务机制的构成内容基础上，建立需求与服务的对接机制，通过公共信息服务供给侧结构性改革来丰富公共信息服务产品，进一步完善公共信息服务组织过程。

5.1 公共信息服务需求机制的构成及其实现

5.1.1 公众信息服务需求图谱描述

要提高公共信息服务质量就有必要对服务对象的需求及其实现机制等进行分析。近年来，学界围绕着信息用户分型、信息需求层次及其转化、信息需求影响因素、不同类型用户信息搜寻行为特点等均进行了有益探索。学界普遍认为，从公民个人角度看，教育、就业、社保是公众最关心的信息主题；从企业角度看，劳动保障、环保、质检、安防等为主要信息主题[1]。也有学者通过对区域公共信息需求的调查，按照需求期望程度从强至弱排序，认为公众对内容的需求依次是突发公共事件预警及应对信息、政府部门财务信息、社会公益事业管理信息[2]。上述成果对推动我国公共信息服务的深化发挥了积极作用。但不容忽视的是，以政府信息公开、政府数据开放为主体的公共信息服务仍存在着公众满意度不高的问题，"面向使用"或"面向需求"的公共信息服务理念和工作体系尚未形成[3]。公共信息服务所要解决的主要问题不是个体偏好，而是群体间公共信息资源和公共信息服务的有效分配；公共信息服务也不是解决所有用户的所有服务需求，而是聚焦于公众的普遍性和基本型公共信息服务需求的满足[4]。因此，本书就有必要从需求端出发向供给端回溯，回应公众信息需求与公共信息服务供给不充分不平衡的矛盾，编制公共信息服务需求图谱，建构完整的公众信息需求实现机制，促进公共信息服务供需之间的耦合。

公共信息服务需求主体的差异性决定了其需求类型、需求形态等方面的差异性。对公共信息服务需求图谱的描述就可以从上述几个维度进行。

关于公共信息服务需求主体的分类，在以往的研究中学界多以"职业分类为基础"，将用户对象划分为管理人员、科研人员、学生等，并对其信息需求特点等进行具体分析[5]。近年来，也有学者对儿童、青少年、大学生、老年人、弱势群体、科研人员、农村居民、农民工等不同类型人群信息需求

---

①彭国莉.政府信息资源的图书馆开发利用模式研究 [M].北京：中国社会科学出版社,2013.
②刘磊,邵伟波,魏丹,等.基于公众需求的政府信息公开调查分析：以宁京两地为例 [J].图书馆,2013(2):43-46.
③周晓英,刘莎,张萍,等.情报学视角的政府信息公开：面向使用的政府信息公开 [J].情报资料工作,2013(2):5-10.
④陈水生.公共服务需求管理：服务型政府建设的新议程 [J].江苏行政学院学报,2017(1):109-115.
⑤胡昌平.信息服务与用户 [M].武汉：武汉大学出版社,2008.

进行了调查与实证研究①。无论人们怎样以"二八定律"和"长尾理论"来关注和改良需求主体的主次差别，都不会从根本上撼动需求主体划分的群体性。需求主体的群体性划分主要有：个体用户与团体用户、重点用户与普通用户、现实用户与潜在用户、强势群体和弱势群体等，不同需求群体会表现出不同的信息需求特点与规律。

公共信息服务需求类型分析是为了界定不同主体对公共信息服务内在品质、内容层次等的需求差异。从公共信息服务的品质、层次上进行区分，公共信息服务区分为基本型和发展型两种类型②。

正如前文所述，公共信息服务需求形态是指公众对公共信息服务表现方式的要求，是公共信息服务的外在表象因素。公共信息服务的基本形态包括公共信息原始记录提供、公共信息出版物（含数字化的非正式出版物）、公共信息服务客户端、政府门户网站信息发布、专业公共数据库与数据服务平台等。从发展趋势看，"可视化"在公共信息服务再加工与再利用中正越来越成为被广泛采用的表现形态。利用计算机图形学和图像处理技术，将文本、图片、插图、制表和漫画等都作为公共信息服务的传播元素，将会极大地改变公众的信息服务体验。

由不同需求主体的不同需求类型、需求形态等所构成的公共信息服务需求图谱，是指导公共信息服务开展的基本依据。不同主体的信息需求只有充分表达后才有可能得到满足。在现实生活中，公众信息需求与服务行动之间的不协调是显而易见的。公众的信息需求不能有效表达并被服务主体所识别，服务主体一般是根据自己掌握的有限需求信息确定服务行动，从而导致公共信息服务的供给偏离公众真实需求。因此，科学的公共信息服务供给体系要

---

①张鑫，王芳.个体的政府信息需求调查及成因分析：基于意义建构理论［J］.图书情报工作,2017(3):53-60.

②周毅.公共信息服务的供给侧结构改革研究［J］.情报理论与实践,2017(5):1-9.

通过需求表达、需求识别等，将公众需求和服务供给全部行为关联起来，从而形成有效的公共信息服务供给体系。

5.1.2 公共信息服务需求机制的内涵及其构成

5.1.2.1 公共信息服务需求机制的内涵

公共信息服务需求机制是指公共信息服务目标群体需求信息的调查、识别、转化与落实的过程，是连接服务需求与供给的重要通道，也是满足不同用户多元信息需求的一种制度设计。其主要内涵体现在以下三个方面。

（1）公共信息服务需求机制强调是一个过程。这个过程由需求信息的调查、识别、转化与落实等一系列内容构成，这个过程涉及用户主体、服务主体、监管主体、资源保障主体等多种主体类型。上述过程的衔接实质上强调的是主体行动的协同与配合。

（2）公共信息服务需求机制是连接需求与供给的一个通道。服务主体供给什么、以何种方式供给，是建立在对用户需求调查与识别的基础上。需求机制实质上是将用户主体的需求意愿与服务主体的服务行动实施对接的桥梁。在对接过程中不同主体的交互水平是决定这个通道是否顺畅的重要标志。

（3）公共信息服务需求机制是一种满足用户多元信息需求的制度设计。调查采集、分析预测、转化落实用户信息需求，都需要有规范的制度作为保障。明确公共信息服务需求机制的内在构成及其相互关系，有利于以此为基础进行相关的服务制度安排和策略设计。

5.1.2.2 公共信息服务需求机制的构成内容

公共信息服务需求实现的过程是一个由"公众需求→需求表达→服务决策→服务供给"共同构成的完整链条。依据这个逻辑链条，公共信息服务需求机制包括以下内容：公共信息需求主体的分类与聚合组织机制、公共信息服务需求的传递与识别瞄准机制、公共信息服务需求的吸纳与资源保障机制和公共信息服务需求的供给与跟踪反馈机制[①]。

1）公共信息服务需求主体的分类与聚合组织机制

公共信息服务需求主体的分类聚合，是为了在个体信息需求基础上，通过分类聚合汇集并区分不同目标群体的差异化需求，并运用差异化的供给机制进行满足。根据公共信息服务均等化、可及性、公益性和公平性等特性要求，在公共信息服务中应该更多关注的是公共信息服务共性化的"面"，而不是个性化的"点"[②]。以此为认识基础并结合前文公共信息需求图谱中学界关于需求主体的一般性分类，我们可以将公共信息服务需求主体概括为一般群体与特殊群体两类。

一般群体是公共信息服务的"面"，特殊群体是公共信息服务的"点"。一般群体是公共信息服务的最大目标群体，它们需要获得的是基本型公共信息服务，其实现机制既可以是政府机制，也可以是市场机制或社会机制；特殊群体可以分为弱势群体和高端群体两类。弱势群体是公共信息服务中不能忽视的目标群体，对其主要是开展公共信息援助服务，这种援助服务一般是定位于与民生密切相关的教育信息、就业信息、医疗信息、社会保障与救助信息等基本型信息服务，它是由政府进行的保障类或托底类信息服务，它事关信息公平与正义。目前强调的精准扶贫战略，其可行对策之一就是通过信息援助服务实现弱势群体在信息上的脱贫，信息脱贫意味着可以从观念、方法等多渠道实现脱贫。特殊群体中的高端群体需要的是个性化或发展型公共信息服务，其获得服务的主要方式是市场化机制。在我国目前公共信息服务社会共治机制尚不完善、公共信息服务产品类型与形态尚不丰富的状况下，首先应将公共信息服务的目标群体定位在一般群体和特殊群体中的弱势人

[①]陈水生. 城市公共服务需求表达机制研究：一个分析框架 [J]. 复旦公共行政评论,2014(2):110-127.
[②]张旭. 公共文化服务体系背景下我国信息用户的群体化定位与整合 [J]. 理论学刊,2012(7):107-111.

群，其次是特殊群体中的高端人群。这不仅是公共信息服务公共性、公益性等价值取向的基本要求，而且也符合公共信息服务由基本型向发展型拓展的一般趋势。

从总体上看，无论是一般群体还是特殊群体，它们在信息需求表达上均呈现出主体分散性特征，而且因信息意识、职业状况、表达能力、信息素养等方面的差异，它们的信息需求表达水平与质量也有较大差异，这就给公共信息需求表达机制的建立带来了一定困难。从源头上解决主体信息需求表达的分散性以提高公众信息需求表达的整体质量就是一个难题，而解决这个难题的可行对策之一就是提高各类不同主体信息需求表达的组织化程度。

从理论上看，公共信息需求表达的组织化就是将各类不同主体的信息需求通过实体化组织和虚拟化组织两种载体进行聚合后所进行的表达活动与过程。一般来说，人们为了实现自己的目的，总是需要借助于一定的组织形式，"组织"为人们解决各种问题提供了便利的和现实的途径，是人们实现目标的集体性工具①。公共信息服务需求的有效表达，需要有愿意并善于积极表达的主体，而且这些主体要具有一定的代表性。因此，通过对实体化组织和虚拟化组织的培育和选择，并在其组织内部进行需求信息的有效采集与聚合就成为决定公共信息服务需求能否真实、准确表达的关键要素。

实体化组织就是以常规组织，如单位、行业协会、社团组织等为单元集中进行需求信息的聚合与表达。除此之外，任务型组织也可以成为提高公共信息需求表达组织化程度的一个重要选择。有学者曾对常规型与任务型组织进行过较充分的比较研究，建构了任务型组织的系统理论②。以此为参考，我们认为，根据公共信息需求调查和表达的需要也可以设立相应的任务型组织。这种任务型组织既可以在常规组织中设立，也可以在常规组织间设立，

---

①张康之，李圣鑫.任务型组织设立中的任务分析［J］.北京工业大学学报：社会科学版,2007(6):41-46.
②张康之.任务型组织研究［M］.北京：中国人民大学出版社,2009.

或是在常规组织的职能调整中生成。不管其设立的路径如何，它都具有提高公共信息需求表达的组织化程度这个基本任务。从我国已有实践看，一些地方陆续成立的公共信用信息服务公司（中心或平台）等，就是适应社会信用信息服务需求而诞生的一个新型任务型组织。它不仅负有代表公众对公共信用信息需求进行集中表达的任务，而且也要负责根据社会需求对全社会各种不同来源的信用信息进行归集、组织和服务。近年来，全国各级人民政府陆续成立了"数据资源局"或"大数据局"等机构，这类组织也具有调查和集中表达社会数据或信息需求，并以此为基础整合数据资源和进行协同服务的任务。

虚拟化组织就是发挥网络虚拟社区的功能及其意见领袖的作用，使其成为汇聚和表达公共信息需求的重要形式。虽然目前国内外对网络虚拟社区的含义、特点和分类体系等的认识尚存在一些差异，但在将网络虚拟社区看作是一种具有特定兴趣与需求的网络信息交流系统这个内涵上认识相对一致。"交互"是网络社区存在的关键性功能。因此，通过网络虚拟社区的广泛"交互"可以实现对公共信息需求的调查、聚合和表达。有学者提出，可以通过"虚拟社区分类表"的编制和多维分类体系的构建，实现对不同类型网络人群参与虚拟社区情况的初步分类[①]。以此为基础，则可以在不同类型虚拟社区通过专门的议程设置来实现对公共信息需求的调查与表达。

2）公共信息服务需求的传递与识别瞄准机制

"只有让公民的需求得到充分的表达，政府提供公共信息服务的逻辑起点才能回归正常"[②]。公共信息需求的传递机制是将目标群体的需求信息通过有效渠道进行表达和传递，将公众需求信息及时传输给服务主体，它分别由服务主体发起的需求信息调查机制和由公众发起的需求信息表达机制构

①刘黎虹，毕思达，贾君．虚拟社区分类系统比较研究［J］．情报科学，2014(5):24-32.
②陈国权，张岚．从政府供给到公共需求：公共服务的导向问题研究［J］．人民论坛，2010(1):32-33.

成。服务主体发起的需求信息调查机制，就是可以建立一个能够采集和集中所有需求信息的网络系统或平台。在大数据时代，政府可以运用大数据技术来搜集和分析海量需求和利用数据，这不仅可以获得有效的用户需求信息，进行用户需求画像，而且可以总结得到用户需求信息的一般规律。公众发起的需求信息表达机制，就是使公众能够随时通过某种渠道或手段将其需求信息传递给服务主体。这种渠道或手段包括但不限于网络社区、微信公众号、电子邮件等。多途径的需求信息调查与多通道的需求信息表达，可以在不同类型用户和不同服务主体之间建立起一定的联系，从而最大限度地使公众的真实信息需求、表达信息需求和实现的信息需求三者之间趋于一致。从上述分析可见，无论是自上而下的需求信息调查或是自下而上的需求信息表达，都需要一个统一的需求信息管理平台。这个平台应具备需求信息的采集、分类、统计、跟踪、比对、反馈等基本功能。

公共信息需求的识别瞄准机制就是对经由需求表达而形成的目标群体的真实需求做进一步甄别、辨析和评估，形成最终的有效需求信息清单，从而为公共信息服务决策和供给主体提供依据。由于用户类型多样且需求复杂，因此，有必要通过完善需求识别瞄准机制，来鉴别不同用户的真实需求、定期更新现实需求、充分挖掘潜在需求，从而形成具有普遍性的需求信息清单。目前，我国在公共信息服务组织中并没有形成针对不同用户类型或人群进行需求信息的判断和瞄准机制，较多体现为政府是按其对用户需求的理解或可公开数据的状况进行需求设计、需求统计和服务组织。为此，解决上述问题可以采取以下主要思路：一是通过建构公众的信息行为分析体系来识别需求信息；二是针对不同目标群体的信息需求，明确进行需求信息识别与瞄准的具体主体分工。

通过公众信息行为分析体系来识别需求，是建立在公众的众多行为过程信息的研判基础之上。公众获取信息服务的过程一般由需求与动机、信息查询与选择、信息吸收与利用等环节组成。从近年来的发展趋势看,通过访问政府网站等方式来获取政府公共信息的用户群体比例在不断增长。美国皮尤(Pew)调查公司的数据显示,美国互联网用户访问政府互联网公共信息服务的比例,从 2000 年的约 27% 上升到 2015 年的 65%[1]。在"互联网＋服务"的环境下,公众的信息搜寻行为一般由访问、浏览、留言、下载、注册、跟踪、检索等动作构成,上述信息查询行为均对应于用户不同的信息需求认知过程[2]。通过收集用户在移动智能终端中所产生的访问、检索等轨迹数据,并利用轨迹聚类快速发现用户检索模式,建立动态的用户检索模型,可以形成基于轨迹聚类的用户需求数据[3]。因此,建构一个由数据源、方法层、分析层和应用层构成的信息用户分析体系[4],通过反向对公众信息搜寻行为的大数据分析和规律判断,从而实现对公众真实信息需求的瞄准锁定和对公众潜在信息需求趋势的预测。同时应该注意到,这种公众的信息行为分析体系无法实现对信息贫困人群的需求识别瞄准。

针对不同目标群体需求信息的识别与瞄准,可以采取分工合作的方式来完成。对一般性群体的基本型公共信息服务需求,主要由政府进行需求调查、判断与瞄准,它涉及的是普遍的、无差异的信息服务,政府有能力通过项目调查等方式获取需求;特殊性群体主要包括弱势人群与高端人群两类,他们的信息需求又区分为基本型与发展型,上述需求可以由所有共治主体分别或协同进行识别与瞄准。不同主体对特定目标人群个性化信息需求的敏感程度及其具体判断也会存在一定差异,只有不同类型服务主体参与到对特殊人群信息需求的识别与瞄准,才能更好地体现出对特殊人群个性化和多样化信息

---

① Grassle S. Americans' views on open government data [EB/OL]. [2018-9-3].http://thegovlab. org/pew-open-data-survey/.

② 邓小昭. 网络用户信息行为研究 [M]. 北京:科学出版社,2010:17.

③ 高亚瑞玺,汤珊红. 基于轨迹聚类的个性化信息服务策略 [J]. 情报理论与实践,2017(6):87-90.

④ 赖院根,周杰. 网络环境下的信息用户分析体系研究 [J]. 情报理论与实践,2011(1):27-30.

服务需求的适应。其中，为了体现公平性，政府有义务优先保障对弱势人群的信息援助服务需求进行分析与瞄准。事实上，在2021年新型冠状病毒感染疫情常态化防控期间，针对老年人群无法通过智能手机提供"健康码""行程码"并对上述信息及时进行更新的问题，有关主体就采取了提供社区证明等线下信息援助服务，从而保证了这部分特定人群的正常生活与出行需要。

3）公共信息服务需求的吸纳与资源保障机制

公共信息需求吸纳机制就是将分析识别后的用户需求信息纳入公共信息服务组织过程，并转化为各种公共信息服务政策和项目。需求吸纳机制要求构建开放的公共信息服务体系和过程，重视运用识别之后的需求信息，实现供需信息之间的匹配，从而提高公共信息服务供需之间的耦合程度。

公共信息服务需求被充分吸纳后能否转化为服务主体的具体行为，主要取决于公共信息服务的资源配置机制是否健全到位。资源配置机制主要是源于公共信息服务社会共治主体相互之间存在一种资源依赖关系。从政府、营利性组织和非营利性组织等共治主体相互之间的资源依赖关系看，它们主要是表现为一种非对称依赖关系，即依赖程度表现出一定的不平衡性。对营利性组织和非营利性组织来说，它们所掌握的资源包括资金、专业能力、对用户需求的敏捷反应等；对政府而言，它们掌握着绝大多数的公共信息源或数据源、政策与制度资源、公信力资源等。相比较而言，营利性组织和非营利性组织能否参与、如何参与以及在多大程度上参与公共信息服务，则主要是取决于政府的相关制度供给和公共信息源或数据源的开放水平。因此，从这个意义上看，公共信息服务社会共治模式的构建，依赖于政府的制度资源供给和信息源或数据源的供给。公共信息需求的资源配置机制重点也就是围绕上述两个维度分别展开的。

政府的制度资源供给主要应回答以下问题：由具备何种条件的适格主体，通过何种规范程序参与或进入何种类型或内容的公共信息服务，达到何种服务质量要求以及承担何种服务责任，如何处理社会共治各类主体之间的关系等。

公共信息服务不等于就是由政府提供的服务，公共信息服务"公共性"的本质并不排斥社会力量的参与。公共信息服务社会共治强调的就是政府主导、社会组织的广泛参与。适格的服务主体就是指具备一定的信息服务能力，能够生产出满足公众信息服务需求并能保证信息服务质量的合法性社会组织。从理论上看，在界定服务主体资格时不应人为地设置很多障碍，而应当把尽可能多的社会组织纳入到服务主体的范畴中来。但为了保证公共信息服务的秩序和质量，政府在制度资源供给时"对具备一定的信息服务能力"可以从以下方面考虑相应的准入条件：人力资源保障水平（信息专业人员的数量与质量）、信息源储备、信息技术基础、组织管理水平（如民间性组织的自治水平，营业利组织的公益服务动机等）、社会信用水平等。事实上，公共信息服务不等于就是完全免费的服务。在实践中，欧美诸国逐步形成了具有鲜明特色的公共信息服务价格政策，"大循环"定价机制和"小循环"定价机制就是对这种定价政策的形象总结[①]。欧盟明确鼓励政府部门和私营部门在信息内容开发过程中，通过收费的形式来减少财政支出，注重开发费用和收益在政府部门和私营部门的分配[②]。而美国对于能够不由政府开发的信息内容就交由私营部门进行开发，政府则通过税收的形式增加政府信息开发的经济回报。在我国，可以根据公共信息服务的类型（基本型与发展型）及其价格政策，对不同主体进入的公共信息服务范围进行划分。在采取成本收费或完全免费的基本型公共信息服务领域，一般考虑由政府及其所属机构和非营利性组织参与；而采用其他收费策略的发展型公共信息服务，可以考虑主要由信息服务企业承接。

---

①周毅,白文琳.欧美信息内容产业的发展:内涵、路径及启示［J］.国外社会科学,2010(3):44-49.
②付熙雯,郑磊.政府数据开放国内研究综述［J］.电子政务,2013(6):8-15.

　　为了引导社会力量主体参与公共信息服务，政府应在分析瞄准公众信息需求的基础上，科学编制公共信息服务项目指导性目录，并依据需求变动情况适时进行动态性调整，从而更好地实现需求与供给的对接。社会力量也可以发挥其灵活机制，发现和瞄准用户需求变化，主动开发发展型公共信息服务项目与内容。在可供选择的公共信息服务购买方式上，目前的主要方式有定向委托、公开招投标、分散购买、集中购买等。在公共信息服务质量标准上，应根据公众信息服务需求从形式性需求向功能性需求转变的发展趋势，将公共信息服务质量标准从形式性标准扩展到功能性标准，它主要应由可靠性、安全性、响应性和公平性等指标内容构成①。而不同服务主体在公共信息服务中的责任，则可以明确为社会力量的履约责任、质量保障责任，政府主体则应履行公益责任、监管责任和服务兜底责任等。

　　在政府主导、社会力量参与公共信息服务的过程中，应厘清并科学处理各个主体间所存在的多重交叉的"委托－代理"关系。其一，政府主体和使用主体的"委托－代理"关系。按照公共产品理论，政府是公共信息服务的供给主体，特别是具有非竞争性和非排他性的基本型公共信息服务应当主要由政府提供。政府主体依据使用主体对公共信息服务的需求，受使用主体委托确定所供给的公共信息服务的类型或内容与形式等。其二，政府主体和社会力量主体的"委托－代理"关系。政府主体在明确公共信息服务供给各项指标的基础上选择购买信息服务的形式，并交由有关社会力量主体进行生产，这时社会力量主体受政府主体的委托生产相应的公共信息服务。其三，社会力量主体与使用主体之间的"委托－代理"关系。社会力量与使用主体之间就某些个性化、增值类的发展型公共信息服务需求只要达成服务协议，不管这些服务是否收费以及如何收费，均表明社会力量必须按使用主体的委托提

①周毅. 公共信息服务质量问题研究：基于建立政府与公民信任关系的目标［J］. 情报理论与实践 ,2014(1):17-21.

供协议约定的公共信息服务。

公共信息源或数据源的开放是广泛开展公共信息服务的资源保障基础。尽管学界对政府信息公开与政府数据开放关系的分析，既有政策目标或价值导向差异的视角，也有信息与数据关系的视角①，但它们均蕴含着一个基本的判断，即目前我国正经历着从政府信息公开到政府数据开放的过程。这不仅是一个信息源与数据源逐步扩大的过程，而且也是一个公共信息服务从基本型服务向发展型服务转化的过程。如果说信息公开是民主政府建设的需求，旨在实现公民的知情权等民主权利的话，其主要目标是"让公众获取政府信息以使政府更透明"；数据开放则是适应大数据时代的一项公共政策，旨在实现政府数据为社会的最大化利用，进一步释放数据的"社会和商业价值"，其目标是"让公众获取数据以使政府数据增值"。2017 年 2 月，中央全面深化改革委员会提出的《关于推进公共信息资源开放的若干意见》中明确要求，"着力推进重点领域公共信息资源开放，释放经济价值和社会效应"。这无疑为我国公共信息资源开放服务确立了基调②。为了进一步扩大和规范政府信息源与数据源开放，可以根据信息或数据的性质、用途及其可能存在的权益等，对信息或数据进行科学分类，建立无条件开放、有条件开放和不予开放的信息或数据分类体系和清单。以此为基础运用"信息或数据使用许可协议"这一工具，灵活确定不同的信息或数据使用范围、用途、使用方式、违约责任等内容，从而为公共信息服务社会共治的各类主体提供丰富、充足和可再开发、再利用的信息源与数据源。目前，全国各地针对公共数据共享与开放正在密集出台一系列政策或法律法规，但实际效果如何有待进一步观察。据我们的初步分析，如果要进一步发挥政府在公共数据源上的开放水平

---

①黄璜，赵倩，张锐昕.论政府数据开放与信息公开：对现有观点的反思与重构［J］.中国行政管理,2016(11):13-18.

②高富平，张晓.政府数据开放的边界如何厘定［EB/OL］.［2017-8-6］.http://www. echinagov. com/news/53907.htm.

与供给能力，最有效的方式是要出台具有强制约束力的公共数据开放利用法律法规。

4）公共信息服务需求的供给与跟踪反馈机制

公共信息服务需求的供给机制主要回答通过何种途径实现公共信息服务及其产品的供给问题。事实上，公共信息服务社会共治模式的建构即是从政府机制、市场机制和社会机制三个方面回应了这个问题[①]，也有学者从多重机制的复合设计与优化上对此给予了较为理想的解答[②]。上述三种机制的协同作用可以有效解决公共信息服务的公平与效率问题。但为了区别一般人群和特殊人群在基本型与发展型公共信息服务供给机制上的差异，有必要突出公共信息服务是在政府主导下的社会共治这个基本理念。

一般人群和特殊人群中弱势人群的基本型信息需求及其信息援助等服务，主要由政府开展具体的服务活动，此时政府既是公共信息服务的组织者也是服务的生产者。在政府服务力量有限的前提下，也可由政府根据需求信息的调查、识别和服务目标定位情况，通过需求项目发布的方式，引导其他各类主体参与基本公共信息服务的项目申报。通过竞争性选择服务主体来实施服务活动，并由政府有关部门组织实施服务项目的全过程管理，开展完善的服务项目监督与绩效评估流程。此时，政府是服务组织者而非生产者。针对基本型公共信息服务，无论政府在其中主要承担何种角色，以政府为主导是一个基调，其主要目的是通过政府的公众需求信息聚合与发布机制、服务主体的竞争性选择机制、服务过程的质量与安全监控机制等，保障基本型公共信息服务的可及性、公益性和均等性。针对特殊人群中高端人群的发展型公共信息服务需求，应由不同主体从源头上主动介入对公共信息服务需求的调查和分析判断，并形成多主体参与的竞争性公共信息服务机制，这对提高

---

①周毅,吉顺权.公共信息服务社会共治模式构建研究［J］.中国图书馆学报,2015(5):111-124.

②程万高.政府信息资源增值服务供给机制研究［M］.北京:科学出版社,2011.

发展型公共信息服务的针对性、时效性和用户满意度等均具有重要意义。

　　公共信息服务需求的跟踪反馈机制主要是综合评价公共信息服务的类型、内容和形态等方面满足公众信息需求的程度和效果，并将这种评价结果用于公共信息服务的持续改进。公共信息服务需求跟踪反馈机制形成的内部动力，既是进一步改进公共信息服务水平、提高供需耦合程度的需要，同时也是预防和控制公共信息服务社会共治风险的需要。其主要目标是实现公共信息服务的精细化。首先，实现精细化匹配度。充分利用大数据技术手段和管理手段，根据公共信息服务需求，提供多样化的公共信息服务，提高公共信息服务供给与需求的匹配度，实现公共信息服务供给的精准化。其次，建设精细化标准。要健全公共信息服务供给的通用标准和补充标准，对基本型和发展型公共信息服务建立通用标准，按专业、行业或主题领域等建立不同类型的公共信息服务补充标准，保证公共信息服务供给运行过程中涉及的每一个主体、每一个环节、每一个质量要求都做到有章可循。最后，达到精细化治理。公共信息服务社会共治的核心之一就在于供给主体的多元化，要明确公共信息服务各主体之间的分工职责，建立配套的约束机制和激励机制，从而提高公共信息服务供给的专业性和公益性。

　　目前，学界在此领域的研究主要集中在评价用户对政府信息公开服务的满意度上，而通过跟踪反馈机制对特定用户群体的特定信息需求以及对公众潜在信息需求的挖掘则显得不足[1]。在公共信息服务需求的供给与跟踪反馈机制中，不仅要关注公共信息服务的过程或规则，更要关注公共信息服务的结果，它应是一个过程导向与结果导向相结合的供给和跟踪反馈机制。如果聚焦于过程或规则，则侧重于评价公共信息服务展开过程中对有关政策、规则和程序的遵从；如果聚焦于结果，除对公众信息需求满意度水平进行评价外，还应将对用户需求诊断与服务策略的设计和公共信息服务社会共治的成

①王焕.中国政府信息需求研究综述［J］.电子政务,2015(5):100-106.

效等作为跟踪反馈的重要内容。过程或规则导向的供给与跟踪反馈机制，重视公共信息服务的合规性、公平性和公益性等指标。而结果导向的供给与跟踪反馈机制，则是一种更为积极的机制。一方面，它在分析评价公众信息需求实现及其满意程度的基础上，通过对用户潜在需求的挖掘和现实需求合理性程度的诊断分析，为公共信息服务项目选择和服务政策的改进提供依据；另一方面，它对公众信息需求的实现路径也开始关注，承认公众信息需求实现路径的多维性和动态性，它不仅关注用户个体的信息需求实现程度及其路径，而且也展现和评价公共信息服务社会共治模式对信息需求实现和影响的全部图景，这是一个相对完整和全面的供给和跟踪反馈评价机制。结果导向的供给与跟踪反馈机制是一个持续动态的评价过程，它是以目标用户或用户个体现实和表达的公共信息需求满足为前置性要求，对公众潜在或未表达的信息需求进行分析，进而完善公共信息服务项目决策过程和服务政策，持续提高公共信息服务社会共治的绩效。结果导向的供给与跟踪反馈机制能够帮助服务主体对公众的信息需求偏好进行识别和瞄准，也能有更好的服务回应，能够激发服务主体反思和改进信息服务行为，从这个意义上看，它是较为积极的供给与跟踪反馈机制。因此，只有将过程导向和结果导向的供给与跟踪反馈机制有机结合起来，才能实现对公共信息服务社会共治绩效的全面评估[①]。

5.1.3　促进公共信息服务需求机制无缝链接的策略安排

综上所述，公共信息服务需求机制是一个由需求主体分类与聚合、需求传递与识别瞄准、需求吸纳与资源保障、需求供给与跟踪反馈等几个机制构成的一个完整链条。基于上述分析可以认为，通过包容性服务治理、整体性服务治理和智慧性服务治理等策略，可以促进公共信息服务需求机制的无缝链接。这些策略安排可以有效保障将需求主体、需求传递、需求供给和跟踪

反馈等串联起来，将公共信息服务的需求主体与供给主体连接起来，将公共信息服务社会共治的所有主体协调起来，将不同类型或内容的需求信息通过一系列整合手段和方式统一起来，从而确保公共信息服务项目决策及其资源投入的精准，提高公共信息服务的适配性、满意度和有效性。

5.1.3.1　包容性公共信息服务治理策略

包容性是与排斥性相对的概念，是应对信息分化的有力手段，与公共信息服务均等化的理念是一致的。联合国在 2005 年《全球电子政府准备程度报告》中首次提出电子包容概念，将其定义为"包括所有"，解释为"电子服务在多大程度上减少而非增加最富有的、技术文明的公民与最贫困的、电子文盲的公民之间的数字鸿沟"，希望通过加强准备度来提高接受（纳）度，通过改善电信基础设施和人力资本状况解决不同服务对象之间信息交流障碍问题[①]。这对促进公共信息服务需求机制的无缝链接和实现具有重要启示意义。

具体到我国公共信息服务领域，就是要采取包容性服务治理策略。首先是要实现服务对象的平等化，无论服务对象在年龄、性别、教育背景、社会层级、所处地理区域、经济条件等方面有何差异，均应共享无差别的基本公共信息服务。其次是要实现服务内容与产品的丰富化，无论是用户的基本型或增值型信息服务需求，都应通过丰富信息内容、产品类型等来实现，通过推进公共数据共享、开放和开发服务来实现对社会基本信息需求和增值服务需求的全覆盖。再次是要实现服务手段的多样化，即要尊重不同用户的信息需求实现方式，兼顾不同类型用户的信息素养差异，做到电子服务与传统服务的并存。最后是要实现服务帮助的人性化，即要对特殊人群的信息需求进行引导分析和服务过程帮助，从而使其信息需求的实现效果得到提升。

---

①张锐昕，李健. 政府电子公共服务供给的愿景筹划和策略安排［J］. 中国行政管理,2018(4):79-83.

5.1.3.2   整体性公共信息服务治理策略

整体性相对应的概念是碎片化。社会公共事务的广泛性、普遍性决定了公共信息资源的来源和结构的复杂性[①]。从我国公共信息资源管理与服务现状看，公共信息管理与服务政出多门，没有统一的职能管理部门，不仅组织实施机制分散，而且也缺乏积极有效的综合决策和协调机制。上述特性共同决定了公共信息服务在具体实施上会出现管理体制与机制优化、参与主体行动协调、产权与服务政策配套统一、服务条件与资源保障、服务绩效系统评估等一系列的要求。因此，通过整体性公共信息服务治理策略，可以推进公共信息服务需求机制构成内容的无缝链接，有效解决需求分析、需求吸纳、服务决策、资源保障等碎片化问题。

整体性服务治理策略就是以用户信息需求的实现为基点，以用户需求机制构成及其无缝链接为主线，整体性制订相关政策、配置相关资源、协调主体行动、评价服务绩效。其主要内涵是：一是整体设计。即从用户信息需求的完整性及其需求表达机制构成的完整性出发，设计和思考公共信息服务供给模式及其改革。二是整合资源。即以保障用户信息需求的充分实现为基础，通过对用户信息服务需求的分析和吸纳，从数据与信息内容资源、服务保障资源等方面进行共享开放式配置。三是整合行动。即以用户信息服务需求机制的有效链接及其需求实现为目标，整合公共信息服务的不同主体、不同行动和不同政策，打造统一的数据共享交换平台、政务信息数据服务平台，进行一种跨越职责边界的集体行动；四是整体评价。即将各类主体参与公共信息服务的协同过程、服务水平与质量、影响因素等均产出等作为评估对象。

---

①夏义堃.公共信息资源的多元化管理［M］.武汉：武汉大学出版社,2008.

5.1.3.3　智慧性公共信息服务治理策略

智慧性相对应的概念是传统性或机械性。长期以来，在公共信息服务组织中，对用户需求信息的采集与分类、识别与瞄准等一般多依赖于人工方式进行简单、随机和定性的分析，对信息服务的过程支持或结果评价等，虽不同程度地有技术支持，但还远未达到信息化、智慧化管理水平。如何适应用户信息需求的动态化，通过获取用户的时间、空间、行为偏好信息，构建用户情境模型，推理用户的信息服务需求；如何根据用户的需求差异和需求偏好，构建完整、便捷的用户反馈机制，根据反馈内容及时调整服务推荐策略，提升信息服务的绩效；如何集成组织、技术、服务、信息或数据等多种资源，突破异构系统、时间空间等限制，满足用户的集成服务需求等，这都迫切需要智慧性公共信息服务治理策略运用。

智慧性公共信息服务治理策略是指通过充分运用信息与通信技术、大数据分析与处理技术等[①]，对用户需求主体的分类与聚合、需求内容的传递和识别、需求规律的分析和预测、需求服务的过程支持和资源保障、需求结果的评价和跟踪等，实现信息化、智慧化管理，并将公共信息服务及其管理纳入到智慧城市建设框架，其目标是让用户在任何时间、地点，通过网络设备都能实现对公共信息服务的获取与利用。其主要强调的是运用信息获取技术、信息组织存储技术、信息分析处理技术、信息传播技术等，对用户服务需求信息和作为满足服务需求投入要素的数据等进行智慧化加工处理，并实现人机交互的智慧化服务。

根据上述关于公共信息服务需求机制内涵与类型等分析，以及包容性、整体性和智慧性公共信息服务治理策略安排的总体思路，推进公共

---

①国佳,李望宁,李贺.面向智慧城市的社会化信息服务体系构建研究［J］.图书馆学研究,2017(9):53-59.

信息服务的供给侧结构性改革就成为社会共治模式中实现中介变量优化的基本内容。

5.2 推进公共信息服务供给侧结构性改革

5.2.1 公共信息服务供给侧结构性改革的内涵

"供给侧结构性改革"概念是近年来学界热议的话题。"供给侧结构性改革"不仅适用于经济领域,而且也适用于公共信息服务领域。公共信息服务供给侧结构性改革就是要根据公众的信息需求变化,推进公共信息服务类型与形态结构的调整,增强公共信息服务供给对需求的适应性和灵活性,扩大公共信息服务的有效供给。

公共信息服务供给侧结构性改革建立在"知"和"治"两个基础上。"知"即公共信息服务主体应对社会公众的信息需求、公共信息服务类型与形态的现状及发展趋势等进行分析研究;"治"即是根据"知"的基础,对公共信息服务改革进行相关路径设计,并有务实有效的方法措施。

与任何产品或服务一样,公共信息服务的类型与形态是实现公共信息服务目标的基本要素,是将其承载的内容及功能"推向"目标用户的关键所在,它使公共信息服务不仅具备内容、品质、内涵等内在本质因素,而且取得便利性、易得性、可用性、可理解性、美观性等外在表象因素,并通过用户的具体使用过程实现其内在价值。公共信息服务的供给改革主要就应围绕上述本质因素和表象因素同时展开。

5.2.2 公共信息服务供给侧结构性改革的原则

公共信息服务的类型与形态建构是一项复杂的系统工程,是实现公共信息服务目标的基础。公共信息服务供给侧结构性改革必须坚持以下原则。

1）以数据与信息内容为基础，坚持功能与形式的统一

社会公众对公共信息服务的需求，首先表现为对公共信息服务的功能性需求，即希望通过公共信息服务能够有利于某一具体问题的解决并使其能从中受益。公共信息服务的功能性需求能否实现在根本上是取决于公共信息与数据内容的丰富度、新颖性和可用性等。目前我国公共信息服务的内容主要来源于政府信息公开、公共数据开放或公共信息机构的文献资源服务，也有少部分是在政府信息公开基础上进行的有限信息加工与开发服务。在政府信息公开中虽然也提出了"公开是常态，不公开是例外"的原则性要求，但选择性公开、有条件公开、被动性公开等仍具有一定市场。从深层次上看，政府信息公开侧重于"信息"的层面，"信息"是经过加工、解读或被赋予了意义的数据。因此，公共信息服务虽然也能一定程度上满足用户的功能性需求，但其局限性也是显而易见的。为了改变这一现状，近年来我国也提出了开放政府数据与公共数据的要求，即将开放对象深入到"数据和数据集"的层面，这些数据是第一手的原始记录。数据既可以是原始／初级数据，也可以是衍生数据，还可以是元数据、运营数据等。以开放政府数据或公共数据为资源保障的公共信息服务将极大地丰富发展型公共信息服务的内容，这可以使体量大、类型多、价值高的大数据分析公共信息服务产品应运而生，也会使公众的功能性信息需求得到更好满足。

与此同时，应注意到，公众的信息需求也正呈现出以下变化趋势，即公众的信息需求正由"知政"需求向"参政"需求转变，在公共信息服务形式上正由公共部门的信息单向传递向公共部门与公众的即时性信息互动式交流转变；公众的信息需求正由单一的"功能性"需求向复合的"功能性"与"形式性"需求并重转变，公众获取公共信息不仅有特定的功利性目的，而且也关注"知悉"与"获取"公共信息的过程本身。因此，在注重用户公共信息服务"功能性需求"被满足的同时，注重用户的公共信息服务"形式性

需求"就成为加强公共信息服务供给改革的重要内容。适应用户互动性、即时性、便捷性、可视化等形式上的需求，开发更多数字化、可视化的公共信息服务产品就成为公共信息服务供给改革的基本策略。若以"教育类公共信息服务"为例，就是要根据公众的功能性与形式性需求并重导向，生产出适应用户需求的多类型、多形态在线教育公共信息服务产品。近年来大量出现的 MOOC、SPOC、微课等就是教育类公共信息服务在内容与形式上并重创新的典范。

2）以统一的服务平台建设为核心，推动公共信息服务组织方式创新

欧美在开放公共数据和政府信息公开等基本型公共信息服务上的普遍做法是建立统一的门户和数据平台。例如，欧盟通过协调成员国的步伐，建立了欧盟统一的门户网站和欧洲开放数据平台，并在 2013 年建立了泛欧洲的数据门户网站，允许公民自由访问欧盟自 2011 年起的成员国相关数据。美国从 2009 年 5 月就发起建立了"数据政府"门户 (data.gov)，为公民提供"一站式"数据查询服务[1]。在借鉴欧美经验基础上，我国也有学者曾对公共信息服务平台建设提出过若干基本设想[2]：认为公共信息服务平台，从结构上看是指各级政府电子政务框架中提供公共信息服务的界面结构、技术结构、逻辑结构、组织结构和标准规范等要素有机集成之后所形成的统一公共信息服务模式；从内容说是在确保信息资源安全的前提下，建立公共卫生、科技成果、社区、农业、科技等各种公共信息资源统一的综合信息服务平台，实现相关政府部门面向公众和社会提供服务和应用的重要窗口。本书赞成上述关于公共信息服务平台建设框架与思路的基本分析。在公共信息服务平台建设框架中，本书认为最核心的层面是数据与信息资源加工层，在数据与信息

---

①夏义堃，丁念．开放政府数据的发展及其对政府信息活动的影响［J］．情报理论与实践，2015(12):1-6.
②王伟军，孙晶．我国公共信息服务平台建设初探［J］．中国图书馆学报，2007(2):33-36.

资源加工层生产或组织的公共信息服务产品数量与结构等决定着公共信息服务的水平与质量。为此，围绕着数据与信息资源加工的组织，可以实现以下转变。

首先，对公共数据或信息资源的加工重点可由形式特征描述转变为大数据分析与信息内容研究。如果说过去资源加工的主要对象是文献资源和政府公开信息，主要目标是以信息有序化等形式特征变化为主，在服务层呈现给用户的更多是基本型公共信息服务产品，那么今后的资源加工对象将从文献资源、政府信息扩展到开放的公共数据，加工目标将深入到数据与信息的内容特征层面，并以创造性分析研究为主要方法，从而生产出具有深度或跨度分析的内容产品，在服务层呈现给用户的是形态多样的发展型公共信息服务产品。数据的积累是一个从量变到质变的过程。当数据积累不够多时，没有人能读懂这些"碎片"背后的故事。但随着数据的积累，特别是超过某个临界值后，这些"碎片"整体所呈现的规律就会在一定程度上被显现出来①。这种大数据分析和信息内容研究，既可以实现数据或信息的碎片化重组，又可以实现计算化分析与可视化表现的结合。对多来源片段数据的碎片化分析重组，可以快捷有效地应对公共信息服务的个性化和随机性需求；基于大数据的计算分析，采取融合、仿真或推演的方式，能够从碎片化的数据背后寻找到一些关于事物发展演化的趋势性或规律性判断和结论。而可视化技术则将计算化结果简明地呈现出来，能够增强公共信息服务产品的可理解性与可阅读性。

其次，对公共数据或信息资源的加工将从以政府为主的独立开发转变为多主体参与的社会共治合作开发。长期以来我国公共数据或政府信息的部门、

---

①徐宗本.用好大数据须有大智慧：准确把握科学应对大数据带来的机遇和挑战［J］.中国科技奖励,2016(4):8-10.

单位或行业所存在的壁垒十分明显，即使是政府信息公开，在具体组织实现上也是以政府部门自身为主，社会和市场的力量显然并没有广泛参与到公共信息服务过程。在社会对公共信息服务需求和期望比较有限的情况下，上述做法无疑有其合理性。随着社会需求的迅速变化，加强公共信息服务供给侧结构性改革的要求已经提上日程。公共信息服务供给改革不仅涉及公共信息服务数量与质量的变化，而且也体现在公共信息服务供给主体结构的变化中，公共信息服务供给主体结构决定着公共信息服务数量与质量变化的程度和水平。公共信息服务虽然具有公共性并是具有公益性质的服务，但它并不排斥市场机制在其中发挥作用。我国近 40 年改革开放探索出的"使市场在资源配置中发挥决定性作用和更好发挥政府作用"的发展逻辑，为公共信息服务深入推进提供了重要指导。公共信息服务的深入推进，需要依托一种关系和谐、竞争适度、收益共享的社会共治机制，近几年来我国在线文化教育类公共信息服务、公共信用信息服务等领域的社会共治实践已经为我国公共信息服务体制与机制创新积累了一定经验[①]。

最后，对公共数据与信息的加工可由政府网站构建与呈现转变为内容推送与搜索引擎拉动并重。从广义上看，政府网站构建是一种宏观的数据或信息组织形式，多年来由政府组织实施的公共信息服务一般多以政府网站作为其实现的主要方式，但政府网站在公共信息服务中也表现出信息分散、服务互动和个性化提供不足等方面的局限。因此，实现公共信息服务的内容推送与搜索引擎拉动并重就成为重要趋势。从目前实践看，信息内容推送主要应用在专业性较强的数字信息服务领域，如人口、法律与政策等基础性公共数据库服务，文化教育类在线公共信息服务等有关领域，一般是系统平台根据用户所检索到的需求信息，采用链接方式主动推送相关或相近的公共信息给用户。由于公共信息服务的对象既有专业能力较强的用户，更多的是无

---

①周毅，吉顺权.公共信息服务社会共治模式构建研究［J］.中国图书馆学报,2015(5):111-124.

任何专业背景的普通公众，单纯的主动推送内容，对多样和变化的公共信息需求把握依然是被动的，难以让普通公众在互联网的信息海洋中查找到自己需要的公共信息，还需要通过搜索引擎把用户拉到公共信息服务平台上来。因此，服务内容推送与搜索引擎拉动并重就成为推动公共信息服务深化的必然选择。

3）坚持基本型公共信息服务的优先保障，逐步推进和实现发展型公共信息服务

从内容与形式上兼顾到不同人群的不同信息需求是公共信息服务的目标，而满足公众的基本公共信息需求是公共信息服务的底线保障，也是构建信息公平社会的内在要求。基本型公共信息服务既是指公共信息内容获取与利用的基本保障，也是指公共信息服务方式或传播技术的起码要求。这是我国在基本建成小康社会、物质生活比较富裕之后，为丰富和提升人民群众的精神生活而提出来的又一发展要求[1]。基本型公共信息获取与利用的优先保障是指公众在基本公共信息获取活动中的起点、机会、技术和资格等方面的基本保障，即所有的人不仅要有在法律允许范围内获取相关公共信息、数据的自由和权利，而且还要在接收和识别信息的内容或形式、获取信息的机会和资格等方面享有公平。从基本型公共信息服务的具体实施看，即要根据不同用户的需求特点，从信息内容的可获得性、信息获得时间、信息获取方式、信息载体与符号格式、有障碍人群的信息获取帮助服务等方面兼顾到所有用户的基本需求。

发展型公共信息服务更多关照用户的个性化信息服务需求。学界对个性化信息服务的理解观点各异[2]。笔者认为个性化信息服务是指根据用户的不

①邵培仁，彭思佳.信息低保：构建信息公平社会的基本保障［J］.中国传媒大学学报,2009(5):28-30.
②吴炜.基于 Web2.0 的个性化信息服务模式研究［J］.信息技术与信息化,2015(12):104-106.

同信息需求特点，从形式与内容两个层面上满足用户的特定需要。因此，个性化信息服务的重点就是要从公共信息服务的形式与内容上实现与用户的契合。从形式上看，用户个性化需求的趋势主要反映在媒介融合与新技术手段的运用上；从内容上看，用户个性化需求的趋势则反映在对公共信息服务的专题性、研究性、跟踪性、综合性、趋势性、权威性等具有更高要求。大数据技术的运用为这种形式或内容上的个性化信息服务定制提供了可能。国外在公共信息服务实践中就较为注重应用大数据技术实时感知网民需求，以做到更加精准的信息服务推送。发展型公共信息服务的参与者如何有效、准确地分析与研判用户的个性化需求特点及规律就成为改进公共信息服务供给的关键之一。

5.2.3　公共信息服务供给侧结构性改革的路径与方法

1）强化公共信息服务的概念设计，提高公共信息服务的创新能力

在公共信息服务组织工作中，应重视对公共信息服务进行必要的概念设计。产品概念由一系列重要的产品属性构成[①]。公共信息服务的概念设计就是针对公众的信息需求，根据公共数据开放与信息公开的环境，通过明确公共信息服务的属性构成将公共信息服务战略性的构想具体化。根据前文分析，公共信息服务要满足公众对公共信息的基本需求，必须具有免费提供、非竞争性和非排他性等属性；公共信息服务要满足公众对公共信息的个性化需求，必须具备定制生产和按需生产等属性；公共信息服务应能保证任何人在任何时空、以任何方式均能获得并使用信息文本、图像或多媒体内容，这就使公共信息服务必须具备静态与动态服务相结合的属性，其中公共信息服务的移动属性将会成为一个重要需求。为此，在进行公共信息服务供给改革时可以采取以下方法。

---

①杨光.上海将政府大数据"富矿"免费供全民共享［J］.计算机与网络,2014(10):7-8.

首先，用互联网思维指导公共信息服务①②。用户至上思维，即将公众的信息需求放在首位，瞄准公众需求进行公共信息服务的生产和组织就显得尤为重要；跨界思维，即用户需求是多样的，伴随着电脑、网络等成长起来的一代，已经越来越不满足于仅从纸质载体中获取公共信息，大量地与多媒体、社交平台等相结合的新型复合公共信息服务必将成为未来公共信息服务的发展方向；交互式思维，即在媒介融合背景下，交互式思维要能够贯穿公共信息服务设计的始终。交互的方式有两种：一种是直接将系统或人工服务植入公共信息服务，系统或人工服务可以及时提供服务响应；另一种是构建交互平台，让用户在公共信息利用进程中自行交互。例如，对即时公共交通状况等公共信息服务就可以使用这种方式。根据公共信息服务内容的不同，上述两种方式均可以进行单独或者复合设计。

其次，重视信息分发等传播形式在公共信息服务中的作用。与传统媒体相比较，信息分发是社交媒体的一个独特优势。因此，公共信息服务内容及其组织或呈现方式也应适应社交媒体的传播特性。如何进一步发挥社交媒体信息分发优势在公共信息服务中的作用就是一个值得思考的问题。例如，在公共信息服务中可以考虑对公共信息内容进行解构或建构，形成一个个适合社交媒体传播的可视化信息产品，并鼓励用户通过社交媒体进行传播，从而形成一个在社交网站中进行传播的流量循环。

2）针对公共信息服务碎片化趋势，利用媒介融合推动公共信息服务集成

媒介融合应当是内容融合、终端融合、网络融合三者兼顾。内容融合既要强调不同来源、种类公共信息内容的交叉渗透，又要强调所要融合内容和

---

①蔺红英.媒介融合趋势下内容产品的设计思路：以《公考2.0——24小时移动课堂》为例［J］.传媒,2015(15):58-60.

②杨艳红，王昆仑.思维嬗变引领信息服务创新与发展［J］.情报理论与实践,2014(12):53-56.

对象与用户需求的一致性。公共信息内容的交叉渗透即是强调通过大数据分析方法的运用，实现信息内容产品的深度创新。T.H.Davenport 将大数据分析从内容层面归为三类，即描述性分析、预测性分析和定题性分析。描述性分析指形成一些标准报告、应急性报告和报警性报告等；预测性分析主要围绕预测和统计建模展开；定题性分析主要关注优化和随机性测试研究[①]。上述大数据分析方法的运用可以极大地提升公共信息内容的融合水平。融合内容和对象与用户信息需求的一致性就是强调，无论是视频、音频还是纸本的信息内容都必须能够形成一个完整、可理解的信息内容产品，从而使用户能够从不同的媒介内容获得唯一的信息利用效果。终端融合强调媒介载体的共通共融，除传统的文档查询利用外，各类公共信息可以通过 PC、手机、Pad进行利用。网络融合强调各自终端、各类信息内容在满足用户需要这一前提下，通过不同的端口、节点，将自有网络合并入用户需求的超级网络中，实现自有网络与关联网络的互动。例如，可以在视频信息服务中嵌入可互动可操作的相关电子文档阅读，从而将视频网络利用与电子文档阅读连接起来。

3）建立质量、绩效评价机制，实现公共信息服务水平与能力整体提升

公共信息服务的质量评价主要是针对公共信息服务的具体参与者或实施者而言，它是公众对其所期望的某类或某个公共信息服务（能够满足其明确和隐含信息需求）与实际所感知服务所进行的一种差距感知评价。在具体评价时主要考量的要素是可靠性、安全性、响应性和公平性等[②]。公众从上述四个质量要素上将预期的和接受到的公共信息服务相比较，从而最终形成自己对公共信息服务质量的判断。公众对不同主体实施的不同类型公共信息服务质量所进行的评价，可以成为政府选择公共信息服务外包主体的重要依据，

① Davenport T H. What do We Talk About When We Talk about Analytics? ［M］.Enterprise analytics.［S.I.］: Pearson Education,2013:9-18.

②周毅.公共信息服务质量问题研究：基于建立政府与公民信任关系的目标［J］.情报理论与实践,2014(1):17-21.

也是建立公共信息服务主体准入或退出机制的重要参考。

公共信息服务的绩效评价主要是针对公共信息服务的组织者或责任承担者而言，它是由第三方对某级政府或主管部门的公共信息服务组织水平、保障措施、服务效果等所进行的综合评价。多年来，我国评价各级地方政府官员政绩的主要指标是经济指标，这就导致地方政府往往只重视经济增长等硬性指标而忽视公共信息服务等软性指标。要改变这种局面就要制定公共信息服务绩效评价标准并将其纳入到地方政府绩效考核体系中，这样才能充分调动地方政府的积极性，从而推动各级政府在公共信息服务体制机制上进行创新。

综上所述，根据公共信息需求的变化，构建完善的公共信息服务需求瞄准、分析和反馈机制等，并以此为基础推进公共信息服务供给侧结构性改革，这将极大地提高公共信息服务的供给绩效。

5.3　建立科学的公共信息服务成本分担模式

在公共信息服务组织过程中，参与服务主体的积极性高低、公共信息服务产品质量高低等均与公共信息服务成本及其分担模式有关。如何在兼顾公平与效率的基础上建立公共信息服务成本的分担模式就成为决定公共信息服务水平、质量及其可持续性发展的重要中介变量要素。

公共信息服务成本分担是指开展公共信息服务所产生人力、物力以及资金等资源的消耗应该以何种方式进行补偿。公共信息服务成本分担问题是一个较为复杂的问题，主要原因是：①公共信息服务具有多种类别，不同类型的公共信息服务在内容层次、内在品质以及经济属性上存在差异性，这意味着不同公共信息服务的成本分担责任归属不同；②相关主体的成本分担能力差异性。前者需要回答公共信息服务成本由谁承担，后者需要回答具体以何种方式承担。所以，公共信息服务需要有一套科学的成本分担模式，以保障其既公平合理又具有可行性，从而保证公共信息服务社会共治模式的良性运行。

5.3.1   公共信息服务成本分担相关理论

1）公共信息服务成本分担模式的内涵

成本分担是指因生产或管理发生的公共费用或成本在多个责任主体之间按一定规律和比例进行分担，以便对于总的生产成本进行科学计算并最终加以控制。公共信息服务成本分担模式是指为有效满足公众的不同信息需求，激发不同主体参与公共信息服务的积极性，根据一定规则，对公共信息服务成本采取由多个主体分别承担和共同合作分担相结合的方式。其主要内涵体现在以下三个方面。

首先，公共信息服务成本分担目标是有效满足公众的信息需求，激发不同主体参与公共信息服务的积极性。这要求该模式能够综合考虑不同类型公共信息服务的差异性，保障成本承担责任划分的公平合理；能够激发不同主体参与公共信息服务的积极性，避免单一主体成本补偿方式可能导致的公共信息服务供给政府失灵或市场失灵；可以促进不同主体相互合作，实现服务成本高效投入，高公共信息服务的质量与效益。

其次，公共信息服务成本分担依据是成本分担相关政策法规。这些制度是针对公共信息服务成本分担制定的具体规定与规范，内容包括具体准则、规程以及实施方式等，也是公共信息服务成本分担模式的具体体现。

最后，公共信息服务成本分担模式的主要特点是各种服务主体在公共信息服务过程中相互协调、相互合作、共同分担。公共信息服务成本分担包含两层含义：一是不同类型的公共信息服务由多个主体分别承担，即根据公共信息服务的物品属性确定相应的承担主体；二是指由多个主体合作分担，即多个主体按一定规则分摊某项公共信息服务成本或者某个主体发挥自身特性以合作方式帮助另一个主体解决公共信息服务成本承担问题。

2）公共信息服务成本分担主体构成

公共信息服务成本分担主体是指参与公共信息服务成本分担的所有主体，包括政府、企业、社会组织和用户等。

政府是公共意志的代表者，是公共财政的管理者，为公共事务买单是政府职责所在。政府财政能力决定其公共信息服务成本承担能力，而公共财政能力是由国家或地方的经济和税收状况所决定的。国家经济实力越强大、公共财政越富足，政府便能承担更多公共信息服务成本费用。虽然政府拥有丰厚的财政，足以承担公共信息服务成本，但是公共信息服务仅仅是政府管理参与公共事业的其中之一，政府还需要兼顾其他公共事业，一般依据公共事业的重要性和迫切性程度来决定投入水平。所以，针对公共信息服务，政府需要根据自身情况作出合理的成本预算。

企业是参与公共信息服务的积极力量。例如，企业参与公共信息资源增值开发与再利用、企业承包一些公共性程度较低的公共信息服务以及企业与政府合作对某类公共信息服务进行特许经营等。企业一般将服务成本转嫁给购买服务的用户，但也不排除在一些商业模式中由赞助商或广告商来承担相应费用。企业向用户免费提供公共信息服务虽然也有出于承担社会责任的目的，但其主要目的还是通过免费信息服务吸引用户，然后再利用广告、中介和其他信息增值服务来营利。企业参与公共信息服务成本的分担，有助于政府节约公共财政开支。

社会组织出于公益目的，自发提供公益性公共信息服务，包括免费服务和按边际成本收费的服务。社会组织是介于政府部门与营利性部门之间，依靠会员缴纳的会费、民间捐款或政府拨款等非营利性收入，从事政府和企业无力、无法或无意作为的社会公益事业，以实现服务社会公众、促进社会稳定与发展为宗旨的社会公共部门①。社会组织的最大特点是公益性，其成员一部分由志愿者组成，志愿者有强烈自我奉献精神，对所关注事业尽心尽力投入。从这一点来看，社会组织在公共信息服务人力资源成本投入上存在优势。但是，由于它也存在志愿活动的自发性、资金来源的不稳定性以及收费问题的矛盾性等局限性，社会组织在公共信息服务成本分担中一般仅是发挥补充性作用。

用户是指最终享受公共信息服务的主体，不仅是指单个公民，也可指以群体为单位的企业、机构和团体等对象。对于具有准公共物品属性或私人物品属性的公共信息服务，直接受益者是接受公共信息服务的用户，用户需要承担相应的购买费用。用户主体的经济实力决定其公共信息服务成本承担能力。部分弱势群体可能无力承担所需公共信息服务的相关费用，需要政府救济与社会力量帮助。同时，用户具有灵活性特点，他们会自我衡量成本承担能力，灵活选择所需公共信息服务以及提供服务的主体。

5.3.2 我国公共信息服务成本分担现状

1）我国公共信息服务成本分担制度

目前我国尚没有一部专门性政策文本对公共信息成本分担制度进行系统规定，有关具体政策内容都零散出现在各类公共信息服务政策中，往往以收费规定的形式体现。当前我国在国家层面对公共信息服务成本费用问题的规定举例如下。

《中华人民共和国著作权法》第五条规定了其不适用于法律、法规，国家机关的决议、决定、命令和其他具有立法、行政、司法性质的文件，及其官方正式译文。即这部分公共信息没有著作权，不受知识产权保护，不能在公共信息服务中收取知识产权方面的相关费用。

---

①陈振明. 公共管理学［M］. 北京：中国人民大学出版社,2003:387.

2007 年发布的《中华人民共和国信息公开条例》规定行政机关依申请提供政府信息，除可以收取检索、复制、邮寄等成本费用外，不得收取其他费用。行政机关不得通过其他组织、个人以有偿服务方式提供政府信息。行政机关收取检索、复制、邮寄等成本费用的标准由国务院价格主管部门会同国务院财政部门制定。申请公开政府信息的公民确有经济困难的，经本人申请、政府信息公开工作机构负责人审核同意后，可以减免相关费用。

在《中华人民共和国信息公开条例》基础上，2008 年国家发展和改革委员会与财政部联合发布了《关于提供政府公开信息收取费用等有关问题的通知》《关于行政机关依申请提供政府公开信息收费标准有关问题的通知》。这两份政策文本内容相近，后者是对前者的总结和补充，其主要还是对《条例》第二十七和第二十八条的进一步解释说明。其内容是：详细解释检索费、复制费以及邮寄费等信息服务费用的定义；申明行政机关已主动公开的政府信息一律不得收取任何费用；划定了经济困难对象的具体条件和范围；明确信息服务费用收费标准的制定机构以及费用收缴相关的财务管理规定。

2017 年，财政部、国家发展改革委联合发布《关于清理规范一批行政事业性收费有关政策的通知》，明确取消相关部门和单位依申请提供政府公开信息的收费。具体费用包括检索费、复制费（含案卷材料复制费）以及邮寄费。

2）我国公共信息服务成本分担实践

我国公共信息成本分担实践，可以根据公共信息服务类型或服务供给主导者的不同来进行分析。

政府信息公开服务是一种最基本的公共信息服务。政府信息公开服务一般采用主动公开免费、申请提供按边际成本回收原则收费（即由政府承担主要成本，用户分担少量成本）的策略。2017 年，国家发展和改革委员会和财政部出台政策取消相关部门和单位依申请提供政府公开信息收费。我国政府信息主动公开和被动公开服务完全免费，成本由政府独立承担。

　　基本型公共信息服务拥有庞大的用户群体。虽然这种服务是免费的，但不同主体参与到基本型公共信息服务中也会因"注意力"增加而产生盈利空间。例如，以智联招聘为代表的招聘网站提供就业信息服务、以39健康网为代表的医疗健康网站提供医疗健康信息服务、以携程为代表的旅游网站提供旅游信息服务等，这些网站在发布、转载公众需要的基本公共信息供用户免费获取时也会获得更多用户的关注并产生聚集用户的作用。在用信息服务"免费"聚集用户、增加流量的基础上，这些企业一般通过广告、增值服务及其他商业模式来回收成本并获取盈利。用户可以无偿享有信息服务，企业可以获得盈利，而广告投放者和增值服务付费者则是此类基本型公共信息服务的成本承担者。此外，一些社会组织通常也会提供公共信息服务。以公共旅游信息为例，各省的自驾游协会都会在其官网上免费发布旅游路线、酒店、自驾营地以及美食等公共旅游信息。社会组织提供公共信息服务的成本通常由其自身承担。从社会组织资金来源构成看，一般包括政府资助或项目资金、募捐收入、会费以及其他经营性收入，其中政府财政支持一般是主要组成部分。所以，社会组织提供的基本型公共信息服务成本本质上是由政府公共财政、社会组织各类收入、用户付费等共同分担。

　　发展型公共信息服务存在无偿服务和有偿服务两种。无偿服务即是免费向用户提供服务，由公共财政独立承担服务成本。以在线教育信息服务为例，高校在线课程开放平台——爱课程便是由中国教育部和财政部推动成立并提供融资，注册学习者可免费获取中国大学MOOC和中国职教MOOC[①]。在2021年的新型冠状病毒感染疫情防控期间，这些课程免费服务为保障正常教学秩序发挥了重要作用。有偿服务即是实行经营性收费服务[②]，是按市场价

---

①白文琳，周毅.教育类公共信息服务产品供给的社会共治：以在线开放课程为例的分析 [J].图书情报工作,2017(9):14-22.

②财政部，国家计委.财政部、国家计委关于将部分行政事业性收费转为经营服务性收费(价格)的通知 [EB/OL]. [2020-7-8].http://www.mofcom.gov.cn/article/bh/201412/20141200818753.shtml.

格向用户进行收费，将服务成本转嫁给最终用户。以气象信息服务为例，由中国气象局公共气象服务中心主办的中国天气网提供经营性气象信息产品定制服务，如全国 24 小时最高温度预报图谱（时长 31 天，价格 1085 元人民币）以及全国 24 小时逐时降水量预测图谱（时长 31 天，价格 1085 元人民币）等。为了提高公共信息服务质量和降低信息服务成本，基本型、发展型公共信息服务一般都可以通过社会共治模式来组织实施。

虽然我国公共信息服务成本分担实践取得了一些经验，但是从全局看，这些经验大多数是地方政府、个别机构或者企业的自发性探索，政府在制度层面缺乏具有引导性和规范性的顶层设计，也没有一套系统化的公共信息成本分担模式。

3）我国公共信息服务成本分担存在问题

我国公共信息服务成本分担目前主要存在以下问题。

第一，公共信息服务成本分担责任划分模糊。具体表现为公共信息服务成本分担制度碎片化和公共信息知识产权归属模糊。我国针对两类公共信息服务（即基本型与发展型公共信息服务）采取不同成本承担方式，多数相关规章制度都分散在各种法律政策中。例如，有关政策规定，针对政府信息公开服务一律免费，由政府独立承担成本费用；针对发展型公共信息服务成本费用问题则没有统一规定，只有少数机构的自设条款。此外，公共信息是否具有知识产权关系到用户在获取公共信息服务时是否需要承担知识产权方面的相关费用，即用户是否需要承担公共信息服务中因为知识产权所产生的额外成本投入。我国《著作权法》并未明确公共信息的知识产权归属问题，仅规定部分公共信息不存在版权，如法律、法规，国家机关的决议、决定、命令和其他具有立法、行政、司法性质的文件，及其官方正式译文不享有知识产权保护。然而公共信息的范畴十分广泛，诸如公共教育信息、公共气象信息、公共信用信息以及公共交通信息等类型公共信息知识产权归属在我国并没有明确规定。2015 年，复旦大学数字与移动实验室和开放数据中国联合推出的《中国开放数据探显镜报告》选取北京市、上海市、武汉市、无锡市、湛江市、佛山市南海区以及宁波市海曙区 7 个地方为评估样本，调查发现各地目前都采用了网站免责条款 / 用户协议的形式对所发布的所有开放数据进行了一次性整体授权，具体数据授权协议条款含糊，仅 28.5% 确保数据永久免费，57% 限制自由分享传播，基本没有明确保障自由增值利用和分享传播的权利[1][2]。

第二，公共信息服务成本投入保障能力不足。2017 年，我国取消相关部门和单位依申请提供政府公开信息的收费，检索费、复制费以及邮寄费等边际成本费用都由政府承担。从长远来看，这有利于促进信息公开服务均等化发展。但从目前看，该策略显然会明显增加公共财政负担，也不能避免因个别恶意申请公开而产生的成本开支增加现象。由于我国在公共数据确权与交易，公共数据与信息增值开发利用的税收和知识产权定价机制以及准入条件等方面没有形成系统、明确的规定，因此私营部门进入数据与信息市场将可能存在较大风险，企业参与公共数据与信息增值开发服务的积极性有待进一步观察。数据确权和数据要素市场政策的相对滞后将会在一定程度上影响到公共信息服务的投入保障。为了从根本上解决这个问题，系统性地制订出台公共数据开放利用相关法律法规，大力推动地方立法进程就是解决上述问题的关键。2021 年，《深圳经济特区数据条例》《上海市数据条例》等已正式颁布，在数据确权、数据交易、数据授权运营等方面都做了初步探索。这是从源头上解决公共信息服务成本投入保障能力不足的一个有力举措。

---

①郑磊，高丰. 中国开放政府数据平台研究：框架、现状与建议［J］. 电子政务,2015(7):8-16.
② 2015 中国开放政府数据"探显"报告［EB/OL］.［2018-7-1］https://mp.weixin.qq.com/s?_biz=MjM5MTQzNzU2NA==&mid=209834655&idx=1&sn=62e6b7ca6e0b0e681461fffe8c0e5eb6&scene=1&srcid=1012YOP9BXbIe91uM1NjXmBD#rd.

5.3.3　我国公共信息服务成本分担模式构建

通过上述研究发现，针对公共信息服务成本承担问题，我国目前仅有一些简单的政策规定，没有形成一套科学、系统的成本分担模式。因此，构建符合我国国情的公共信息服务成本分担模式就成为影响公共信息服务社会共治绩效的重要中介变量。

5.3.3.1　公共信息服务成本分担模式构建原则与思路

1）构建原则

公共信息服务成本分担模式是为解决公共信息服务成本承担问题而提出的针对性策略，它必须符合公平性、有效性和可行性原则。

公平性。公平性既表现为在成本分担过程中，各分担主体的权责对等，合理划分分摊责任，也体现为各主体在成本分担合作中平等相处。

有效性。模式应可以切实有效地解决我国公共信息服务成本费用问题，在保证公共信息服务建设质量的基础上，实现服务成本有效承担和科学节约公共信息服务成本投入。

可行性。模式必须符合我国基本国情，符合我国公共信息服务发展现状和趋势要求。

2）构建思路

我国公共信息服务成本承担模式需要在考虑不同类型公共信息服务物品属性差异性的基础上，采取不同成本分担方式并由多元主体合作分担。具体思路如图 5-1 所示。

5.3.3.2　公共信息服务成本分担模式类型

依据公共信息服务的内容属性和内在品质属性，将其分为基本型公共信息服务和发展型公共信息服务。针对不同类型的公共信息服务应该深入分析

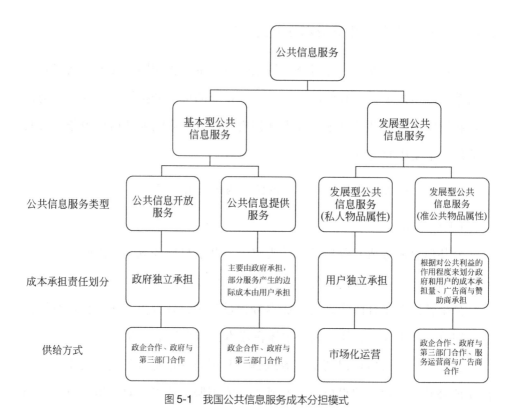

图 5-1　我国公共信息服务成本分担模式

其服务内容的经济属性和公共性程度,在此基础上设计不同的成本分担方式。

1)基本型公共信息服务成本分担模式

基本型公共信息服务是一种面向全体公民的普遍性信息服务,通过各种方式将原始数据与信息内容向社会公开,旨在保障公民信息知情权。根据服务方式的不同,基本型公共信息服务可以分为公共信息主动开放服务和公共信息被动提供服务。

第一,公共信息主动开放服务成本分担方式。公共信息主动开放服务是直接面向全体公民的普遍性信息服务,是一种借助电视、报纸和网络等公共信息发布平台将原始公共信息内容向社会开放的服务。公共信息主动开放服务具有共享性和公共性。共享性是指公共信息提供者向社会开放的公共信息内容可以供全体社会成员共同享用，任何人对其消费和利用都不会造成损耗。公共信息开放服务的公共性表现为它着眼于满足公众的公共信息需求、保障公众的信息权益，不是以服务少数个人需求存在，而是一种直接服务于全体公众的公共服务。公共信息主动开放服务具有非竞争性。公共信息开放服务供给者在投入一定成本将公共信息内容开放出来后，信息消费者数量的增加不会再增加成本，即不会产生边际成本，同时信息消费者增加不会导致公共信息开放服务质量下降，即消费增加不会造成产品质量损耗。公共信息主动开放服务具有非排他性。公共信息主动开放服务在本质上是非排他的，其公共性决定了该服务无差别地面向每一个社会成员，任何人都可以免费享受。因此，可以认为，公共信息主动开放服务属于纯公共物品，其受益对象是全体公众，这类服务应该由公共财政来承担全部服务供给成本，即政府独立承担，用户免费享用。

第二，公共信息被动提供服务成本分担方式。公共信息被动提供服务是一种向提出需求申请的用户提供原始公共信息的服务方式。公共信息被动提供服务具有竞争性，它面向的是具有特定需求的用户，每一次公共信息提供服务都会产生一定的边际成本。公共信息被动提供服务具有非排他性，是对开放服务的有机补充，该服务不仅旨在保障公众对公共信息的有效查询和获取，而且也无差别地面向每个社会成员。公共信息被动提供服务具有外部性，某些用户申请公共信息服务是以实现公共利益为目标或者能够为社会带来积极的影响。这表明公共信息被动提供服务具有准公共物品属性，可以通过向用户收取费用的方式来补偿服务产生的边际成本，即由公共财政和用户共同分担公共信息提供服务成本。考虑到一些服务具备正向外部性，基于鼓励公众为社会公共利益作贡献的原则，对于实现公共利益为目标或者能够为社会带来积极效益的公共信息申请，应该提供免费服务或者降低收费标准，由公共财政来承担服务产生的边际成本。

2）发展型公共信息服务成本分担方式

发展型公共信息服务是一种超越原始公共信息、数据提供的价值增值服务。它相对于公共信息开放服务，无论是信息产品本身的开发加工，还是提供产品之外具有附加值的服务，都具有更长的价值增值链，需要投入相应的增值开发成本。发展型公共信息服务价值链如图 5-2 所示。另外，公共信息增值服务一般针对特定用户的个性化信息需求。

信息需求分析　→　原始公共信息获取　→　信息整合、组织　→　信息开发、加工、处理　→　信息产品/服务市场开发和传播

图 5-2　发展型公共信息服务价值链

发展型公共信息服务具有排他性。一是发展型公共信息服务有着明确的服务定位或市场定位，一般针对的是某个或某类特定用户的信息需求。同时它对于服务对象有着比较明确的限定，一般是付费用户或具备某些特殊条件的用户，即使免费提供，也通常与其潜在投资目标有联系；二是相较于公共信息开放服务，公共信息增值服务需要服务提供者投入额外的人力、物力和财力成本进行信息增值开发或附加服务。因此，从投资回报角度分析，应该由用户来承担这部分成本，服务提供者通过技术上做到排他是可行的。

发展型公共信息服务具有不同程度的竞争性。部分发展型公共信息服务具有非竞争性，公共信息增值产品在本质上拥有信息资源的共享性，共享性决定消费者增加不会使信息产品生产成本提高，具有相同需求的消费者可以同时消费同一公共信息增值产品。如常见的气象信息推送服务就属此类。部分发展型公共信息服务具有不完全竞争性，消费者的增加会导致信息产品效用的下降。例如，具有竞争情报价值的某一技术专利分析报告，掌握的企业越多，其价值就越低。部分发展型公共信息服务具有竞争性，这类情况通常是指面向个体的、针对性较强的以及带有附加服务的公共信息增值服务，如公共信息咨询服务，由于每个顾客的问题需求都不尽相同，每答复一个问题，公共信息咨询服务人员都要耗费一定的信息搜寻成本和脑力劳动成本，消费者越多成本便越高。

综上所述，由于公共信息增值服务具有排他性，不同类型公共信息增值服务具有不同程度竞争性，所以公共信息增值服务既可能是准公共物品也可能是私人物品。具有私人物品属性的发展型公共信息服务应该通过市场交易，由用户付费直接补偿供给成本；具有准公共物品属性的发展型公共信息服务应按照行为主体在服务使用中获得的收益收取相应使用费（与高速公路运营模式类似）。例如，由政府主导的公共信息服务可以实施相应的行政收费策略，根据公共信息服务的公共性程度来制定相应定价策略，即对能带来较大公共利益的服务采取免费或低价收费，对于与公共利益关系较小的服务采取适当高于公共信息服务的平均固定成本与边际成本之和收费，并将营利所得补贴到其他公共服务中去①。另外，考虑到发展型公共信息服务对公共利益的积极作用，可以对其原始数据与信息获取环节加强支持力度，加大原始公共数据与信息开放力度，由公共财政承担原始公共数据与信息采集的大部分资源投入，节约服务供给主体在该环节的成本投入，避免有关主体将原始数据与信息的获取成本转嫁给用户。

5.3.3.3　我国公共信息服务成本分担模式的实现

从现状来看，我国不同程度地存在公共信息服务制度建设落后、公共财政有限、公共信息服务市场规模较小以及社会组织力量薄弱等问题。因此，我国公共信息服务成本分担模式的实现需要实施以下策略。

①胡业飞，田时雨.政府数据开放的有偿模式辨析：合法性根基与执行路径选择［J］.中国行政管理,2019(1):30-36.

1）明确划分各类公共信息服务成本承担责任

在制度层面明确公共信息服务成本承担责任划分标准。一是有必要完善相关知识产权法律，明确公共信息知识产权归属于全体公民，免除用户获取公共信息服务时需要承担的知识产权相关费用；二是通过立法明确基本型公共信息服务成本由公共财政承担，即公共信息主动开放服务成本完全由政府独立承担，针对公共信息被动提供服务可以设置合理的行政收费制度，让部分用户分担公共信息被动提供服务产生的边际成本；三是通过立法明确发展型公共信息服务成本由享受服务的特定用户自行承担，即将具有私人物品属性的发展型公共信息服务完全交由市场，对具有准公共物品属性的发展型公共信息服务根据服务按照相应主体在服务消费中获得的收益进行成本分摊。

2）提高公共信息服务资源投入保障能力

通过建立成本回收再投入制度保障公共信息服务成本投入资金充足稳定。目前美英等国家主要采用税收循环投入和收费循环投入两种机制。税收循环投入机制是指将政府拥有的公共信息资源以极低成本提供给私营部门，在最大程度上吸引私营部门对信息资源再开发再利用，推动信息服务产业发展，以获得更多税收，从而进一步促进公共信息生产，向社会散发更多、更高质量的公共信息①；收费循环投入机制是指在公共信息付费服务的前提下，将通过服务获取的一切收入列为公共信息服务专项使用资金，再次投入到公共信息服务建设中去。从上述两种机制的实施条件、可能影响等因素综合考量看，发挥两种机制的互补作用是比较可行的策略。

3）保障相关主体有公平参与公共信息服务的机会

各类社会力量主体参与公共信息服务的前提条件是能够公平获取开放的公共数据。为了防止公共部门在公共信息服务发展中的垄断，有必要通过制度保障并确立公共部门与私营部门之间的伙伴关系和合理竞争关系。为鼓励

---

①陈传夫，冉从敬.欧美政府信息增值开发制度及其对我国的启示［J］.情报资料工作,2008(4):39-43.

私营部门参与公共信息服务,可以在公益性程度较高的领域设立税收优惠政策。为扶持社会组织的发展,不仅要确立社会组织的法律地位,而且要设立税收减免、公共信息服务专项扶持资金以及人才和技术支持政策等,保障社会组织可以长期、高效地开展服务[①]。

5.4　公共信息服务过程中的知识产权流转

在公共信息服务过程中不可避免地会涉及公共信息和公共信息产品知识产权等相关核心变量,它们是影响和决定公共信息服务社会共治能否顺利推进的重要因素。

5.4.1　公共信息服务中知识产权流转的相关概念

1)公共信息知识产权

知识产权作为现代私法中的一项重要权利,经过几百年的发展,其内涵和外延已相当丰富,至目前为止,学界仍未能在知识产权认识上达成一致性意见。部分学者主张智力成果说,他们认为知识产权是对特定智力成果的支配权[②]。有学者反对这一说法,认为创造性智力成果权的概念不能覆盖工商业标记权的内容[③]。为规避因知识产权定义不清对民事法律行为的影响,国际文件中采用枚举法来界定知识产权,我国在立法中主要是通过单行法律来对著作权、专利权、商标权、发明权和其他科技成果权等知识产权的内容进行保护,因多种原因未将知识产权规定单独成编纳入《民法典》。事实上,无论学界和官方文件如何定义知识产权,他们都在讨论同一事物,解决同一问题,即从事创造性劳动的人(自然人、法人和不具备法人资格的其他社会

①程万高.政府信息资源增值服务供给机制研究 [M].北京:科学出版社,2011:157.
②陶鑫良,单晓光.知识产权法纵论 [M].北京:知识产权出版社,2004:53.
③刘春田.知识产权法 [M].北京:中国人民大学出版社,2000:6.

组织）是知识产权的主体；创造性的智力活动所产生的非物质性成果（如作品、发明创造、商业标志及其他具有商业价值的信息等）是知识产权的客体；主体对智力成果的直接支配和获取利益的专有权利构成知识产权的内容[①]。

知识产权流转的前提是承认客体受知识产权保护。因此，在研究公共信息服务中知识产权流转问题时，首先要明确公共信息是否具有知识产权，这可以从知识产权的内涵与外延和哲学基础两方面进行分析。

从知识产权的内涵与外延看，公共信息具有一般知识产权。公共信息产生于社会公共领域，创造公共信息的公共事务管理机构和社会公众是知识产权的主体；公共信息作为一种非物质性成果，是知识产权的客体；公共事务管理机构在履行自身职能、社会公众在享受公共服务过程中都会创造和使用公共信息，由此构成知识产权的内容。

从知识产权的哲学基础看，公共信息同样具有知识产权。知识产权的哲学基础是知识产权的劳动理论、人格理论和激励理论[②]。从知识产权的劳动理论看，公共事务管理机构和社会公众在创造公共信息过程中均付出相应的劳动，在创造公共信息过程中不仅没有阻碍公众对公共信息的获取，反而增加了公共信息的数量。因此，法律应当赋予公共事务管理机构和社会公众专有权利以保护其权益。从知识产权的人格理论看，公共事务管理机构在履行自身职能过程中，为实现自己的管理或服务目标，会将自身意志凝结在公共信息中；社会公众在参与和享受公共服务时，必须通过信息准确地表达自己的主观意志。从知识产权的激励看，对公共信息创造者赋予有限的权利，有利于激励他们创造出更多有价值的公共信息。公共信息虽然是一种无形物，但它与有形的物质商品一样具有商品的基本属性。为使公共信息的社会效益和经济效益实现最大化，同时保证市场对公共信息的有效配置，法律需要赋予公共信息知识产权以激励公共

---

①黄安玲.知识产权法学案例教程［M］.北京：知识产权出版社,2004:5.
②冯晓青.知识产权法哲学［M］.北京：中国人民公安大学出版社.2003:38.

信息的创造者们生产出数量更多、质量更佳的公共信息。

2）知识产权流转

知识产权流转是指智力成果依法律规定或当事人的约定在不同主体间转让、流动[1]。它是一项非常复杂的工作，涉及知识产权评估、授权、保护、运用等诸多问题。为保障知识产权能够顺利流转，需要采取一系列科学合理的措施来规范知识产权流转方式、内容、程序等。公共信息服务中的知识产权流转是指在公共信息服务过程中，公共信息、公共信息产品等智力成果依法律规定或当事人的约定在不同主体之间转让和流动。

5.4.2 公共信息服务中知识产权流转主体和对象

5.4.2.1 公共信息服务中知识产权流转主体的类型

数字经济释放出的红利使自然人、法人或非法人组织获取公共数据与信息的成本逐渐下降，从公共数据与信息中获得的收益日益上升。在利益动机的激励下，不同主体纷纷参与到公共信息服务活动过程之中，理论上它们均可成为公共信息服务的知识产权流转主体。依据不同分类标准，可将公共信息服务中知识产权流转主体作如下分类。

1）依据公共信息服务中知识产权流转主体的构成划分

依据参与公共信息服务知识产权流转主体的构成来划分，可以将其划分为政府部门、私人部门和社会组织。

政府部门是指拥有公共权力，依法管理社会公共事务，以增进社会公共利益为目的的国家政权机构[2]。在知识产权流转活动中，政府部门掌握着大量公共信息的知识产权，同时，它也积极参与知识产权流转活动。因此，政府部门既是公共信息知识产权的掌控者，也是知识产权流转的推动者、参与

---

①王建平.民法学（下）[M].成都:四川大学出版社,1994:108.

②章海鸥,谢媛.公共部门人力资源管理[M].武汉:武汉大学出版社,2009:2.

者。作为掌控者，政府部门以实现公共信息知识产权保护与获取的平衡为宗旨，一方面，通过完善知识产权保护制度、加大知识产权侵权行为惩治力度和建立知识产权保护预警防范机制等手段保护公共信息知识产权。另一方面，通过扩大知识产权授权范围、降低知识产权获取成本和规范知识产权获取方式等手段鼓励社会力量获取公共信息或公共信息服务产品的知识产权。作为推动者和参与者，政府部门主动发挥自身在资源配置方面具有的公共性、强制性、导向性等优势，引导公共信息服务中知识产权的科学流转。

私人部门是指提供私人物品以谋求自身利益最大化的个人和组织[①]。从我国知识产权流转实践看，参与公共信息服务中知识产权流转的私人部门数量呈上升趋势，涌现出一大批数据资源企业和信息服务企业。私人部门的加入将包括供求机制、价格机制和竞争机制在内的市场机制引入知识产权流转市场，极大地激发了知识产权流转市场的活力。私人部门具有多样性，它在推动知识产权流转方式创新的同时，也带动了公共信息服务产品创新，加速公共信息服务产业链条的形成。需要特别注意的是，私人部门的逐利性也会产生公共信息知识产权垄断现象，一定程度上会影响公共信息再开发和再利用中的知识产权流转，并进而可能影响到公共利益的实现。

社会组织是指介于政府部门和私人部门之间，以实现公共利益为目标的社会团体、事业单位和民办非企业单位等[②]。社会组织具有非营利性、志愿性、灵活性等特点，在参与公共信息服务过程中对知识产权流转也将发挥积极作用。

2）依据公共信息服务中对知识产权增值的贡献程度划分

公共信息服务中知识产权流转是公共信息及其服务产品知识产权不断增值的过程。依据公共信息服务中知识产权增值的贡献程度划分，可将知识产权流转主体分为公共信息知识产权原始主体、公共信息开发或者再开发主体

---

①杨艳东.公共部门人力资源管理［M］.郑州：河南大学出版社,2013:2.
②夏义堃.公共信息资源的多元化管理［M］.武汉：武汉大学出版社,2008:243.

和公共信息服务用户。

公共信息知识产权原始主体是指公共信息的创造者。公共信息由两部分组成：一部分是由社会公众产生的信息；另一部分是政府部门、事业单位等公共事务管理机构在管理自身内部事务、管理社会公共事务过程中产生和保存的信息。这两部分公共信息分别对应的知识产权主体是社会公众和政府部门、事业单位、公共企业等公共事务管理机构。在实践中，社会公众作为一个数量极其庞大的群体，不可能直接去行使公共信息的知识产权。在我国通常采取"委托－代理"方式，由公共事务管理机构代为行使社会公众拥有的公共信息知识产权。

公共信息开发与再开发主体在获得公共信息知识产权原始主体的授权许可后，根据市场需求，利用自身掌握的技术对公共信息进行加工、处理，创造出公共信息产品。

公共信息服务用户是指有目的、有计划地使用公共信息产品的个人或团体，是公共信息服务中知识产权流转的动力来源，也是决定公共信息知识产权价值能否实现的核心力量。

为真正实现公共信息知识产权的价值、保证公共信息服务中知识产权流转顺畅，需要公共信息原始主体拓宽知识产权的授权范围、降低知识产权授权成本，需要公共信息开发与再开发主体利用公共信息创造出类型多样、质量上乘、满足个性化信息需求的公共信息产品。

综上所述，公共信息服务中知识产权流转主体种类多元、关系复杂，他们在推动公共信息服务中知识产权流转的同时，也带来了公共信息知识产权权属关系不清、授权困难等一系列问题。

5.4.2.2　公共信息服务中知识产权流转对象

任何一项知识产权都包括权能和权益两个方面。因此，公共信息服务中知识产权流转对象包含知识产权权能和知识产权权益两个方面。

1）知识产权权能

知识产权权能是知识产权主体对财产具有的权利和职能，即决定知识产权主体对财产能做什么和决定做什么。根据知识产权权能之间的关系，可以将公共信息服务中知识产权流转活动涉及的知识产权权能分为公共信息所有权以及由所有权派生的占有权、使用权、收益权和处分权等行为权利。

公共信息所有权是指公共信息创造者依法对自己拥有的公共信息享有占有、使用、收益和处分的权利。公共信息的特征决定了其所有权应当由社会公众共同拥有，但在知识产权流转实践中，行使公共信息所有权的主体并不是社会公众，而是公共事务管理机构。社会公众与公共事务管理机构之间是一种委托－代理关系，社会公众委托公共事务管理机构管理公共信息，由他们代为行使公共信息的所有权。

占有权是指有关主体对公共信息进行实际控制的权利。所有法律都保护所有人合法占有公共信息，但有时也会出现所有人非法占有公共信息或者非所有人占有公共信息的情况。所有人非法占有公共信息是指公共信息所有人为谋取不正当利益，通过一系列排除或者限制竞争的手段占有公共信息的行为，如政府部门以各种理由拒绝公开政府信息。非所有人占有公共信息既包括非所有人与公共信息所有人根据法律规定在协商一致的情况下占有公共信息，也包括非所有人在未取得公共信息所有人同意的情况下违背法律规定占有公共信息。前者是一种合法的占有行为，非所有人占有公共信息的目的是在实现自身利益的同时，追求公共信息效益的最大化。后者是一种非法的占有行为，非所有人占有公共信息的目的是追求自身利益最大化。

使用权是指有关主体在不变更公共信息属性等条件下，按照公共信息的性质和用途对公共信息加以利用。使用权是保证公共信息发挥价值和使用价值的重要手段，它既允许公共信息所有人自己履行相关权能，也允许公共信息所有人将其转让给非所有人，由非所有人履行相关权能。

收益权是指有关主体通过对公共信息的占有、使用等获取新增利益的权能。对公共信息所有权人而言，公共信息是一种具有价值和使用价值的无形商品，拥有它即意味着拥有获得收益的机会。对公共信息非所有权人而言，可以通过对公共信息进行组织、加工，生产并创造出新的信息产品，从而通过新的信息产品获得收益。影响有关主体行使公共信息收益权的因素来源于两方面：一方面，公共信息是一种无形资产，具有公共物品和准公共物品的特性，如何确定公共信息的价值以及使用公共信息后获得的收益是一个难题；另一方面，从委托—代理关系角度看，现行法律体系规定，物体的收益权应当由物体的委托人享有，即公共信息的收益权应当由社会公众享有，如何保障公众能够充分行使公共信息的收益权也值得研究。

处分权是指有关主体依法处理公共信息的权利。从有关主体处分物的方式看，公共信息创造者可以通过出卖、赠与、交换、出租、转让公共信息的相关权利。从有关主体处分物的途径看，公共信息所有人可以通过事实上或者法律上两种途径处分自己创造的公共信息。

2）知识产权权益

知识产权权益是指知识产权对主体的效用，即知识产权主体能够从什么途径获取收益。在公共信息服务中知识产权流转的对象是公共信息、公共信息产品。按照它们所依附的载体形态，可将公共信息服务中知识产权流转的对象分为有形信息产品和无形信息服务。有形信息产品的知识产权流转体现为以物质载体为表现形式的信息产品在不同主体之间的交换。无形信息服务主要表现为一种信息咨询服务，以"活劳动"的方式出现。由于无形信息服务没有具体的物质载体形态，在知识产权流转过程中，很难控制无形信息服务知识产权流转的范围并评估其流转收益。

按照公共信息服务中知识产权增值程度，可将公共信息服务中知识产权流转的对象划分为基本型信息产品和发展型（或增值型）信息产品。基本型信息产品通常是指能够满足大众化需要、保障公众行使基本信息权利的信息产品。发展型信息产品是指公共信息服务主体在信息产品上付出更多的创造性劳动，使公共信息知识产权的价值增值，能够满足公众更高层次的信息需求。上述两种不同类型的公共信息或公共信息产品的收益也不相同。

5.4.3　公共信息服务中知识产权流转环节及原则

5.4.3.1　公共信息服务中知识产权流转环节

仔细观察公共信息服务中知识产权流转过程，它们或多或少均包括知识产权评估、转让、创造、运用等环节。

1）知识产权评估环节

知识产权评估环节是公共信息服务中知识产权流转的初始环节，决定着知识产权流转活动是否可以进行。在此阶段，知识产权流转主体参照一定的标准对拟参与流转的公共信息或公共信息产品知识产权进行评定与估算。一般情况下，知识产权流转主体评估公共信息及相关产品的知识产权需要考虑以下几方面内容。

一是评估公共信息知识产权的保护范围。公共信息分为不受保护的公共信息和受保护的公共信息两种类型。不受保护的公共信息是指进入公有领域、相关主体可以合理使用的公共信息。受保护的公共信息又可以分为两种类型，第一种类型是指公共信息涉及国家秘密、商业秘密、个人隐私或受到其他特别限制的信息，这类公共信息受《国家安全法》《反不当竞争法》《数据保护法》等法律保护；第二种类型是指公共信息涉及知识产权，这类公共信息受《著作权法》《专利法》《商标法》等法律保护。因此，有关主体需要根据公共信息受保护的程度评估哪些公共信息知识产权可以参与流转或可以免费获取、哪些公共信息知识产权需要经公共信息原始主体的同意后才能获取。

二是评估公共信息知识产权的价值。从成本—收益的角度看，以最小成本获得最大收益是每个知识产权流转主体都梦寐以求的事情。为追求最大收益，知识产权流转主体会结合公共信息知识产权获取成本、市场需求、自身创新能力和公共信息产品竞争力等因素评估公共信息知识产权的价值。

2）知识产权转让环节

在知识产权转让环节，公共信息原始主体将自己拥有的部分或者全部公共信息知识产权，在法定有效期内转移给其他主体拥有，作为出让人的公共信息原始主体可以将公共信息知识产权所有权以及由所有权派生的占有权、使用权、收益权和处分权等权利有偿转移给相关主体；而作为受让人的主体，在支付一定转让费用后，获得公共信息知识产权的所有权以及由所有权派生的行为权利。通常情况下，公共信息原始主体将公共信息知识产权转让给有关主体的行为既可以是一种有偿行为也可以是一种无偿行为。为保证公共信息知识产权转让的合法性，公共信息原始主体和受让主体必须遵守相关法律规定，依法签订公共信息知识产权转让合同，明确约定公共信息知识产权转让的相关内容。例如，政府作为交通出行信息所有权人通过合同方式把自己拥有的所有权转让给社会公众和企业，社会公众和企业在获得授权后，可以对交通出行信息进行增值性利用[①]。

在此环节中，要谨防将公共信息知识产权转让与许可混为一谈。公共信息知识产权转让与许可之间既存在相同点，也存在明显区别。两者的相同点在于都是以一定的公共信息知识产权权利作为行为对象，需要依靠签订合同实现法律效力，通常情况下都是有偿行为。两者的区别在于，公共信息知识产权转让的对象是公共信息所有权，在公共信息知识产权转让前后，知识产权的主体会发生变动，在公共信息知识产权被转让后，公共信息利用主体可以任意使用公共信息知识产权。而公共信息知识产权许可的对象是公共信息的使用权，在公共信息知识产权许可前后，知识产权的主体不会发生变动，

---

① 白献阳，安小米．政府交通出行信息产权界定分析［J］．图书馆学研究，2013(3):2-5.

公共信息知识产权被许可后，有关主体使用公共信息知识产权仍然受到一定限制。

3）知识产权创造环节

有关主体在获得公共信息知识产权后，基于公众信息需求的分析，对分散、孤立的公共信息按照一定处理原则、标准和方法进行组织、加工和编排，使原先杂乱无章、毫无联系的公共信息变得有序化、标准化，最终形成一个完整的、可投放到信息市场的公共信息产品。这个公共信息产品的生产过程就是一个知识产权创造过程。与原始公共信息或公共数据相比，公共信息产品所蕴含的智力型劳动和创新性劳动更加丰富，在其生产过程中所进行的知识产品创造不容忽视。

4）知识产权运用环节

知识产权运用环节是指公共信息服务主体将公共信息产品投放到信息市场供用户消费的过程。它决定着公共信息服务中知识产权流转活动是否取得成功和公共信息知识产权价值能否真正实现。为保证知识产权运用环节的正常运行，公共信息服务主体要与用户保持密切联系，及时收集用户使用公共信息产品的反馈信息，并根据用户反馈优化公共信息服务产品；政府部门要不断完善知识产权保护制度，在保护公共信息产品知识产权不受侵犯的同时，也要防止有关主体对具有知识产权的公共信息产品的过度保护。

5.4.3.2　公共信息服务中知识产权流转原则

1）公共利益为主原则

维护并实现公共利益是公共信息服务中知识产权流转的出发点和落脚点。从公共信息的基本属性看，公共信息产生并应用于社会公共领域，是社会的共同财富，具有广泛的公共性，其知识产权流转情况关系到社会公众的切身利益。公共信息服务中知识产权流转以维护公共利益、服务社会公众为宗旨，这可以进一步凸显公共信息的公共性，有利于释放公共信息的知识产权价值，维护社会公平正义，推动国家信息产业发展。从终极目标看，知识产权并不能被认为是对知识创造劳动的报酬，而应该成为一种对知识创新的激励，其终极目标是为了公共利益[1]。这就要求有关主体在参与公共信息服务时，不能将知识产权简单地当作一种控制公共信息、通过公共信息谋取经济利益的手段，而应当将知识产权视为激励自身信息生产，推动科学技术、文化事业和市场经济繁荣发展的方式。

2）鼓励流转原则

知识产权的价值在于流转。只有鼓励有关主体积极参与公共信息知识产权流转活动，才能实现公共信息产品的知识产权价值。坚持鼓励流转原则，需要在全社会营造尊重知识产权、保护知识产权的良好氛围，需要加强公共信息知识产权交易运营体系建设。以欧盟公共信息再利用情况为例，1999年，欧盟在《公共部门信息：欧洲的关键资源》中强调公共部门信息的重要价值；2003年，欧盟颁布《公共部门信息再利用指令》，鼓励欧盟成员国尽可能在国家、区域、地方各个层级开放公共部门信息；2013年，欧盟修订《公共部门信息再利用指令》，将公共部门信息再利用范围扩大至图书馆、博物馆和档案馆。欧盟通过明确公共部门信息的价值、明确公共信息知识产权归属、扩大公共信息知识产权授权范围等方式鼓励知识产权流转主体参与公共信息利用中知识产权流转活动。欧盟2015年发布的开放数据价值研究报告中显示，欧盟开放数据应用市场规模在2020年将高达757亿欧元[2]。

3）最优配置原则

据统计，目前我国数据与信息资源80%以上掌握在各级政府部门手

---

①陈传夫.防止知识产权对公共利益的损害［J］.情报资料工作,2002(6):5-11.

② Creating Value through Open Data［EB/OL］.［2019-1-19］http://www.europeandataportal.eu/sites/default/files/edpcreating_value_through_opean_data_0.pdf.

中[①]。坚持最优配置原则，可以盘活这些"深藏闺中"的公共信息资源，为公共信息服务知识产权流转提供源源不断的原材料；可以进一步增强公共信息服务中知识产权流转的规模效益，促进公共信息服务产业的形成。最优配置原则强调充分发挥知识产权的激励、约束、资源配置等功能，通过理顺公共信息知识产权权属关系、明确公共信息知识产权价值和打通公共信息知识产权流转渠道，把被公共部门垄断的、被公众忽视的公共信息资源活化起来，从而在公共信息服务过程中提高公共信息资源配置的效率和质量。

4）规范统一原则

规范统一原则是指在知识产权流转过程中有关主体都必须遵循统一的标准。规范统一原则运用到具体公共信息产品的知识产权流转活动，就是在知识产权评估环节，应当以制度形式规定可以被利用的公共信息知识产权范围、公共信息知识产权价值评估标准、知识产权流转主体资格等；在知识产权获取环节，应当以制度形式规定公共信息知识产权的获取方式、途径和费用等；在知识产权创造环节，应当以制度形式规定公共信息知识产权的使用方式和公共信息产品知识产权的保护方式、风险规避方法、侵权惩罚与侵权救济标准等；在知识产权运用环节，应当以制度形式规定公共信息产品市场准入条件、交易价格和竞争方式等。

5）公开、公平和公正原则

公开、公平和公正原则是保证公共信息服务中知识产权顺利流转的基石。公开原则要求公共信息服务中知识产权流转活动必须在阳光下进行，透明化操作，经得起社会质疑与监督。公开的含义包括公开可以被利用的公共信息知识产权范围、知识产权授权程序、知识产权价值评估标准和知识产权流转主体资质标准等。公共信息服务中坚持公平原则需要注重平衡公共信息知识

---

①中华人民共和国中央人民政府．李克强．信息资源深藏闺中是极大浪费［EB/OL］．［2019-1-25］．http://www.gov.cn/xinwen/2016-05/13/content_5073036.htm.

产权保护与获取之间的关系，需要处理好公共信息利用与个人隐私保护之间的矛盾，需要兼顾不同知识产权流转主体参与知识产权流转的能力，需要保证弱势群体能够与普通群体一样，公平地获取相同的公共信息产品。公正原则是指作为公权力机构的政府部门，不得因考虑自身利益而限制其他主体对公共信息知识产权的利用。例如，欧盟修改后的《公共部门信息再利用指令》中规定，公共部门不得不必要地限制再利用；除非必要，否则不能授予专有权，而且每三年审查一次提供因成员的准入制度而被排除在外的信息①。

5.4.4　公共信息服务中知识产权流转策略

公共信息服务中知识产权流转策略主要包括知识产权风险防控策略、知识产权评估与认证策略、知识产权保护策略、知识产权流转激励策略和知识产权流转监督策略等五个方面。

5.4.4.1　知识产权风险防控策略

知识产权风险是指在知识产权流转过程中由于公共信息知识产权定位不准、归属不明而产生的影响知识产权顺利流转的事件及其可能性。制定知识产权风险防控策略可以降低或者规避知识产权风险发生的可能性，提升公共信息服务知识产权流转效率。

1）明确公共信息知识产权定位

知识产权是一把双刃剑。一方面，它可以科学界定公共信息服务中知识产权流转主体的权利与义务，激励更多主体参与公共信息服务活动，实现公共信息资源的优化配置；另一方面，它极有可能成为有关主体垄断公共信息资源的最好武器，在阻碍公共信息产品创造的同时，损害国家利益和公共利益。因此，明确公共信息知识产权定位就成为首要任务。

---

①陈美,付明雪.《公共部门信息再利用指令》对公共数据开放的影响[J].图书馆学研究,2018(15):53-57,8.

目前我国不同程度地存在着对公共信息知识产权认识定位不清的情况。在国家层面，部分公共事务管理机构没有认识到公共数据、公共信息知识产权应归社会公众所有，将出让公共信息知识产权作为获得公共财政来源的一种途径；在市场层面，私人部门将公共信息知识产权当作从事市场竞争的工具或者手段。某些私人部门利用现有法律制度的局限，抢先获取公共信息知识产权，并以拥有公共信息知识产权为由，限制或者阻止其他主体参与公共信息服务的知识产权流转活动；在社会公众层面，公众一般认为公共信息没有知识产权，有关主体提供的公共信息、公共信息产品没有知识产权。例如，很多科学家并不认为他们拥有或者能够控制在他们工作中产生出的开放数据，也不认为将开放数据出版在期刊上是一种将数据含蓄地释放给公民的行为[①]。公众对公共信息知识产权的认识局限，不仅会使其自身合法权益面临着遭受损害的风险，而且有可能挫伤其他有关主体参与公共信息服务知识产权流转活动的积极性。赋予公共信息知识产权是为了激励更多主体在参与服务过程中创造出更多具有知识产权的公共信息产品。

2）明确公共信息知识产权归属

如果公共信息知识产权归属不明确，可能会导致知识产权流转主体之间利益失衡。例如，在交通运输领域，政府、国企、民企和事业单位等多个部门共同掌握交通行业的数据，这些数据的产生往往是相关公共企事业单位在承担并履行公共服务职能时的副产品，政府授权或委托这些组织提供公共产品或公共服务时并没有明确数据权属。交通运输企业往往认为数据在我手里就是我的，即便是交通运输行业管理部门，也很难强行要求这些企业开放数据[②]。在医疗卫生领域，有学者认为健康医疗数据属于患者，也有人认为数

---

①陈美,付明雪.《公共部门信息再利用指令》对公共数据开放的影响［J］.图书馆学研究,2018(15):53-57,8.

②王翔,刘冬梅,李斌.我国公共数据开放的促进与阻碍因素——基于交通运输部"出行云"平台的案例研究［J］.电子政务,2018(9):2-13.

据属于医院，还有人提出患者拥有数据所有权，医院拥有数据持有权，政府拥有数据管理权[①]。因此，完善公共数据与信息的知识产权归属就成为实施公共信息及其产品知识产权流转的首要一环。在理念上，要进一步强化公共信息来源于全体公民，公共信息及公共信息产品理应由更广泛的公民使用，它要求有关主体要具有一定的公共意识和责任意识，并通过进一步细化知识产权的确权和利益分配方式来调整公共信息服务过程中所可能产生的各种利益关系。

5.4.4.2　知识产权评估与认证策略

对知识产权类无形资产价值进行科学评估，是维持知识产权资产再生产、从价值形态上进行定额补偿的需要，也是资源优化配置的必要条件[②]。公共信息服务中知识产权流转评估与认证策略是指运用科学方法，对公共信息知识产权价值、公共信息知识产权流转过程和公共信息产品质量等作出公正、公平、透明和权威的综合判断，从而真实反映和预测公共信息服务中知识产权流转的现实状况和未来趋势。知识产权流转评估与认证策略的核心是制定公共信息及其产品知识产权价值评估标准、出台公共信息及其产品知识产权流转准入－退出办法。

1）制定公共信息及其产品的知识产权价值评估标准

制定公共信息及其产品的知识产权价值评估标准并非易事，其难点主要集中于以下方面：一是作为知识产权流转对象的公共信息、公共信息产品和知识产权本身存在无形性、保值难、可控性差、预期收益不确定和等价变现难等特点，这就导致无法及时根据市场需求对知识产权评估结果进行动态调

---

① 马诗诗，于广军，崔文彬. 区域卫生信息化环境下健康医疗大数据共享应用思考与建议 [J]. 中国数字医学,2018,13(4):11-13,25.

② 陈昌柏. 知识产权战略——知识产权资源在经济增长中的优化配置 (第二版) [M]. 北京：科学出版社,2009:260.

整；二是目前我国大部分公共信息及其产品的评估通常由公共事务管理机构主导，至今未能形成一个规范化的公共信息知识产权价值和价格评估体系。

针对以上难点，在制定公共信息及其产品知识产权价值评估标准时，可以参考借鉴国际估值标准理事会提出的三种常见估值方法，即成本法、市场法和收入法①。成本法是基于知识产权成本来确定知识产权价值，市场法是根据知识产权在市场上的供求关系来确定知识产权价值，收入法是依据当前知识产权产生的收益及其未来可能产生的收益来确定其价值。公共信息及其产品的知识产权价值评估要充分吸收成本法、市场法和收入法的优点，要从知识产权流转前、流转过程评估和流转后三方面对公共信息知识产权进行全面评估，从而实现公共信息知识产权价值评估动态化，以防止公共信息及其产品的知识产权价值流失。

2）出台公共信息服务知识产权流转的准入－退出办法

公共信息服务中知识产权流转准入－退出办法主要涉及两方面内容，即公共信息服务中知识产权流转主体的准入与退出和公共信息及信息产品的准入与退出。对公共信息服务中知识产权流转主体而言，准入－退出办法主要是从信息获取、整理、加工、组织、推广等方面明确其进入知识产权市场主体应该具备的条件；对公共信息及信息产品而言，准入－退出办法主要是应当严格控制知识产权流转市场中公共信息产品的数量和质量，避免公共信息产品出现同质化、低劣化现象。

5.4.4.3 知识产权保护策略

1）制定公共信息知识产权保护制度

公共信息知识产权保护制度是指在现行知识产权法律框架内，对公共信息知识产权主体及其权利、公共信息知识产权归属、公共信息知识产权保护

---

①申海成，张腾．知识产权评估的驱动因素、存在问题及对策［J］．会计之友,2019(2):126-130.

期和公共信息知识产权的限制等作出具体规定。我国现有的知识产权保护制度除了列举出几种不受知识产权保护的公共信息外，并没有明确指出其他类型的公共信息是否受知识产权制度保护。因此，推进公共信息知识产权保护制度的完善就成为重要任务。

一般而言，公共信息知识产权保护制度完善有两种主要途径。一是修订现行知识产权保护制度，例如有学者建议在《著作权法》中引入"公共作品自由利用"条款[①]；二是制定公共信息知识产权保护单行法则。无论采取何种途径完善公共信息知识产权保护制度，都需要特别注意以下问题：一是明确公共信息知识产权保护制度的价值取向。公共信息产生于社会公共领域，应当服务于社会公众，在有关制度设计中要将实现并维护公共利益作为价值取向，平衡好公共信息知识产权保护与获取之间的关系；二是要注意协调公共信息知识产权保护制度与现行法律政策之间的关系。例如它与公共数据开放共享法律制度之间的关系，公共数据开放共享法律制度侧重于保护社会公众使用公共数据的权利，而公共信息知识产权保护制度侧重于保护公共信息知识产权所有者的权利。

2）强化公共信息知识产权管理

强化公共信息知识产权管理有利于有关主体及时了解公共信息及其产品的知识产权流转状况，保证公共信息能够公平、公正、公开地流转；有利于掌握公共信息及其产品的知识产权数量，科学合理配置公共信息知识产权，使公共信息知识产权发挥出最大效益。

目前我国知识产权管理部门繁多，存在"各管一摊，分立并行，职能交叉"的情况[②]。这种分散管理模式降低了公共信息知识产权授权效率，增加

①王小丽.公共作品利用的法律完善——以开放数据为视角［J］.河南财经政法大学学报,2018(3):114-122.

②吴汉东.知识产权综合管理改革势在必行［EB/OL］.［2019-01-29］.http://www.sipo.gov.cn/mtsd/1071929.htm.

了公共信息知识产权授权成本。在知识产权管理技术方面，现有技术仍停留在如何防止知识产权遭受不法侵害，无法实现对公共信息资源的描述、识别、交易、保护、监控和跟踪等。强化公共信息知识产权管理，不仅要设立专门管理机构，而且要配齐专门人才并运用新的管理技术。在我国新一轮政府机构改革中，全国省级、地市级政府均设立了大数据局或大数据管理局[①]。因此，可以将负责公共信息知识产权流转的专门机构设立在大数据局，由大数据局统一领导。配齐专业人才是实现公共信息知识产权流转管理的重要环节。公共信息知识产权流转活动管理不仅需要运用信息资源管理领域的知识，还需要相应的法学知识作为支撑。在当前可以通过对在岗人员（图书馆的版权管理员、企业的 CIO 和 CTO 等）的继续教育来提升他们的专业技能。同时在公共信息知识产权流转中及时将新一代信息技术（物联网、云计算、区块链和大数据等）应用到知识产权服务领域中。例如，将物联网技术应用在产品知识产权标识自动识别、知识产权文献自动识别以及知识产权主管部门和知识产权服务机构门禁管理、资产管理等方面[②]。

5.4.4.4 知识产权流转激励策略

公共信息服务中知识产权流转激励策略是指从精神、物质两方面激励各类主体参与公共信息知识产权流转活动。通过实施知识产权流转激励策略，有利于推动各类主体树立以公共利益为核心的知识产权流转理念，充分发掘公共信息的价值和使用价值，满足不同人群的信息需求并缩小不同类型主体之间的信息鸿沟。

1）精神激励

精神激励常见的方式有荣誉激励和参与激励。在知识产权流转活动中，

---

①唐易."大数据"成省级机构改革一大亮点：已有 8 省份设立大数据局［EB/OL］.［2019-2-1］.
https://www.thepaper.cn/newsDetail_forward_2601938.

②金江军，刘菊芳.新一代信息技术在知识产权服务领域的应用［J］.知识产权,2013(6):72-74.

荣誉激励有很多可以发挥作用的空间。如在知识产权评估环节，可以授予准确评估公共信息知识产权价值的机构荣誉称号；在知识产权创造环节，可以授予创造出高质量公共信息产品的公共信息主体荣誉称号。参与激励主要是指为不同类型的主体参与公共信息知识产权流转活动提供机会。例如，通过鼓励公共信息原始主体主动、及时转让公共信息知识产权，为其他主体获取公共信息知识产权提供机会；通过鼓励公共信息再开发主体不断创新公共信息产品类型、降低公共信息产品销售价格，为用户消费需求的实现提供更多机会；通过鼓励和扩大用户的信息消费，促进更多公共信息产品的创造，从而扩大信息经济规模并为推进经济结构转型作出贡献。

2）物质激励

物质激励是指通过物质手段来激励有关主体积极参与公共信息服务知识产权流转活动。在知识产权评估环节，对有关主体而言，最好的物质激励方式就是通过加强公共信息知识产权宣传、科学评估公共信息知识产权价值等方式保护公共信息知识产权，保证公共信息知识产权的价值能够得到实现；在知识产权转让环节，最直接的物质激励方式是降低公共信息知识产权转让成本，如可以降低公共信息知识产权转让费用、简化公共信息知识产权转让程序等；在知识产权创造环节，实施物质激励可以从两方面着手，政府部门通过制定严格的知识产权保护政策、普惠性的税收政策、严格的知识产权侵权惩罚政策和及时的知识产权侵权救济政策等方式激励有关主体积极运用公共信息知识产权创造出新的公共信息产品，同时充分发挥市场在平衡供需关系、调节价格和强化产品竞争等方面的功能，激励有关主体创造出更多数量、更高价值、更好质量的公共信息产品；在知识产权运用环节，国家可以建立起对经济困难群体的适当补助政策，在保证他们享有基本信息权利的同时，也有机会参与公共信息知识产权流转活动。由此可见，实施参与激励将促进公共信息服务中知识产权流转生态的形成。

5.4.4.5   知识产权流转监督策略

公共信息服务中知识产权流转监督策略是指多元主体共同参与并运用一定的监督方式对公共信息知识产权流转过程进行监察与督促。

1）事前监督、事中监督与事后监督相结合

从监督的时间顺序看，存在事前监督、事中监督和事后监督三种监管方式。事前监督是指在公共信息知识产权未正式进入流转之前所实施的监督。开展事前监督是为了了解多元主体获取公共信息知识产权的目的、公共信息知识产权的未来流向；事中监督是指在公共信息知识产权流转过程中所开展的一系列监督活动，它可以发现有关主体是否按照既定目标开展知识产权流转活动、是否存在阻碍知识产权流转的行为等；事后监督是指在公共信息知识产权流转后对其价值是否实现增值进行评价等。

2）日常监督与专项检查相结合

从监督频率看，存在日常监督和专项检查两种监管方式。日常监督是指自公共信息知识产权流转活动发生至其结束，监管主体实施的常规性、持续性监督检查。日常监督涉及公共信息知识产权管理、价值评估、利益分配等方面，它能够及时发现并避免知识产权流转中出现的风险；专项检查是指当知识产权流转主体、流转对象、流转环节等发生重大改变或者调整时，对其涉及的某些方面进行有针对性监督检查。日常监督与专项检查相结合，可以保证公共信息知识产权流转过程监督的持续性和针对性。

3）财务监督、人员监督与质量监督相结合

从监督对象看，存在财务监督、人员监督、质量监督三种监管方式。财务监督是指运用单一或系统的财务指标对公共信息知识产权流转活动进行观察、判断、建议和督促[1]。例如，对政府部门公共信息知识产权流转前后的

---

①冯巧根.财务管理［M］.北京：清华大学出版社,2017:146.

财务变化情况进行监督，可以了解公共信息知识产权获取成本；人员监督是指对所有参与公共信息知识产权流转活动主体的行为进行监督，通过这种监督可以有效防止公共机构寻租、私营部门垄断公共信息资源等行为的发生；质量监督是指对公共信息产品的生产过程及其产品质量进行监督，以保证公共信息产品能够满足用户的信息质量要求。

5.4.5 案例一：公共信息服务中科研数据垄断问题及其破解[①]

长期以来，科研数据垄断问题一直阻碍着科研数据再利用活动的正常进行。究其原因，其核心问题就是未对科研数据再利用中的"知识产权流转"问题引起高度重视。基于上文对公共信息服务中知识产权流转问题的基本分析，在此就以科研数据垄断问题的破解为例进行实证性研究。

5.4.5.1 当前应对科研数据垄断对策所存在的局限

科研数据经数据服务商加工汇编后形成数据库。在数据库交易中，数据库服务商在定价机制、销售模式、使用规则、涨价依据和产品服务等方面都有一定的垄断性优势，而且这种垄断优势仍有进一步扩大趋势。针对科研数据垄断问题，学术界提出了如下主要应对策略。

第一，推动开放存取运动，释放科研数据掌控权。传统学术信息交流模式是"作者创作科研成果→数据商在学术期刊上出版科研成果→图书馆购买学术期刊→用户使用学术期刊进行知识再创作"。在整个环节中，出版商对科研数据具有得天独厚的控制权，它们不仅对其进行价格控制，而且决定着哪些学术成果可以进入交流渠道[②]。这为数据服务商垄断科研数据提供了可能。所以学者们建议进一步推进开放存取运动，释放科研数据掌控权。有关主体可以从建立机构知识库、出版 OA 期刊和将期刊订购经费用于支持开放

---

①王杰，周毅．知识产权流转：科研数据垄断问题的理论回应［J］．情报理论与实践,2018(4):16-20.
②唐承秀．数字图书馆环境下的学术信息交流模式探析［J］．图书馆工作与研究,2005(5):24-28.

存取期刊出版三方面支持开放存取运动。

第二，优化资源建设方案，降低电子资源依赖。数字资源与纸质资源之间是一种"优劣互补关系"。大宗交易电子期刊的确能够迅速丰富馆藏数字资源，但图书馆若盲目依赖数字资源，则会助长数据服务商的垄断行为。为此，学者们提出应从馆藏资源采购、种类和流通三方面来优化图书馆现有馆藏资源建设方案。在馆藏资源采购方面，可以由购买大的期刊包转为购买专业性更强的小期刊包、采用按篇付费的方式采购期刊数据库和采取核心期刊订购加外围期刊按篇付费的模式采购期刊数据库等；在馆藏资源种类方面，应该坚持纸本资源与数字资源并重，保持资源多样性和原始性；在馆藏资源流通方面，在退出大宗科研数据库交易后可以采取馆际流通的方式来满足读者需求。

第三，完善法律法规体系，保证交易公平公正。现行知识产权法律法规的不完善为数据服务商垄断科研数据提供了可能。因此，学者们从法律意识、法律选择和修法方向三方面提出了相应对策。例如，有学者提出通过开展用户教育，提升用户版权意识，减少侵权行为发生[1]；图书馆和读者要善于运用现行法律来抵制数据商垄断行为；通过寻求新的立法支持，争取图书馆的合理使用权。有学者认为[2][3]，可以通过开展专门性立法、建立详细操作指南和确定违法审查标准等来规制数据服务商滥用版权。

第四，善用谈判策略，争取合理权益最大化。图书馆与数据商为更好地实现服务使用者这一共同利益而相互磋商的行为和过程称为图书馆与数据商之间的谈判。有学者提出可以通过图书馆联盟与数据服务商进行谈判，来提高谈判话语权和谈判实力[4]。

---

[1]孙瑞英,徐盛.对数据商霸权行为的抵制研究——兼作答"程焕文之问"[J].图书馆论坛,2015(6):1-6.

[2]秦珂.图书馆在与数据库出版商博弈中的自我拯救[J].图书馆论坛,2015(8):62-68.

[3]秦珂.出版商在图书馆数据库贸易中滥用许可权的反垄断法规制[J].图书馆论坛,2015(7):8-13.

[4]鄢朝晖,赵艳枝.国外图书馆电子期刊采购困境及其应对实践[J].图书馆论坛,2015(11):47-51.

第五，获取多方支持，增强图书馆的博弈实力。打破科研数据垄断离不开多方主体支持，学者们建议图书馆从读者、舆论、主管机构三方面获取支持。保证读者权益是图书馆提供服务的最终目的，只有获取读者的支持与理解，图书馆在抵制数据商霸权行为时才能更有底气；获取舆论支持是指作为公共事业机构的图书馆，在遭遇数据商霸权行为时应该引导公众监督和鞭挞数据商版权的私权扩张行为，并将公众监督作为与数据商博弈的有力武器；获取主管机构支持主要是指政府部门采用行政干预、资金资助等手段来支持图书馆打破科研数据垄断。有学者提出，国家应从宏观层面干预学术资源数据库交易活动，全方位地给予图书馆支持，提升图书馆与数据服务商谈判的话语权和选择权[①]。

从总体上看，虽然上述对策为图书馆打破科研数据垄断提供了选择路径，但由于这些对策侧重于保护图书馆权益，相对忽视其他主体权益，因而未能达到预期效果。例如，美国南伊利诺大学莫里斯图书馆和俄勒冈大学图书馆在退出大宗数据库交易模式后，认为部分读者可以通过馆际流通的方式获取所需资源，但从两所图书馆的实践效果来看，图书馆馆际流通的次数并未因此而增加[②]。图书馆与数据商之间的关系应是一种良性合作关系，而不是单纯的对抗关系。如若上述对策全部付诸实践，也会危及数据服务商的产品研发积极性和合理权益。如此循环往复，只会加大图书馆与数据商之间零和博弈的关系，造成数据库交易主体权益受损。追根溯源，数据商垄断科研数据，图书馆尝试打破科研数据垄断，双方争夺的焦点是科研数据知识产权。因此，需要通过促进科研数据再利用中的知识产权科学流转来解决科研数据垄断问题。

---

① 孙瑞英,徐盛.对数据商霸权行为的抵制研究——兼作答"程焕文之问"[J].图书馆论坛,2015(6):1-6.

② Nabe J, Fowler D. Leaving the Big Deal: Consequences and Next Steps [J]. The Serials Librarian, Vol. 62, No.1-4(2012).

5.4.5.2 运用知识产权流转策略来破解科研数据垄断问题

1）鼓励开展科研数据知识产权流转活动

产权的可交易性特征向人们展现出要使资源得到有效利用,就必须实现产权的流转,即在流转中产生效益[①]。鼓励开展科研数据知识产权流转活动,就是要从科研数据知识产权流转环境、资金保障和人才支持等方面进行服务。在知识产权流转环境方面,要营造全社会保护知识产权的氛围,吸引科研数据原始主体、科研数据保存与加工主体、科研数据再利用主体和科研数据用户等多元主体积极参与科研数据知识产权流转活动;在知识产权流转资金方面,对公益性强的科研数据知识产权流转活动给予适当的经济补贴或政策支持;在知识产权流转技术方面,给予有潜力的科研数据再利用主体以技术支持,帮助他们将公共信息转化成价值更高的信息产品;在知识产权流转人才方面,加快培养一批熟悉公共数据、公共信息资源管理和知识产权流转方式的复合型人才。

2）评估科研数据知识产权价值

科研数据知识产权价值评估是着眼于量化科研数据知识产权的未来经济收益,运用一套普遍适用的技术程序和规范对科研数据知识产权的市场价值进行评估。目前常用的知识产权价值评估方法有成本法、市场法和收益法等[②]。由于科研数据知识产权价值同特定的政治、经济、文化背景相关联,与潜在使用者等因素有联系,因此将上述几种方法用于评估科研数据知识产权价值会或多或少地存在缺陷[③]。如何科学合理地评估科研数据知识产权,建立起一套公正、公平、统一的知识产权评估体系,强化科研数据知识产权评估过程监督,从而使知识产权市场价值显著提高,转移转化效益明显上升,这是

---

① 冯晓青. 知识产权法理论与实践 [M]. 北京：知识产权出版社,2002:50.
② 周正柱,朱可超. 知识产权价值评估研究最新进展与述评 [J]. 现代情报,2015(10):174-177.
③ 颉茂华,焦守滨. 二叉树实物期权的知识产权价值评估定价研究 [J]. 中国资产评估,2014(4):20-24.

一个需要进一步深化的研究课题。

3）完善科研数据知识产权流转规则

科研数据知识产权流转应坚持公益为主、鼓励流转、最优配置、规范统一以及公开、公平和公正的原则。科研数据知识产权流转规则的调整对象涉及科研数据原始主体、科研数据再利用主体和科研数据用户，主要包含科研数据知识产权管理制度、代理制度、转让制度和反垄断制度等。科研数据知识产权管理制度是有关主体管理科研数据知识产权时应当共同遵守的行动准则，它主要负责管理科研数据的所有权、开发权、使用权、收益权和处分权；科研数据知识产权代理制度是用于调整科研数据知识产权人及其委托代理人之间民事法律行为的依据；科研数据知识产权转让制度是为了保证科研数据知识产权人能够按照其意愿将其拥有的全部或者部分所有权转移给其他人，减少知识产权转让合同纠纷；科研数据知识产权反垄断制度则旨在防止科研数据知识产权滥用，维护科研数据知识产权流转的自由与公平。

4）监督科研数据知识产权流转过程

科研数据垄断问题的顺利解决需要对科研数据知识产权流转过程实施全面监督。监督科研数据知识产权流转过程的方式是事前监督、事中监督和事后监督相结合；日常监督和专项检查相结合；财务监管、人员监管和质量监管相结合。在综合运用各种监督方式的同时，要充分考虑到科研数据知识产权流转实际状况，着重开展事中监督和质量监督。上述两种监督方式重点都是预防和检查科研数据知识产权流转过程中的科研数据垄断问题。科研数据再利用主体在获取科研数据知识产权后，可能会设法垄断科研数据，从而牟取高额经济利益。通过开展事中监督，可以及时发现并制止科研数据再利用主体的垄断行为。我国已经将数据库纳入著作权保护范围，部分主体在对科研数据进行简单汇编后，可能会要求对其开发的数据库进行著作权保护，以此来垄断科研数据。通过开展质量监督，可以判断出数据库内容的选择或者编排是否体现出独创性的劳动,从而明确这些简单汇编的科研数据能否获得著作权保护。

5.4.6 案例二:在线开放课程的著作权问题及其处置策略研究[①]

5.4.6.1 研究背景与研究综述

在线开放课程(又称MOOC或"慕课")是一种教育类公共信息服务产品,在其建设与运营中面临的著作权问题十分复杂。在厘清在线开放课程不同主体著作权关系及其处置策略过程中,我们可以寻找并归纳出公共信息服务产品知识产权流转处置的一般规律。

在线开放课程是指在知识产权共享协议下,可以通过网络实现共享、获取或利用的各类课程资源。在线开放课程建设与运营是一个由多元主体共同作用于教学资源配置而形成的生态体系,主要包括政府、高校、企业、教师、学习者等主体的共生作用,其内容包括但不限于课程视频、课程大纲、演示文稿、随堂测验、单元测验、单元作业、考试、课程讨论与答疑等与授课内容相关的全部视频、音频、文字及图片等资料[②]。由于在在线开放课程建设与运营过程中涉及主体众多,课程资源形式多样且来源复杂,因此,如何科学处理课程著作权所有人与课程服务平台和课程学习者之间的复杂关系、处理在线开放课程及其相关教学资源的著作权归属、许可使用等问题就显得十分必要。

目前学界针对在线开放课程的研究主要集中在绩效评估方式、潜在商业盈利模型、课程信用评估的可行性以及其与高等教育关系的讨论等[③],具体针对在线开放课程著作权的研究相对较少。涉及在线开放课程著作权的问题,

---

①周毅,白文琳.在线开放课程的著作权问题及其处置策略研究 [J].情报理论与实践,2018(9):51-56.

②白文琳,周毅.教育类公共信息服务产品供给的社会共治:以在线开放课程为例的分析 [J].图书情报工作,2017(9):14-22.

③ Fower L,Smith K. Drawing the blueprint as we build:setting up a library-based copyright and permissions service for MOOCs [J].D-Lib Magazine,2013,19(7/8):1-17.

目前主要偏重解决措施的研究上。例如，L. Fowler 和 K.Smith 重点介绍了杜克大学通过提供慕课著作权服务、制定著作权指南、教师协商制度、寻求使用许可等措施应对著作权争议，特别对慕课涉及的主要第三方要素，包括序言注解、文本、图像、音频、视频等制定了相对比较灵活的使用指南 1。Gore 指出相对于传统教学，著作权和许可是慕课发展中面临的重大挑战，慕课中著作权矛盾的主体主要涉及教师、高校、学生、慕课提供商以及其他组织，为此提出了签订协议、借助图书馆员给予慕课提供许可或者寻找合适的替代品等[①]。张舵等介绍了国外高校图书馆及图书馆员担任 MOOC 著作权顾问的经验，通过鼓励教师使用公共领域资料、开放获取的资源，与第三方协商获得许可协议等措施解决著作权问题[②]。张冬等揭示了慕课教育开发与著作权保护之间的冲突，提出了鼓励教育资源合作获取、平衡私人与社会公众著作权冲突、借鉴国外多元化建设方式、鼓励慕课教育商业化知识产权运营等解决方式[③]。

综上，从现有文献来看，具体针对在线开放课程著作权的研究相对较少，虽然认识到了相关利益主体之间的著作权矛盾，但是很少涉及互动资源著作权及其归属、引用作品的著作权以及各主体相互间的许可或授权关系，没有形成在线开放课程运营中进行著作权管理的具体设想，更多是机械地介绍国外相关举措背景和基本知识，对于其能否具体指导我国在线开放课程管理实践也有待求证。

目前，国内外各类课程服务平台上线运行的在线开放课程数量正在迅速增加。据不完全统计，截至 2020 年，仅国内爱课程、清华学堂在线这两个

---

① Gore H. Massive Open Online Courses(MOOCs)and their impact on academic library services: exploring the issues and challenges [J].New Review of Academic Librarianship,2014,20(1):4-28.

② 张舵, 吴跃伟. 国外高校图书馆在 MOOC 中的作用及其启示 [J]. 图书馆建设 ,2014(7):85-89.

③ 张冬, 郑晓欣. 慕课教育模式的著作权风险探究 [J]. 贵州师范大学学报 : 社会科学版 ,2016(1):154-160.

重要课程服务平台上线的课程就达 10000 余门，对其建设与运营中所涉及的著作权问题迫切需要进行梳理和回应。本案例研究就从在线开放课程建设与运营的利益相关者分析入手，具体讨论在线开放课程著作权流转的策略，以期在在线开放课程著作权垄断利益保护和知识共享社会利益保护两者之间寻求新的平衡。

5.4.6.2   在线开放课程建设与运营中的利益相关者及其著作权问题分析

1）在线开放课程的利益相关者构成

利益相关者是指影响组织目标实现或被其影响的个人或团体①。以此为参考，我们将在线开放课程利益相关者界定为在线开放课程开发建设、运营和服务中所涉及（影响或被影响）的可能利益当事人。其主要构成包括以下几方面。

在线开放课程的著作权人。课程资源开发与建设主体都可以是在线开放课程的著作权人，具体包括课程团队或主讲教师和课程建设出资者或管理者（高校或其他出资机构）等。根据课程资源开发与建设的相关约定，上述主体可以分别独立成为课程资源著作权人，也可以对课程资源共同享有著作权。在课程资源建设与开发过程中，上述主体有义务保证对所提供的在线开放课程资源享有全部知识产权，无侵犯他人知识产权及其他合法权益的情形，保证课程内容无政治性、科学错误及违反国家法律法规的问题。

在线开放课程所引用作品（如各类学习资料）的著作权人。在在线开放课程建设过程中会使用大量具有著作权性质的作品，它是否适用著作权管理中的"合理使用"范畴就是一个十分敏感的问题。由于在线开放课程的开放性，商业运营平台的营利性参与可能会使在线开放课程的使用性质发生变化，网络传播使作品的传播数量、范围等大大超过传统教学需要等，这就可能会

---

① 李婵，徐龙顺，张文德 . 网络信息资源著作权利益关系网络识别研究［J］. 现代情报 ,2017(4):33-39.

使权利人作品的发行量受到影响并进而损害著作权人的利益，这就要求根据合理使用原则处理好引用第三方受版权保护作品的著作权问题①。《教育部关于加强高等学校在线开放课程建设应用与管理的意见》中明确鼓励在线开放课程公共服务平台兼顾公益性与市场化运营方式，这就使在线开放课程的合规性使用面临着更多新问题。例如，在线开放课程著作权人与课程公共服务平台之间就公益与市场化运营方式的约定及其对著作权许可策略的影响、在市场化运营中如何规避在线开放课程所引用的其他具有著作权性质作品的非合理使用风险等。

在线开放课程的传播与运营者。课程服务平台建设与运营主体有公益性、营利性之分。课程资源传播与运营者以满足学习者的需求为前提，以公益或营利为目的，授权许可学习者使用平台上传播和运营的相关资源。目前，我国在线开放课程传播与运营者主要有民间性质、半官方性质和官方性质，上海智慧树、清华学堂在线和爱课程网等就分别对应于上述不同性质。在线开放课程的传播与运营者是联系课程著作权人与学习者之间的桥梁，它们在传播与运营中都应获得课程著作权人的授权许可或符合"合理使用"要求。目前，部分在线课程传播与运营平台的商业化运作模式已经成为"合理使用"制度适用的关键性障碍。事实上，某些在线课程传播与运营平台确实会收取费用，但是这些费用都是基于相应的附加服务（如对课程的认证或获得学分证书等），而不是对课程资源服务的收费。对此应加以区别对待。为了规范在线开放课程的传播与运营，课程服务平台应与课程著作权人形成平等互利的知识产权保障协议，通过协议明确各方权利和义务，从而保障各方权益。

在线开放课程的学习者。在线开放课程的学习者既是在线开放课程的最终受益者，也可能是在线开放课程资源下载、复制和使用过程中的直接或间接侵权者，同时也可以是部分课程学习资源的贡献者。作为最终受益者，学

---

① 王小平. 我国 MOOC 建设和管理中的著作权问题研究 [J]. 山东图书馆学刊,2015(6):5-8.

习者可以从在线开放课程中获得更多更好的优质教学资源；作为直接或间接侵权者是指学习者可能因学习需要复制、下载或转发相关课程资源时损害著作权人的署名权、复制权、信息网络传播权等权利；作为课程学习资源的贡献者，在教学过程中学生和教师以及学生之间的互动交流信息也是重要资源，不论其是否具有著作权，它对课程服务平台和其他学习者来说都具有重要价值。虽然国内外各大课程服务平台在处理学习者的在线互动资源权利时方式各异，但都显示出对学习者在线互动学习资源的重视。

2）不同利益相关者所面临的著作权问题

第一，课程资源开发与建设主体的著作权问题。在实践中，高校和课程建设团队主体之间频频出现教学资源著作权归属争议问题，教育部的指导文件中也没有明确区分视频教育资源属于一般职务作品还是特殊职务作品。从在线开放课程的开发建设过程看，学校一般是课程开发与建设的出资方或组织方（根据教育部有关规定，高校承担在线开放课程建设应用与管理的主体责任），课程建设团队一般是课程的讲授方。因此，从这一点上看，将在线开放课程界定为职务作品有一定依据。从平衡高校与课程团队之间的利益冲突出发，在线开放课程应当属于一般职务作品，其中著作权归课程团队及其主讲教师所有，并享有人身权利和财产权利两方面的全部权利，而高校作为出资方或者组织方则享有法定期限内的优先使用权。在课程完成两年内，未经学校同意，课程团队不得许可第三人以与单位相同的方式使用课程。如果经学校同意，课程团队许可第三人以与单位相同的方式使用课程所获报酬，由课程团队与单位按约定的比例分配。在将在线开放课程视为一般职务作品之外，也应注意到在线开放课程可能成为特殊职务作品的情形，谨慎处理其著作权归属问题。作为特殊职务作品的情形主要适用《著作权法》第十六条第二款规定的两种情况：一是在线开放课程主要是利用了学校提供的物质技术条件创作，这种物质技术条件是课程团队在在线开放课程建设中必不可少的，并由学校承担相应课程建设组织或管理责任的，则此类在线开放课程的著作权归学校所有，课程团队及其教师享有署名权。二是法律、行政法规规定或者合同约定著作权由学校享有的职务作品，作者享有署名权。在在线开放课程组织建设中，有少数高校和课程团队及其教师明确约定在线开放课程著作权由高校享有，则课程团队及其主讲教师对此类课程享有署名权。也有不少学校和课程团队明确约定在线开放课程著作权由学校和课程团队共有，那么，这些在线开放课程在许可第三人以与本校相同方式使用时，则应获得作为著作权人的学校和课程团队的共同同意，产生的许可使用收益也应由学校和课程团队按约定进行分配。

第二，在线开放课程建设中对他人作品引用的著作权问题。作为课程资源组成部分之一的学习资料引用是否属于法定意义上的"合理使用"关系到课程资源能否持续开放使用。在在线开放课程服务平台的管理与运作中，应严格控制对第三方版权资料的引用，否则一旦被告知侵权，则课程将可能面临被卸载的风险。因此，在课程资源建设中对引用作品的著作权问题处理就十分敏感。目前，我国《著作权法》第二十二条第六款将著作权的合理使用范围限定于学校课堂教学或科学研究，第二十三条规定法定许可的适用范围限于九年义务教育或者国家的教育规划。这种"合理使用"的限定对象或范围显然与在线开放课程的面向对象、虚拟课堂方式等基本特点有着明显不同。为了解决在线开放课程引用他人作品的著作权问题，一方面，可以借鉴美国修订后的版权法和《技术、教育和版权协调法案》(2002 年 10 月) 等关于教育免责使用的条款，该条款对互联网时代作品的使用作出了新规定，要求在保证公共资源共享与相关权利主体利益的基础上，突破互联网时代作品的合理使用目的、形式以及地点等限制，扩大合理使用的范围，不再仅限于学校课堂教学，强调学生可以获得数字化教学资源。另一方面借鉴美国大学教授协会颁布的关于教师知识产权权责声明，规定教师拥有对他人作品进行开发、修改、教授的课程以及素材的版权（有其他具体协议和说明除外）①。即使如此，我们也应注意到，课程建设团队在选择引用具有著作权性质的作品作为课程学习辅助资料提供给课程服务平台对外服务时，应区分营利性与非营利性课程服务平台的差异，否则可能会因非合理性使用而产生侵权行为。值得提倡的是，可以鼓励课程团队通过使用公共领域的资料、开放获取的资源，创建基于课程的资源指南或与第三方协商获得许可协议等途径来缓解在线开放课程引用作品的著作权问题。

第三，在线开放课程服务与运营平台获得课程著作权授权许可使用问题。在线开放课程服务平台在提供相关课程服务时，其所涉及的课程著作权问题一般有两种情况：一是课程服务平台获得课程著作权人的传播与运营服务授权许可，将课程资源以公益或营利目的向特定用户人群进行开放使用。在与课程著作权人签订相关授权许可协议时，一般会涉及双方的权利和义务，并对在线开放课程内容的准确性、合法性、许可时间、获益分配方式等进行明确约定；二是课程服务平台获得著作权人将课程资源向第三方进行转让使用的授权许可。例如，为了克服在线开放课程学习完成率低、无法监控学习者行为、缺少线下学习辅导等局限，课程服务平台可以应某些学校或其他教学组织申请，在获得课程著作权人许可的前提下，将某些课程资源转换成个别教学单位的内部课程（即所谓 SPOC，小规模私有在线开放课程），从而提高在线开放课程的开课质量。在这个过程中，课程服务平台事实上是在著作权人与群体性学习者之间发挥沟通桥梁作用，也在一定程度上发挥课程资源著作权集体管理者的角色。无论上述哪种情况，课程服务平台一般都会通过在服务协议中明确规定免责事由规避自身的著作权责任，明确要求课程团队和用户自负包括因侵权行为造成的间接或者直接损失。

---

① Ann Springer. Intellectual property issues for faculty［EB/OL］.［2017-9-11］.https://www.aaup.org/issues/cop-yright-distance-education-intellectual-property/resources-copyrig-htdistance-education-and/intellectual-property-issues-faculty.

第四，在线互动生成资源是否具有著作权及其具体归属问题。师生互动、生生互动是在线开放课程学习的一个重要特点，在线互动过程所形成的文字、图片、数据等是否具有著作权主要应考察其是否构成法律意义上的作品并具有独创性。其中包括两个方面的含义：一是在线互动生成资源能否构成法律意义上的作品；二是这种作品是否原创或明显体现出作者的创作意图，属于作者的智力劳动成果。对在互动过程中学习者生成的原则性文字、图片或提交的作业等被认定为"作品"一般不具有明显分歧，但对在线互动过程中生成的数据如何对待则有认知上的不同。例如，课程服务平台在服务过程中采集了学习者的海量数据，通过对这些数据的挖掘、分析等技术，可以对学习者进行画像，这种通过技术手段采集、聚合和分析的学习者行为数据（如学习习惯等）是否可以被界定为作品并被认定为具有独创性就是一个难题。在处理上述在线互动资源的著作权问题时，大部分在线课程平台一般都选择采用知识共享许可协议 (Creative Commons License)，协议对学习者使用在线课程平台的权利划分为未进行明确约定、非独占性使用约定和允许商业使用等方式，要求学习者在平台注册时对相关协议进行选择，也意味着将在线互动资源的著作权基本权利让渡给在线开放课程平台[1]。例如，Udacity 规定学习者提交的内容著作权归本平台所有且可被任意使用；Coursera 规定学习者生成的资源归平台和参与机构所有且可被任意使用；edX 规定学习者的资源归本人所有，但平台可任意使用。国内学堂在线、爱课程、上海高校课程中心等均规定课程学习过程中生成的互动资源归平台所有。其主要思路都是利用条款约定的形式将在线互动即时作品的著作权全部归于自身。上述情况表明，目前课程学习者互动生成资源的著作权基本上都归属于课程平台。但事实上，由于课程学习者通常意识不到自身提交的作业、作品、信息、知识中

---

[1]张冬，郑晓欣.慕课教育模式的著作权风险探究［J］.贵州师范大学学报：社会科学版,2016(1):154-160.

所涉及的版权问题,故让权给平台供应商重新分配作业内容等的永久性权利,其实这种做法与部分国家法律规定是相悖的。例如,美国《数字千年版权法案》明确提出在网络环境下,内容产生者拥有自己在网络行为中创造的数据和知识产权,鼓励数据产生者保护自身数据及创造性工作成果[①]。随着在线开放课程平台的增多及其垄断性地位的改变,以及学习者著作权意识的逐步增强,这种情况应该会有所改变。

5.4.6.3 在线开放课程建设与运营中的著作权流转策略

在线开放课程既有著作权保护问题,也有共享问题。在在线开放课程建设与运营中的著作权流转策略取决于以下几个关键问题。

1)识别在线开放课程著作权流转的关键内容

在线开放课程建设与运营中所涉及的著作权流转问题十分复杂。其中较为关键的内容有:课程团队与学校在课程资源开发建设中因分别承担知识、劳动投入和资金投入角色等而可能共同成为课程资源著作权主体,课程团队与学校应签订在线开放课程版权共有确认以及使用许可授权协议,并约定双方的责任和义务;在线开放课程的著作权权利主体在委托课程服务平台进行课程运营时,向课程服务平台的授权内容、形式和违约责任处理等十分敏感,这就需要研究制定专门策略。例如,在线开放课程及课程服务所涉及的著作权就包括署名权、发表权、修改权、保护作品完整权、复制权、发行权、出租权、展览权、表演权、放映权、广播权、信息网络传播权、摄制权、改编权、翻译权、汇编权及其邻接权等,权利主体向课程服务平台提供的可能仅是有限的网络传播权和销售权等,而就其他权利是否让渡以及如何处理等应制定相应策略;课程服务平台在保护著作权人利益不受侵犯的前提下,如何灵活运营课程资源的使用权让渡策略,扩大在线开放课程的教学、研究、经营等

---

① Digital millennium copyright act [EB/OL]. [2017-9-22].https://www.copyright.gov/legislation/hr2281.pdf.

公益或商业用途，从而最大限度地发挥在线开放课程的社会效益并实现部分经济效益等①。

2）科学处理在线开放课程著作权流转中的不同主体关系

在线开放课程著作权流转的上述所有关键问题事实上都可以归结为要科学处理以下几种关系，即课程资源著作权人之间的关系、课程资源著作权人与课程服务平台之间的关系、课程服务平台与课程学习者之间的关系。

课程资源著作权人之间的关系表现为共享与制约关系。正如前文分析，由于在线开放课程资源可以由学校、课程团队等多主体合作开发建设完成，也可以通过授权或其他方式引用部分具有著作权的作品作为学习资料，因此，在线开放课程资源的著作权人具有多主体构成的特性，上述主体根据有关契约可以共享在线开放课程资源的著作权。正是由于多主体共享其著作权，这就使它们在课程资源许可使用时相互制约并要求达成一定默契。

课程著作权人与课程服务平台之间的关系表现为授权与制约关系。授权关系存在于课程资源的上线、开放、利用和转让等各个环节。课程服务平台在组织课程资源过程中，一般均应获得课程权利人的授权。从目前看，课程权利人一般是由学校和课程团队共同构成，在课程开发建设过程中，投资学校与课程团队一般会就课程资源共有产权达成协议，并就共有产权的课程资源授权由作为权利主体的学校代为处置。课程服务平台获得课程资源权利人的授权应通过"明确告知"的方式进行。课程服务平台应在课程资源获取时明确告知权利人课程资源所包括的教学资源范围、使用方式、使用范围等，课程资源权利人则以明示或默示的方式表示同意授权，明示的主要是课程资源授权内容，其中对课程服务平台网站学习者上传的构成作品的作业的知识产权保护应不包括在授权范围之列。默示的则主要是指对学习者学习行为数

---

①白文琳，周毅.教育类公共信息服务产品供给的社会共治：以在线开放课程为例的分析［J］.图书情报工作,2017(9):14-22.

据记录的所有与使用等授权。课程权利人与课程服务平台之间的限制关系是双向的。一方面课程权利人对课程服务平台上线、开放、利用和转让课程资源的行为具有约束力。著作权人的课程资源许可使用并不导致其所有权的转移，课程开发建设者与课程服务平台之间仅就课程使用与管理达成有关协议，授权课程服务平台进行课程资源的使用管理与推广服务，有关学校或学习组织者只是被限制在一定时间、一定地域和一定方式使用课程资源。另一方面，课程著作权人与课程服务平台两者之间的约定也对课程权利人的权利行使范围产生要求，要求其对课程服务平台合法依约进行课程资源的开放使用等不得进行不合理的干预。课程服务平台是著作权法律中一个重要的利益分享者，对其而言即所谓"无传播就无利益"，它在课程服务过程中充当着著作权人与使用者利益均衡的桥梁作用。正是由于课程服务平台的存在才体现和成就了课程著作权人的权利和学习者的便利。

课程服务平台与课程学习者之间的关系表现为服务与制约关系。服务关系是指课程服务平台根据课程服务契约，为学习者提供各类课程资源和其他技术支持与帮助服务，保证学习者利用平台能够顺利完成课程学习任务。从目前来看，课程服务平台一般由企业来承担，通过平台提供相关网络内容服务，例如查看课程资源、评论、发言、资源上传、提问等，其享有所提供的网页应用、软件以及所带的文字、音频、视频等元素的知识产权。制约关系是指课程平台一方面会通过明示或默会的方式，对在课程学习中学习者的互动信息和学习行为信息享有若干权利；另一方面也会对学习者的课程资源使用行为作出相关规定。例如，对部分教材文件等在获得第三方许可后使用，承诺不批量下载和抓取课程内容，未经相关权利人许可不得以任何形式使用或创造相关衍生作品，获得相关权利和许可公开和复制用户发布内容，发布内容不侵犯任何第三方权利，禁止对课程服务平台相关网页、应用、软件进行反向工程、反向汇编、反向编译等。

3）建立在线开放课程著作权集体许可和公共许可的管理机制

在上述主体相互关系中，课程著作权人、课程服务平台和学习者之间的权利义务是通过许可使用协议来进行分配的。建立在线开放课程著作权集体许可和公共许可的管理机制就是要建立起"先授权后使用"的相关制度和方法，与我国现有著作权制度中合理使用制度的"先使用而后证明其合理性"有着显著不同[①]。

集中许可机制。由于在线开放课程与其他作品的特点不同，著作权归属认定鉴别的难度和复杂性更大，因而建立的著作权集体管理组织更加必要。从理论上看，无论是非营利组织还是营利性机构均可以成为课程著作权集体管理组织。从目前看，赋予已获得多数权利人许可的在线开放课程服务平台以集体管理组织的身份就是一种可行选择，以高等教育出版社的爱课程服务平台为基础建立的著作权集体管理组织较为成熟。这不仅因为爱课程服务平台具有较明确的官方性质和公益服务背景，而且也因其是目前国内上线课程最多和合作高校最多的课程服务平台，在以往实践中已经积累了一定的著作权管理经验。其近期的工作重点应是尽快构建在线开放课程著作权权利信息的集中管理系统。通过在线开放课程著作权权利信息查询平台，为相关学校或有关学习者提供课程著作权权利信息查询服务[②]。这些权利信息一般包括著作权人名称（学校或课程团队）、课程名称、课程类型、权利有效期间、课程概要、课程授权条件、课程授权费用等，以方便课程使用人确认自己所需的课程是否为该著作权集体管理组织管理，是否需要交纳授权费用，从而最终确认是否向该著作权集体管理组织取得相关授权。在线开放课程集中许可机制的适用，可以通过著作权集体管理组织来减少交易主体和简化许可内

---

①熊琦 . 著作权许可的私人创制与法定安排［J］. 政法论坛 ,2013(6):93-103.

②李永明 , 钱炬雷 . 我国网络环境下著作权许可模式研究［J］. 浙江大学学报 : 人文社会科学版 ,2008(6):93-101.

容,一方面分担课程权利人的监管与执行成本;另一方面降低学习组织者或学习者的搜寻与协商成本。

公共许可机制。即通过一系列不同程度上放弃著作权的许可协议,使课程著作权人可根据自身需要选择保留部分权利或开放所有权利。公共许可作为集中许可的补充,是丰富课程著作权公共领域的有效途径,在许多因交易成本过高而无法通过市场机制发挥作用的场合,公共许可是一个生产与传播免费信息的平台①。通过公共许可,权利人释放权利可以实现某种经济利益或社会利益。从综合收益看,即著作权人通过将权利释放,可以使课程处于更多人可接触的状态,一旦该课程的使用者形成规模,一方面能够带动课程著作权人知名度和社会声誉的提升;另一方面也可以通过对课程著作权的争取、让渡而保留部分著作权来促进知识交流与共享,从而促进全社会知识作品的繁荣。具体到在线开放课程的公共许可,其主要实现形式有:一是通过课程著作权所有人与课程服务平台和学习者之间的知识共享协议,由课程著作权所有权人授权,允许他人在满足特定条件限制下使用在线开放课程。依据中国大陆版知识共享协议规定,课程著作权所有人针对课程可以采用四种基本授权共享方式,即署名、非商业性使用、禁止演绎和相同方式共享。通过对以上四种基本授权方式的选择与搭配组合,可能产生六套核心知识共享许可协议,按照限制程度从严到松分别为:署名—非商业使用—禁止演绎、署名—非商业性使用—相同方式共享、署名—非商业性使用、署名—禁止演绎、署名—相同方式共享、署名②。在这种协议下,课程服务平台和课程学习者可以清晰地了解课程的著作权许可状态,在充分保护作者著作权的前提下实现课程资源共享,从而实现保护著作权人权益、课程服务平台利益和课程学习者利益的多赢。因此,CC 协议 (Crea-tive Commons) 可以被看作是一

①熊琦.著作权许可的私人创制与法定安排[J].政法论坛,2013(6):93-103.
②周永红.知识共享协议浅析[J].情报理论与实践,2009(6):39-41.

种多赢的解决模式。从课程著作权人来讲，通过保留部分权利，从而可以最大限度地实现课程对社会的开放；对课程服务平台和学习者来讲，他们通过获得对相关课程的免费使用和再使用权，从而也可以最大限度地实现其不同的知识共享动机与目标。二是通过将课程服务平台与学习者之间关于作品著作权的私立规则及默示许可性质的协议公开化、简洁化，并作为提供课程服务的前置协议标示出来，就可以视为是一种著作财产权的公共许可。例如，对于学习者通过课程服务平台上传的互动信息内容，学习者同意课程平台在全世界范围内具有免费的、永久性的、不可撤销的、非独家的和完全再许可的权利。这种带有默示许可性质的协议公开化也是一种公共许可形式。

总之，作为公共信息服务社会共治模式运行的中介变量要素，公共信息服务产品和服务过程的内在品质、基本特征、知识产权状态、组织方式等都会影响到公共信息服务的绩效与效果。因此，全方位关注分析公共信息服务产品与服务过程中涉及的相关要素，这对保障公共信息服务社会共治模式的高效运行及其目标实现有着重要意义。

第 6 章
公共信息服务社会共治的风险及其控制

6.1　问题的提出

　　我国公共信息服务模式正在经历着从政府单一主体供给模式向多元主体参与的社会共治模式转型。

　　从国际范围看，有关国家针对多元主体参与公共信息服务进程作出了各种制度安排或策略应对。无论是美国《公共信息资源改革法案》还是欧洲委员会《信息社会公共部门信息绿皮书》等，都将私营企业和非营利组织列为公共信息资源开发的重要参与者[①]。与此趋势相适应，我国多元主体参与的公共信息服务社会共治模式也应运而生。但应该注意看到，在实际运行中公共信息服务社会共治模式也存在着一定的不确定性。由于公共信息服务自身属性、多元参与主体协调机制障碍等原因，公共信息服务社会共治的实际效果与预期目标之间也可能出现较大差距，并由此导致公共信息服务的公共性、公益性和公众满意度损失等风险的存在[②]。有鉴于此，本章对公共信息服务社会共治模式在实际运行中有可能出现的各类风险来源或类型进行识别，并

---

　　①范丽莉，王晓艳.公共信息服务的运营模式研究：以交通信息为例［J］.图书情报工作,2013(20):33-40.

　　②夏义堃.论政府数据开放风险与风险管理［J］.情报学报,2017(1):18-27.

分析其产生的具体原因与预防和控制策略，以期对公共信息服务社会共治模式实现过程中的中介变量因素有一个更加全面的认识。

6.2　公共信息服务社会共治可能导致的风险类型

公共信息服务社会共治强调多主体的协商 – 合作治理。政府在承担部分公共信息服务职能外，通过契约合作方式让政府以外的其他组织或个人参与到公共信息服务。这种社会共治模式在动员社会力量与配置资源、公共信息服务产品开发和提升公共信息供给能力等方面具有很多优势，但也会因多种原因导致一系列的不确定性或可能风险。

6.2.1　公共信息服务碎片化风险

碎片化的本义是指研究领域存在问题零散、治理失效、不统一等现象，被广泛应用于传播学、经济学、政治学等学科领域。公共信息服务碎片化是指在公共信息服务供给过程中，由于缺少整体规划、系统的制度设计和对公共信息需求的科学判断，多元主体内部缺乏有效沟通与协调合作，因而无法以共同行动为公众提供公共信息服务，导致公共信息服务供给质量与效率不高等状况的出现[1]。例如，以复杂、多源和碎片化为特征的政府数据开放，就是公共信息服务碎片化的一种客观表现。在实际工作中，分散的制度与政策设计和多元主体的社会共治又可能会进一步扩大这种碎片化风险。其具体表现在以下三个方面。

一是政府、企业和社会组织等主体之间在公共信息服务上难以形成合力。多元主体参与公共信息服务的动机或目标是多元的，它们的服务偏好也会有一定差异。公共信息服务主体增多，主体间协同合作的难度亦会相

---

①张贤明，田玉麒. 整合碎片化：公共服务的协同供给之道［J］. 社会科学战线，2015(9):176-181.

应增大。在公共信息服务中政府需要按照法定程序，以公平、公开和公正的原则向公众提供信息服务，以实现公共利益增加、保障公民信息权利和平等发展机会等目标，并承担因公共信息服务而产生的各种责任。伴随着公共信息服务社会共治模式的实践，各种社会力量主体虽然在政府引导、监督下也围绕着政府既定的公共信息服务总目标发挥作用，但是它们参与公共信息服务也有着不同的原始动机和具体目标。对于非营利性组织而言，其目标是实现组织的社会效益；对于数据服务商等营利性组织而言，营利是其基本目标。因此，面对众多的原始动机排序，多元主体间的合作应是基于一定合作机制和合理分工的"协同供给"。从总体上看，目前我国多元主体参与的公共信息服务社会治理格局正在形成之中，但协调共治的服务合力尚未形成。即使是在政府系统内部的不同主体之间，这种协同供给与信息共享的机制也未形成。2017年5月，国务院办公厅在印发的《政务信息系统整合共享实施方案》中就明确指出："十二五"以来，通过统筹国家政务信息化工程建设，实施信息惠民工程等一系列举措，政务信息系统整合共享在局部取得了积极成效，但未能从全局上和根本上解决长期以来困扰我国政务信息化建设的"各自为政、条块分割、烟囱林立、信息孤岛"问题[①]。这种现象在"十三五"期间仍未得到根本性解决。在实践过程中，政府系统内部不同主体之间、政府与社会或市场主体之间均不同程度上出现了公共信息服务供给碎片化问题[②]。从本质上看，供给主体多元化并不是碎片化的根源，碎片化的主要原因在于多元供给主体之间在组织、功能和平台等方面处于分散状态，没有建立起高效、一致的行为共同体。公共信息服务的社会共治就是要将行动者连接在共同目标下组成一个

---

①国务院办公厅关于印发政务信息系统整合共享实施方案的通知［EB/OL］.［2019-06-22］.http://www.gov.cn/gongbao/content/2017/content_5197010.htm.

②张贤明，田玉麒.整合碎片化：公共服务的协同供给之道［J］.社会科学战线，2015（9）:176-181.

行动共同体。公共信息服务的行动共同体在合作中充分发挥自身比较优势，通过资源互换、优势互补和平台共建等实现参与者之间的多赢局面，从而完成公共信息服务目标并实现理想的服务绩效。

二是政府系统内部行业或部门不同主体的公共信息服务各自为政。这种各自为政主要表现在公共信息服务供给政策具有单向性和封闭性，"专业化—部门化（或行业化）—制度化"的路径依赖直接造成了当前公共信息服务整体性不高。公共信息服务政策碎片化是指公共信息服务政策之间相互矛盾、政策重叠、政策体系不够完整、缺乏配套、政策缺乏稳定性等现象，从而影响了政策的整体功能和执行效果，并进一步影响到公共信息服务的效率与效果。这种碎片化现象笔者曾在有关文献中做过详细分析[①]。也有学者提出在政府数据开放共享工作中，我国尚未形成一个统领性的政策体系[②]。目前我国已出台的行业或部门公共信息服务政策多是按专业化或部门化视角进行设计，针对地理信息、气象信息、公共信用信息、交通信息、公共商务信息、科学数据等公共信息管理或服务均出台了不同规定或办法。上述规定或办法不仅在所指向的政策客体类型划分上交叉不清，而且在具体政策安排上也有不少冲突性规定。例如，究竟什么是公共商务信息，它与政府信息是何种关系，这在相关文件规定中未做明确界定[③]。在地理信息客体界定上，究竟是指测绘地理信息、公共地理框架数据还是专题地理信息，或者就是自然资源、环境生态、灾难灾害、经济社会、基础设施等专题地理信息中的某类信息，目前各地出台的管理办法都未做十分明确的界定。在出台的地理信息公共服务管理办法中，也一般都将重点

---

①周毅.公共信息服务制度的定位及其核心问题［J］.情报资料工作，2014(4)：15-20.

②黄如花，吴子晗.中国政府数据开放共享政策的计量分析［J］.情报资料工作，2017（5）:6-12.

③参见商务部《公共商务信息服务项目管理办法（暂行）（商信字〔2003〕第13号）》［EB/OL］.［2017-7-29］.http://www.51wf.com/print-law?id=1194100.

放在地理信息公共服务平台建设与管理上。这种将制度设计聚焦在某类公共信息服务上的做法，虽然有利于突出行业或专业信息服务的特性，但在涉及跨行业部门的公共信息服务供给问题时，这种政策制定模式往往会陷入僵局，不可避免地造成因制度设计碎片化而产生的公共信息服务供给碎片化。由于公共信息类型众多，来源广泛，虽然在政策制订时应充分考虑到不同类型公共信息服务的特点，但公共信息在其基本管理流程、服务原则、服务规范、质量要求和知识产权管理等内容上也有共同之处。以解决公共信息服务制度碎片化为突破，实现公共信息服务制度的体系化和系统化，牵引进行政府系统内各部门间的服务行动协作，可以摆脱因行政环境而出现的公共信息服务产品、服务标准等方面的"碎片化"困境，从而实现公共信息资源管理与服务在政府系统内的有机整合①。只有建立在这个基础上，政府与其他参与主体的协作共治才会成为可能。

三是区域不同主体间的公共信息服务缺少合作与共享。国内有学者从地区间的数字鸿沟分析出发，提出了电子政务信息资源共建共享的命题，对制约电子政务信息资源共建与共享的因素进行分析，研究了电子政务信息共建共享模式及其整合策略②。这种研究事实上就是针对跨域公共信息资源共享与公共信息服务体制性障碍而设计的。就目前而言，刚性行政区域界限是导致公共信息资源管理与服务供给各自为政的体制性障碍，而跨域的不同主体在公共信息管理意识、能力与水平及其政策偏好差异也导致很难建立起区域不同主体之间的协调合作机制。这种跨域的主体差异及其协调合作困难，不仅表现在政府主体之间，同时也表现在各种不同社会力量之间。

---

① 唐任伍，赵国钦.公共服务跨界合作：碎片化服务的整合［J］.中国行政管理，2012（8）：17-21.
② 何振.电子政务信息资源的共建共享研究［M］.北京：中国社会科学出版社，2009.

6.2.2 公共信息服务偏离公共性的风险

对于"公共性"这个概念，不同学科的学者都曾加以探讨，并分别形成了"目的说""价值说""要素说"等不同结论。总而言之，在价值观上它主要强调公平、正义等价值的"公共性"，在管理对象上强调公共事务、公共服务等管理对象的"公共性"，在目标宗旨上是实现社会公众的公共利益①。结合上述理解，我们且将公共信息服务的公共性界定为公共信息服务的可及性、均等化和公平性，并从服务对象、资源配置和免费原则等方面进行公共信息服务公共性偏离风险的具体分析。

在服务对象上，公共信息服务的公共性要求有关主体提供服务首先应保证面向一个群体而非特别的个人，并且在服务程序、服务内容和服务质量等方面对所有服务对象具有普适性。公共信息服务可以分为基本型和发展型（或增值型）②。其中，面向社会公众而非特别个人的基本型公共信息服务能够很好地体现服务的可及性和均等化，它从三个层面集中体现了公共性的本质要求，即在价值层面保护公众的信息权利，在功能层面满足公众的信息需求，在过程层面公平配置公共数据资源。因此，从理论上看，不同主体都有参与基本型公共信息服务的任务，社会或市场主体在参与基本型公共信息服务时可以通过政府外包等不同方式获得一定财政支持。但从数据服务商等市场力量参与公共信息服务的原始动机看，其更偏好于对特定人群开展发展型公共信息服务，并通过种发展型公共信息服务更好地实现其利益目标。这种偏好可能会使市场主体在公共信息服务的面向对象、服务内容等方面出现选择性，从而在一定程度上就会出现偏离公共性要求的倾向。

从资源配置看，公共信息服务的资源保障主要来源于政府财政投入，也并不排除社会力量的参与。在公共信息服务领域，政府资源配置的主要方向

①李忠汉. 公共行政公共性的构成要素及其逻辑关系［J］. 福建行政学院学报，2017（4）:19-25.
②周毅. 公共信息服务供给侧结构改革研究［J］. 情报理论与实践，2017（5）:1-9.

是公共信息服务基础设施、公共数据归集与开放共享、公共数据开放平台建设和基本公共信息服务运营等方面。在发展型公共信息服务领域，因个性化定制信息服务的要求，无论是在数据采集加工与挖掘，还是在信息内容分析研究等环节均需要投入大量人财物，社会力量参与可以有效缓解政府资源配置能力不足的困境。社会力量参与的资源配置则可能会有较强的选择性，无疑会在资源配置面向的服务人群上具有特定性，其公平性显然就难以得到充分保证。这种公共性偏离风险消解的关键就在于政府如何实现对社会力量参与公共信息服务行为的引导。

从免费与收费的边界看，虽然公共信息服务强调免费原则，但这个"免费"不等同于完全不收费。为了保证公共信息服务的社会公平性和使用者对服务成本的合理分担，针对基本型和发展型公共信息服务分别采取不同价格策略已经成为国际社会的一个普遍做法①。采取不同的成本收费方法已经成为考量公共信息服务公平性的一个重要尺度。各类主体在参与不同类型公共信息服务时，究竟如何把握和实施这个成本分担策略就可能导致一定的"乱收费"或无原则的"免费"风险。这个风险主要来源于当前我国基本型与发展型公共信息服务边界相对模糊、发展型公共信息服务成本无法科学度量、公共信息服务成本收费体系与监管标准缺失等多种因素。此外，由于公共信息服务基础设施具有广泛通用性，政府是最大的投资建设主体，如何动员社会力量通过成本分担机制参与到公共信息服务基础设施的建设过程也面临着市场失灵风险。

6.2.3 公共信息服务主体选择风险

在公共信息服务社会共治模式构建中，如何把握公共信息服务市场化、社会化的限度始终是风险预防与控制的一个关键问题。解决这个问题的核心

---

①冉从敬.公共部门信息再利用制度研究［M］.北京：科学出版社,2015:178-197.

是要科学选择可以参与的主体并界定其可以涉入的公共信息服务领域与服务内容。对公共信息服务主体的选择可以从政府主导和用户自主决策两个层面进行分析。

从政府主导层面看，政府一般是综合考虑公共信息服务的公共物品属性、服务主体的数据产品加工能力与技术保障水平和信息服务成本与服务质量等因素来选择为社会提供高质量信息服务的主体。政府在选择社会力量主体参与信息服务进程时，可能存在的风险是政府单向主导风险、政府寻租风险和政府监督风险等[①]。

政府单向主导风险主要是在政府在选择或委托主体开展某类公共信息服务时，可能存在着选择主体参与方式不当或政府失灵现象。从理论上看，政府吸纳社会力量参与公共信息服务的方式可以是服务外包、公私合营、特许经营、完全私营等。服务外包可以是将信息生命周期中的某一个环节（如公共信息的收集、整序、融合、加工和发布等）交给有关主体负责，也可以是委托有关主体全流程开展与公共信息服务活动；公私合作是政府和企业联合开展公共信息服务及其产品的生产与供给，在这个合作过程中，政府是数据资源拥有者或控制者，企业利用灵活的信息需求获取机制和信息加工服务机制，通过优势互补实现对公众信息需求的高质量服务；特许经营是指政府以特许方式将一种现有与公共信息服务有关的业务授予被特许者，通过特许协议明确政府与获得特许权主体之间的权利和义务，从而既保证公共信息服务活动的有序开展，又实现对有关主体应有权利的保护。笔者认为，公共信息服务的公共物品属性、公共信息服务业务链上的不同内容及其特征和政府的公共信息服务能力等是决定政府主导选择采取上述何种服务模式的基本因素。基本型和发展型两类公共信息服务所呈现出来的非竞争性和非排他性程度明显不同，从而形成了具有公共物品属性、准

---

① 詹国彬. 政府购买公共信息服务的风险及其防范对策［J］. 宁波大学学报,2014（6）:72-79.

公共物品属性和私人物品属性等不同类型的公共信息服务[1]。由政府单向主导的服务主体选择，必须因公共信息服务的公共物品属性不同而选择不同的服务模式，并充分考虑到在公共信息服务业务链条的不同环节和工作内容差异等，只有这样才可以有效避免因参与主体原始动机不同而可能产生的公共性偏离、参与主体不足等风险。

政府寻租风险主要是指政府机关及其工作人员在选择服务主体或合作伙伴，确定开放政府数据对象、范围、时间或方法等过程中，可能存在的不当管理或获利行为。从理论上看，政府寻租行为一般可分为三类：政府无意创租、政府被动创租和政府主动创租[2]。政府无意创租是指政府在制定公共信息服务政策、组织公共信息服务过程和选择公共信息服务主体时，未曾预料到其行为可能会给某类主体带来巨额经济利益；政府被动创租是指政府受某种社会力量左右，制定并实施一些能给私人或利益集团带来巨额租金的信息服务政策；政府主动创租是指政府机构及其工作人员利用其手中掌握的公共权力，利用掌握的公共数据资源优势和公共信息服务组织过程，主动为自己谋求经济利益的寻租行为。从政府对服务主体的选择过程看，制定有利于某种特定主体的公共信息服务政策或制度、在公共数据源或信息源开放上对不同主体有意或无意地采取不同开放方法或策略等均是政府寻租风险发生的可能领域。事实上，在事关公众切身利益的城市规划信息、公共信用信息、教育资源配置信息等领域，因不同主体对其在获取时间与机会、获取信息内容的全面性与准确性等方面的差异，都极易产生上述三种不同类型的寻租风险。

政府监督风险主要体现在政府在对服务主体作出选择后，因制度或措施缺位，没有对有关主体公共信息服务履责与服务质量等进行有效监控与科学

---

①范丽莉，王晓艳.公共信息服务的运营模式研究：以交通信息为例 [J].图书情报工作,2013（20）:33-40.

②张向达.政府寻租及寻租社会的改革 [J].当代财经,2002（12）:9-12.

评价，进而影响到公共信息服务的质量与绩效。由于某些社会力量参与公共信息服务的原始动机是逐利性，这就可能会导致其行为不同程度地偏离公共性。公共信息服务社会共治绝不仅仅是简单地运用市场化或社会化手段，它要求在社会共治过程中形成科学的监管机制。因此，通过有关管理规则明确社会力量主体的准入条件、准入领域、参与程序或方式、参与服务的类型或内容、信息保密责任与服务质量要求、免费或成本收费规则等就成为保障公共信息服务公共性属性和服务质量的重要条件。政府对社会力量主体参与公共信息服务的合同审查和监管机制必须到位，也有必要通过建立和运用公共信息服务标准对不同主体的服务过程与结果进行评价，并将这种评价结果运用到主体选择过程。

从用户自主决策层面看，用户对公共信息服务主体的选择一般会基于其对自身信息需求的理解与判断、成本因素考虑以及对以往信息利用行为路径的依赖。从基本型信息需求看，出于对政府的信任，用户一般会选择直接从政府机关获得原始数据与信息；如果单纯考虑成本因素，用户在获得发展型公共信息服务时可能会习惯性地选择出价较低者，但这可能会牺牲公共信息服务质量；如果用户有较信任的合作伙伴，则可能会选择与自己一直有合作关系的公共信息服务供给者，这种习惯性的路径依赖不仅让很多公共信息服务商丧失参与竞争的机会，而且最终可能损失的是用户获得的公共信息服务质量。对用户而言，失去竞争的信息服务机制不仅可能会使其付出更多成本，而且也会因服务主体的创新动力不足而使用户无法获得更高品质信息服务。从这个意义上看，基于用户自主决策的服务主体选择过程将可能会面临着较高的公共信息服务质量降低风险。

6.2.4　公共信息服务责任解构风险

公共信息服务的社会共治是通过吸纳更多主体参与提供让公众满意的公

共信息服务及其产品，市场化或社会化的对象是服务内容，市场化或社会化的原则是保留公共责任，它并不意味着政府提供公共信息服务义务的让渡或转移。从理论上看，政府在提供公共信息服务上有其责任的不可转移性，这是政府赖以存在的法理基础，也是政府合法性来源的基本前提。因此，政府在任何时候都不能借吸纳社会力量参与来转移或推卸提供公共信息服务责任[①]。如果在社会共治模式运作过程中出现服务不到位或公共性损失，政府应该承担兜底责任。从这个意义上要求，政府不仅要承担公共信息服务公平性与公共性保障的政治责任，而且也要承担在服务组织过程中对各类服务主体的选择与监管责任。

在公共信息服务社会共治模式运行过程中，虽然政府仍是主导者，但多主体参与也会使服务过程与结果出现责任解构风险。

一是责任边界模糊不清。社会共治意味着政府与社会力量主体在公共信息服务过程中以各种不同方式开展协作，并在协作中将责任在一定程度上"分解"给其他信息服务主体，此时政府对公共信息服务负有的责任（管理责任、保障责任）与服务主体的责任（履约责任等）通常会模糊不清，对不同责任的分配与评价也变成了一个十分复杂的问题。在微观上，从政府行政系统内部的运作看，很多政府机关及其部门将其信息归集与服务等职责委托给公共图书馆、公共档案馆等事业单位进行，这些公共信息机构不仅在公共信息来源与结构上比较单一，而且作为具体的业务部门也并不具备从宏观上谋划政府公共信息服务的职能。这表明，目前我国政府公共信息服务建设往往仅是明确了局部业务承办单位的职责，而没有明确行政主管部门的职责。正是由于在制度安排上缺乏对信息资源管理行政部门及其职能的界定，公共图书馆、公共档案馆等在公共信息服务业务上的协同、服务上的创新，特别是与政府数据开放共享的联动就缺少必要工作机制，其结果是导致了我国政府公共信

---

①陈国权，吴帅.责任政府的公共服务取向［J］.社会科学战线,2009（4）:197.

息服务内容更新维护力度普遍不足、政府公共信息服务深度不够等问题[1]。近几年一些地方陆续组建的大数据管理局在职能明确及职能法定上也未被重视，大数据管理局似乎既是一个具体的数据归集管理与服务部门，同时又是一个负责数据规划、数据政策制订和数据服务管理等的行政管理机构，这就进一步扩大了政府系统内部职能与责任的边界混乱风险。在宏观上，从政府、市场与社会的多方协作看，围绕着不同主体在公共信息服务业务内容上的准入领域、分工与合作内容、不同主体在公共信息服务中的权利或义务等目前尚没有明确规定，这就导致公共信息服务的业务领域冷热不均、数据安全问题突出、数据产权归属不明等风险因素有所扩大。

二是责任范围缩小。在公共信息服务社会共治局面形成过程中，政府对公共信息服务的控制权将进一步缩小，市场和社会组织等社会力量将根据其对用户信息需求的判断选择公共信息服务行为，政府的责任将更多关注有关主体是否履行合同或共治规则约定的信息服务标准、是否保障了信息安全与服务质量等，从而相对可能忽略回应公众、公平对待等责任标准。

三是责任途径减少。社会力量主体不像政府机关及其工作人员一样，受到公法与民主规范所要求的合法性审查、财政审查，以及信息公开、公民参与等内外部力量的控制与约束，仅仅以民法原则、契约条款等为依据来对公共信息服务行为承担责任[2]。此时，他们所承担的主要是履约责任，而没有像政府机关一样要承担更多的政治责任（公平性责任、权利保障责任等）、安全责任等。

通过上述分析可见，当社会力量主体参与公共信息服务时，虽然不同主体的功能互补优势得到了发挥，但同时也在一定程度上削弱与解构了建立在

---

①管延斌,孙静,王建冬.我国政府公共信息服务的供求曲线和供求均衡分析 [J].现代情报,2016(6):16-26.

②王雁红.公共信息服务合同外包中的政府责任机制：解构与重塑 [J].天津社会科学,2016(6):87-92.

官僚制基础上的政府责任机制。如何预防在公共信息服务社会共治模式建构与运作过程中可能出现的上述责任解构风险就是一个新命题。

6.2.5　公共信息服务安全风险

公共信息服务社会共治安全应是建立在"大安全观"和"总体国家安全观"上的理解。从具体内涵上看，公共信息服务安全风险主要包括数据载体安全、数据内容安全、数据长期可读性安全、数据或信息产权安全、信息服务的政治安全、网络舆情与社会安全和网络空间与信息主权安全等方面。对上述公共信息服务安全风险有诸多文献进行过分析[1][2]。除学界普遍认识到的各类主体要根据《数据安全法》《网络安全法》《保密法》等相关法律法规，明确数据开放范围和公共信息服务范围，守住信息安全底线等传统安全内容外，更应关注一些新型的安全风险[3]。在公共信息服务社会共治模式运行中，因参与主体的多元化及其资质、能力和素养等差异，一些新型的安全风险也应运而生。这主要体现在以下三个方面。

一是因有效、规范的公共信息投放不足而产生网络空间安全与信息主权安全风险。在网络空间中始终存在着官方舆论场与民间舆论场的角力。在自媒体时代，由非专业媒体（个人或组织）通过互联网站、应用程序、论坛、博客、微博、公众账号、即时通信工具、网络直播等网络平台向社会公众提供的信息内容服务日益增多，其所显示出的基本特点就是运用"广泛化、私人化、大众化、科技化的方式，将规范或者不规范的信息传递至精准范围内的特定用户或者大范围内的不特定用户"[4]，这就使官方与民

---

①欧三任.公共信息安全问题的审视与应对 [J].重庆邮电大学学报,2010（1）：59-63.

②孙玉婷.公共信息安全风险量化管理研究 [J].新闻传播,2017（9）:66-67.

③任维赫.统筹推进公共信息资源开放与安全保障同步发展：《公共信息资源开放试点工作方案》专题解读[J].电信网技术，2018（5）:68-70.

④李雪枫，黄尧.我国自媒体信息服务立法进程与内容分析评价 [J].现代情报,2018（9）:132-138.

间两个舆论场的角力更加频繁和复杂。由于民间舆论场的信息传播没有把关人、容易出现群体极化等现象，如果此时在官方舆论场投放的公共信息不足，那么在两个舆论场角力中将会出现力量失衡，极有可能导致网络空间安全与信息主权风险进一步扩大。从这个意义上看，公共信息服务的社会共治就是为了扩大公共信息投放力度、提高公共信息投放质量而采取的一种网络空间治理措施，其目标是保护网络空间秩序和国家网络信息主权安全。

二是多元主体共同参与公共信息服务可能会形成一定的网络舆情与社会安全风险。网络舆情是指围绕特定主题或事件而形成的有影响的群体性意见、态度、认识和行为。在社会发展与现实生活中，公众对事关其切身利益的问题或事件一般都会产生较迫切的信息需求。如果社会力量主体在采集、加工、发布公共数据或信息的过程中出现偏差或局限，其提供给公众的相关信息服务就可能引发不良的网络舆情，并导致网络舆情与社会群体性事件的相互叠加，从而产生较大的社会安全风险。因此，在公共信息服务过程中，保证各类服务主体所提供的公共数据与信息的及时、准确，加工并供给具有正确价值导向的信息服务产品就显得至关重要。

三是公共信息服务社会共治中的数据或信息产权安全风险。多主体参与公共信息服务，要求实现跨组织、跨部门的数据与信息流动，这是公共信息服务社会共治模式形成的基础，也是公共信息服务的资源禀赋条件之一。在公共信息服务社会共治组织运行中，由于数据原始权利人、数据实际控制人、数据间接使用人或加工人、数据与信息服务及其产品终端用户等主体的权利与义务关系错综复杂，这会导致公共数据与信息的所有权、治理权模糊，并形成数据或信息在流转过程中的隐私权、商业秘密权、知识产权等信息产权安全风险。事实上，并非占有数据的组织和个人就享有公共数据与信息的所有权、治理权。只有满足一定条件的数据占有者才能够成为数据与信息的合法所有者或治理者①。在多元主体分享有关数据与信息和向公众提供服务的过程中，数据或信息的原主体、共享使用主体、终端用户主体之间存在着复杂的授权与制约关系。在厘清或处理这些复杂的授权与制约关系时，如果处理或界定不清，极易出现各种不同类型的信息产权确权、权属、收益流失等风险。

6.3　公共信息服务社会共治风险的预防与控制策略

从理论上看，虽然公共信息服务社会共治的风险并不一定意味着失败或损失，但通过一系列措施对其进行预防控制，可以极大地改善或提高公共信息服务的整体绩效。

6.3.1　建立整体性治理机制，减少公共信息服务的碎片化

政府、市场和社会组织等多主体参与的公共信息服务供给并不等同于社会共治模式的建立。社会共治强调多元主体之间的协同整合、功能互补，即公共信息服务的整体性治理。其旨在形成公共信息服务提供的联动性结构和竞争性网络，在联动与竞争中实现公共信息服务及其产品的有效生产与提供，从而高效、公平地满足社会多元化的信息服务需求②。从预防或控制公共信息服务碎片化风险和主体选择风险的内在逻辑看，它主要强调以下策略。

整合公共信息服务机制。公共信息服务的社会共治模式，既强调各类服务主体的资源和服务优势，又强调服务主体之间的协作关系。在社会共治主体中，政府作为重要的行动者之一，它不仅是公共信息服务的供给者，同时也扮演着公共信息服务供给协调者的角色。政府应按照公共信息服务类型、

---

①王玉林.信息服务风险规避视角下的大数据控制人财产权利与限制研究［J］.图书情报知识，2016（5）:116-122.

②周毅，王杰.公共信息服务社会共治内涵与运行机理分析［J］.情报理论与实践，2018（3）:1-5.

面向对象和服务产品的属性等，明确不同主体在公共信息服务中的任务分工，明确各类不同主体的责任与义务，把不同类型公共信息服务及其产品的生产与提供功能分开，从而形成公共信息服务的整体性供给机制。也正因为如此，政府在公共信息服务社会共治模式中主导性作用发挥得如何就成为决定整体性供给机制能否形成的关键。

整合公共信息服务标准。通过建立公共信息服务的通用性标准和补充性标准来明确各类主体开展不同类型公共信息服务的要求，这是预防并控制公共信息服务碎片化风险的重要举措。整合服务标准是要从服务内容、服务流程、服务方式、服务监督等方面实现对公共信息服务标准体系的构建，并用这个标准体系来评价不同主体的服务行为过程与结果。笔者认为，公共信息服务标准可以由通用标准和补充标准两个部分组成。通用性标准主要包括公共信息服务及其形式标准、信息服务质量标准（如信息的易获得性、可理解性、准确性、新颖性等）、信息服务业务流程标准、信息服务安全标准和信息服务质量评价标准等；补充性标准主要针对公共信息服务本身的公共性、公益性、公平性、援助性等保障性或救济性政策与措施来进行设计，对公共信息服务主体的资质和选择程序等进行规定，这对公共信息服务碎片化风险的预防及其可能后果将具有一定的兜底功能。

整合公共信息服务平台。一般而言，公共信息服务的参与主体越多，主体选择风险和服务碎片化风险就会越大。信息技术的迅速发展使得政府可以通过搭建并依托于多主体共同参与的公共信息服务平台，实现公共信息服务信息网络和行动网络的耦合。例如，《江苏省政务信息系统整合共享工作实施方案》就提出加快建设"大平台、大数据、大系统"，按照"摸清底数，先整部门内信息系统；协同对接，接入省级共享交换平台；上下联动，推信息共享与业务协同"三步走的方法，解决政府系统内各主体的碎片化服务。推动政务信息共享，不是简单的系统对接，也不是政府部门间的"体内循环"，而是坚持以公众需求为导向，让公众享受到优质高效的数据服务①。这表明，在信息网络与行动网络的耦合过程中，借助于整合的公共信息服务平台，行动主体围绕着服务目标和用户需求可以充分发挥各自的比较优势，在数据资源共享、服务流程细分和业务内容竞争与联动的耦合过程中实现参与主体的多赢，从而一定程度上预防与控制公共信息服务的主体选择风险和服务碎片化风险。

6.3.2　明确公共信息服务社会共治风险的政府责任与问责设计

公共信息服务社会共治中可能出现的服务责任解构风险，意味着需要通过进一步明确政府责任内容及相关问责设计来进行预防或控制。国内有很多学者都曾提出过政府应承担数据开放责任的建议，并总结认为政府数据开放责任包括建立数据标准、保障数据质量、长期安全保存、促进数据增值利用、数据安全风险防护、财政支持与制度设计、监督管理与社会回应等方面②③④⑤。这些成果已经基本将政府数据开放责任的内容概括完整。笔者认为，在此基础上如果能将其放在公共信息服务社会共治的大格局中进行更深入和系统的研究，则将会建构起包括政府数据开放在内的公共信息服务政府责任问题研究体系。

从责任角色看，公共信息服务社会共治只是政府的责任方式和责任内容发生改变，并不是政府责任的消失。政府在公共信息服务社会共治中具有制度与政策供给者、服务决策与监督者、服务组织与竞争管理者和数据资源供

①政务信息共享为常态、不共享为例外破"信息孤岛"，江苏三步走［EB/OL］．［2017-10-15］．http://www.echinagov.com/news/173649.htm.

②相丽玲，王晴.论开放数据的法律属性、责任义务及其相关机制［J］.国家图书馆学刊,2013(5):38-44.

③陈传夫，邓支青.完善政府数据开放主体制度的路径研究［J］.情报科学,2019(1):3-8.

④鲍静，张勇进，董占广.我国政府数据开放管理若干基本问题研究［J］.行政论坛,2017(1):25-32.

⑤陈朝兵，简婷婷.政府数据开放中的责任四题：依据、定位、反思与改进［J］.情报理论与实践,2019(6)：1-7.

给与服务保障者等多重角色。制度与政策供给者，即政府通过制定有关公共信息服务的政策、规章和标准，给所有参与主体提供一个服务行动的准则和规范，从而对公共信息服务过程发挥引导、激励和约束作用，这可以视为是公共信息服务中政府的法治化治理责任；服务决策与监督者是指政府根据社会信息需求的基本状况制定公共信息服务的总目标，并选择达成目标的战略与原则，选择实施这些战略的组织和参与主体，测量这些战略和主体在目标达成过程中的具体情况并适时地作出调整，监控信息服务实施过程中的服务质量、价格和服务规范以及公平性程度等，这可视为是政府对公共信息服务的决策与监管责任；服务组织与竞争管理者是指政府将社会力量引入到公共信息服务过程中，促进多主体协同形成公共信息服务的解决方案，创造公共信息服务的有序、公平竞争环境，保护公众的自由选择机会，这可视为是政府对公共信息服务的组织协调责任；数据资源供给与服务保障者是指政府及其所属机关部门作为公共数据资源的最大拥有者，要在法律法规允许范围内最大可能地实现数据资源的开放共享，从而为各类主体开展公共数据与信息的再开发与再利用创造条件。此外，政府在公共信息服务平台构建、公共信息服务财政保障等方面也应发挥应有功能，这可视为是政府对公共信息服务的基本保障责任。

从责任内容看，政府在公共信息服务中的具体责任内容可以归结为政治责任、行政责任和法律责任[1]。政治责任是指政府对公共信息服务应承担的公共性、公益性、均等性和导向性等责任，从而发挥公共信息服务的社会治理工具与价值功能。在公共信息服务中兼顾城乡、惠及基层，兼顾特殊、惠及弱势，兼顾全体、惠及全民的普遍服务原则即是政治责任的具体要求[2]；行政责任是指政府为了推进公共信息服务而履行的制度保障责

①王文斌，林兴发.公共服务市场化中的政府责任［J］.理论月刊，2007（12）:140-143.
②吴梦.图书馆法规中平等权利保障思想的政府责任视角［J］.国家图书馆学刊，2016（6）:17-22.

任，由制度供给和制度执行两个方面构成。公共信息服务是政府的公共服务内容之一，政府必须为其运行和发展作出一系列制度安排，其具体表现就是制定出相关政策、法律法规等；法律责任是指因法律规定而由各类主体所承担的责任，其中也包括政府的法律责任。《网络安全法》《数据安全法》《保密法》《档案法》《政府信息公开条例》等均对政府数据或信息应该开放、例外开放和限制开放等做了规定，在这些规定中既有促进公开和推动服务的规定，也有安全保护和限制开放的规定。政府机关及其部门是履行开放或保护政府信息与数据法律责任的第一关口。因此，突出公共信息服务中的政府法律责任不仅成为预防公共信息服务社会共治中政府不作为或乱作为风险的基本要求，而且也决定着其他各类服务主体履行法律责任的效果。与此同时，法律责任也要求公共信息服务的社会共治主体及其行为都必须以法治为限度，这是法治为公共信息服务社会共治设置的红线①。

通过上述对公共信息服务中政府责任角色、责任内容的细分，一方面可以使政府及其有关职能部门对其在公共信息服务中的履责情况进行自查与自纠，预防通过公共信息服务外包将服务的政治责任、行政责任和法治责任也让渡出去的风险，强调政府在风险控制中的主体、主角地位，预防并解决前文所述的各种服务责任解构风险的发生；另一方面也有利于分门别类建立起公共信息服务的政府问责与容错平衡机制。公共信息服务中的政府问责可以由目标责任的传统问责、信息安全突发事件的风暴问责、履责过错的常态问责、无为无错的深化问责等不同类型构成②。在建构上述政府问责体系的同时，也要建立容错机制，通过问责与容错机制的平衡来鼓励政府机关及其工作人

①刘振宇."社会共治"的中国言说［J］.北方法学，2018（1）:15-25.

②盛明科，李悦鸣.改革开放四十年干部问责制度:历史图景与发展逻辑［J］.湘潭大学学报(哲学社会科学版)，2019（1）:40-46.

员在公共信息服务领域进行创新。

6.3.3　研判信息安全风险来源，重点管控新型信息安全问题

公共信息服务社会共治中的安全风险有多种来源、多种类型。从全局上看，需要建立全方位的公共信息服务安全风险评价与监管体系；从局部上看，需要重点研判和管控公共信息服务社会共治中可能出现的新型信息安全风险问题。

一是进一步扩大公共数据开放力度和公共信息服务投入强度，增强公共信息服务场域的公信力和影响力，牢牢掌握网络空间话语主动权。政府及其相关部门进一步扩大公共数据开放是开展更广泛公共信息服务的基础。从总体上看，目前我国正经历着从政府信息公开到政府数据开放的整体性转型，包括但不限于政府数据的公共数据开放广度和深度都有进一步拓展空间。在信息繁多的新媒体时代，为了使公众能够更快地获知真相，积极引导舆论，对社会情绪进行疏导，需要在公共数据开放基础上形成有导向的公共信息服务及相关产品投放机制，这就要求通过整合多种公共信息服务供给力量和多种媒体与平台的传播能力，确保公众及时、充分地获得公共信息及相关服务，这对预防话语缺失、信息失真、导向偏差等服务风险具有积极作用。此外，建立一个完善的应急反应机制也是提高公共信息服务决策主动性的关键，它也要求将对公共信息服务社会共治主体的评价与退出机制、媒体应急反应机制等纳入到政府的应急反应机制之中。通过这种强有力的公权力介入，保证网络空间话语权牢牢掌握在政府手中，从而进一步巩固政府在公共信息服务社会共治格局中的公信力和权威性。

二是加强对公共信息服务参与主体中意见领袖的识别、培养和规范管理，预防可能出现的舆情事件与群体事件风险。公共信息服务的社会共治意味着企业、组织或个人等均可以通过开放共享获得公共数据并进行再加工后

向社会提供，新媒体运用为信息服务的更广泛社会提供带来了极大便利。党的十九大报告提出"不断增强意识形态领域主导权与话语权"与"加强互联网内容建设，建立网络综合治理体系，营造清朗的网络空间"两大要求，这在一定程度上就是针对社会主体广泛参与信息活动与网络传播后可能出现的安全风险应对所作出的制度设计。意见领袖是这些广泛参与者（受众）中积极活跃的信息提供者和观点表述者，对引导公共领域舆情走向具有重要作用。因此，如何识别意见领袖、培养和塑造意见领袖与规范意见领袖行为，预防网络舆情的发生及其与现实群体事件两者的叠加，这是公共信息服务优化及其风险控制的核心要义之一。在具体工作中，可以通过制定公共信息服务标准与要求、服务主体资格准入与分级、信息伦理普及与法律法规约束等多种途径来实现对意见领袖这种公共信息服务社会共治主体中"关键"少数的行为规范，从而构建起基于价值认同与价值共识的多主体合作服务格局。

三是加强公共信息服务信息产权流转管理，保障流转过程中各方参与主体的产权利益。2004年12月12日，中共中央办公厅、国务院办公厅印发《关于加强信息资源开发利用工作的若干意见》，该意见提出要妥善处理发展公益性信息服务和保护知识产权的关系、依法保护信息资源产品的知识产权。为此，有学者提出要从信息服务主体资格的多元认定、公益性信息服务的边界清晰、公益性信息服务知识产权豁免、信息服务成本分担机制等方面进行公共信息服务知识产权管理①。这种研究为预防和规避公共信息服务产品的知识产权风险提供了重要思路。应该注意到的是，信息产权并不完全等同于知识产权。有关文献对此曾做过系统分析②③。从类型上来区分，可以将数据或信息资源区分为两大类，即相当部分的数据或信息资源具有知识产权并

---

①陈传夫，盛钊. 我国公益性信息服务的知识产权政策问题［J］. 情报科学,2010（1）:1-7.

②周毅. 信息资源开放与开发问题研究：基于信息权利全面保护的视域［M］. 北京:科学出版社,2012:177-190.

③裴成发. 信息资源体系构建中的信息产权问题［J］. 情报理论与实践,2017（11）:32-39.

享有以知识产权为核心的信息产权；有关数据或信息资源不具有知识产权但它们一般具有信息产权包含的相关权利内容。在上述两类数据或信息资源中，需要引起我们特别关注的是对未被纳入知识产权范围的个人数据或信息、政府数据或信息等人身权与财产权的保护，围绕着这些客体对象一般更易发生侵权风险或产权流失风险。从推进公共信息服务社会共治和预防与控制产权流失风险的双重要求看，鼓励社会力量对具有公共信息产权的数据与信息资源进行增值开发和再利用、加大对非公共信息产权性质的数据与信息资源开发力度并对其利用范围进行科学控制等均是可行措施①。

　　综上所述，公共信息服务从政府单一供给向社会共治模式的转型，可以极大地改善公共信息服务的供给结构与质量。但是任何事物都有其两面性，公共信息服务社会共治模式本身也存在天然缺陷。在公共信息服务社会共治模式组织设计与运行的初始阶段，从思想上充分认识到其可能的风险，依据公共信息服务社会共治的改革内涵和运行机理，预设合理、合法的相关制度或策略，才能最大地释放社会共治对提高公共信息服务绩效的贡献，从而实现公平与效率兼顾的公共信息服务总体目标。

---

　　①周毅.信息资源开放与开发问题研究：基于信息权利全面保护的视域［M］.北京：科学出版社,2012:177-190.

第 7 章
公共信息服务社会共治的因变量要素及其评价

作为公共信息服务社会共治因变量要素的服务绩效体现在公民的信息需求满足（数量与质量）、参与主体的利益分享和公共信息内容产业的生成及其规模化等方面。我们将制定一个公共信息服务绩效测评指标体系，以此来引导政府将公共信息服务职能及其改革放在应有地位。

7.1 社会共治模式下公共信息服务绩效评估的内涵及其意义

7.1.1 社会共治模式下公共信息服务绩效评估的基本内涵

社会共治模式下公共信息服务的绩效评估是运用科学的原则、方法和程序等，对所有参与主体提供公共信息服务所实现或达到的预期目标情况及其在经济、政治、社会等领域的影响所进行的综合评价。研究公共信息服务绩效的主要目的是：建构一个基于结果或产出的公共信息服务模式（outcomes-based service，OBS），并以此来驱动公共信息服务的组织运行。

OBS 是一个以服务结果或产出来驱动整个服务活动和服务评价的结构与系统。在 OBS 模型中，公共信息服务组织者必须对用户信息需求类型与内容、公共信息服务应达到的能力与水平、公共信息服务目标与标准、实现服务目标的政策与措施等有着清楚的构想，并寻求设计适宜的服务模式来保证预期目标的达成度。其中,评估公共信息服务结果或产出就是 OBS 的关键环节。为了实现预期的公共信息服务构想,所有的公共信息服务主体分工、服务政策设计、服务产品加工、服务质量监控等都应在"产出评估"基础上进行"回溯式设计"。由此可见,开展公共信息服务的绩效评估对持续改进和完善公共信息服务社会共治模式有着关键意义。

7.1.2　社会共治模式下公共信息服务绩效评估的意义

社会共治模式下的公共信息服务是指以满足公众的信息需求为基础,强调多元社会力量主体在公共信息服务中的共同参与、分工合作和协同整合,实现公共信息服务价值与目标的一种治理方式。社会共治模式下公共信息服务绩效评估的必要性在于:从宏观上评估并比较政府垄断与社会共治两种公共信息服务模式的差异性及其影响;从微观上对某类或某个专业领域的公共信息服务绩效进行具体和针对性分析评价。具体而言,社会共治模式下公共信息服务绩效评估有以下工具性意义。

一是绩效评估可以回应公共信息服务社会共治模式运行过程与效果进行测评的政治诉求。公共信息服务是公共服务的基本组成内容,长期以来我国公共服务主要采取政府垄断供给模式。近年来服务外包、政府采购、特许经营等提法陆续进入了我们的视野,这些方法在不同公共信息服务领域已经开始了不同程度与水平的实践,欧美国家的一些经验教训也可供参考。如何评价多种社会力量主体参与公共信息服务的进程和效果,探索社会共治模式下公共信息服务的经验教训,这既是公共信息服务本身持续改进的基本要求,也对其他类型公共服务的开展有着重要借鉴意义。从政治意义上看,对公共信息服务的社会共治模式和实践进行绩效评估,可以从理论上回答"社会共治"这一命题的可行性、实效性及其可能的外部性。

二是绩效评估是实现公共信息服务社会共治模式持续改进的重要机制。

以服务绩效评估为基础的公共信息服务模式强调围绕"产出"进行公共信息服务产品、服务组织过程等的"反向设计",即将服务绩效评估中定义的评估指标或意图有机地导入到公共信息服务模式的持续改进之中,明确不同服务主体在服务产品、服务组织过程等方面对于公共信息服务绩效的不同贡献,从而真正实现公共信息服务从以"内容为本"向以"用户为本"的转变。在这个转变中,用户的信息需求和公共信息服务目标优先于公共信息资源配置、公共信息服务组织方式等而存在,公共信息资源开发、公共信息服务组织方式、公共信息服务管理政策等都要围绕着用户需求和服务目标而展开。这意味着公共信息服务的社会共治模式在持续改进中也将进一步聚焦于"用户"和"产出"为中心的理念。

三是公共信息服务绩效评估是政府表达其执政理念与价值导向的重要工具。推进政府信息公开、政府数据开放等是近十年来政府行政中反复强调的理念与要求,在实际工作中我们也看到了政府信息公开状况的显著变化。但是,与政府其他公共服务职能相比,公共信息服务职能显然还没有成为对政府考核的硬约束指标,公共信息服务的法定职能要求也并没有得到确认,公共信息服务的现实进展和实际水平并没有得到社会广泛认可,公共信息服务对经济社会发展的贡献也并不显著。通过公共信息服务绩效评估,将突显政府加大政务公开和数据开放的执政理念,从而进一步强化政府的公共信息服务职能以及政府大力培育和促进公共信息内容产业发展的价值导向。

四是公共信息服务绩效评估是管理或政策部门获得社会不同服务主体具体利益诉求的基本手段。社会共治模式下公共信息服务的参与主体呈现出多元化特征,不同主体在参与公共信息服务时是否可以获得相同或相近的信息源或数据源、是否享有相关的知识产权保护政策、是否能实现参与公共信息服务活动的初始动机(从理论上看,政府部门更多是指向公众认同,市场主体更多关心经济利益,非政府组织则希望获取经费或政策支持)等,这都决定着它们的服务内生动力、服务竞争力和服务水平。纵观世界各主要国家和地区的公共信息服务发展进程，可以看出其利益关系协调模式的变化，它们通常被学者们划分为垄断模式、公私合作模式、民营化和用者付费等。欧美诸国一般还通过政策规定限制公共部门在信息服务领域利用其信息资源占有的优势或垄断地位损害私营部门相关业务发展，从而使各类主体在信息服务领域的竞争更趋公平[①]。从某种意义上看，公共信息服务的社会共治类似于上述公私合作模式，不同参与主体在公共信息服务过程中既有竞争也有合作，这不仅有利于促进服务参与主体多赢局面的实现，而且也可以通过公共信息服务的多渠道和竞争性生产与供给更好地满足公众信息需求。在公共信息服务绩效评估中，评估方可以获得各方主体参与公共信息服务过程时的期望需求和感知需求，从而为公共信息服务社会共治模式的完善提供决策参考。

7.2　社会共治模式下公共信息服务绩效评估的特点与原则

7.2.1　公共信息服务绩效评估的特点

社会共治模式下公共信息服务的绩效评估既不是对政府机构服务绩效的评估，也不是对政府信息服务绩效的评估，它具有以下特点。

一是公共信息服务绩效评估不仅考察公共信息服务的具体流程，而且更加关注公共信息服务的质量与效果。以公共信息服务流程、质量和效果等为基础的评估自然会将设计视角引向公众的信息需求及其实现程度与水平。这种绩效评估并不太关注公共信息服务由谁提供，也相对忽视信息服务提供者如何运作服务过程[②]。

二是公共信息服务绩效不仅考察政府主体所提供的信息服务质量与效

①陈雅芝.政府信息资源市场化开发利用研究[J].情报资料工作,2009(3):55-60.
②孟华.推进以公共服务为主要内容的政府绩效评估[J].中国行政管理,2009(2):16-20.

果，而且关注其他社会力量所提供的信息服务质量、效果及影响等。国内曾有学者对政府信息服务绩效进行过评述[1]，也提出过政府信息服务评估指标体系[2]。但这些视角仍然是将政府作为唯一公共信息服务主体所进行的绩效评估，而对企业、其他各类社会组织等所提供的公共信息服务过程、质量与效果等未有关注。这种绩效评估在评估对象及其指标选择上具有不完备性，也不符合公共信息服务社会共治模式的具体实践。

三是对公共信息服务绩效的评估不仅要对过程与结果进行评估，而且还要从持续影响等层面进行评估。从过程与结果看，主要体现在信息易获得性、信息易用性、信息可用性、从信息利用中获得的帮助与效果、供方和用方从公共信息服务行为中获得的收益等，它反映的是公民信息需求数量与质量的满足程度或水平，也是公众的切身信息获取与消费体验，同时还包括服务供需双方从中所获得的收益；从持续影响看，主要体现在公共信息服务体制与机制及有关法律和政策的效应、公共信息服务产业的发展及其对信息产业内部结构调整所产生的影响等。

7.2.2　公共信息服务绩效评估的原则

社会共治模式下公共信息服务绩效的评估应关注公众信息需求、服务价值和整体绩效。

7.2.2.1　需求中心原则

准确定义公众的公共信息服务需求是实现供给与需求有效对接的首要环节，它直接决定着公共信息服务的公众满意度，也影响和决定着公共信息服务绩效水平。在学术界，虽然对公众满意度与公共服务绩效的相关性问题有

---

①王乃文, 唐毅. 国内政府信息服务绩效评估研究综述 [J]. 情报探索 ,2010(11):81-83.
②李友芝, 谭貌. 政府信息服务绩效评估指标体系的构建 [J]. 情报科学 ,2013(12):33-37.

不同认识①。但是从广义上看，不管公众满意度与公共信息服务绩效在存在方向和数量上是否一致，公众满意度作为公共信息服务的产出之一，理应是公共信息服务绩效测量的组成内容。而决定和影响公众满意度高低的关键因素之一是用户信息需求的满足水平及其实现方式。因此，准确定义用户信息需求并以用户信息需求满足水平等作为公共信息服务绩效评估的基本原则就有其合理性。同时，在公共信息服务绩效评估时应兼顾到公众信息需求的层次性、多元性、变化性等特点。

对用户信息需求的层次性可以有多种理解。学者们通常将用户信息需求分为客观层次需求、认识层次需求和表达层次需求②。在公共信息服务的具体实践中，笔者将用户信息需求的层次划分为基本型需求和发展型需求两个方面。基本型信息需求是用户对原始公共信息或数据的共享、获得和利用需求；发展型信息需求是用户对经过内容再加工、再利用后的公共信息服务产品的获得和利用需求。在公共信息服务绩效评估中，根据当前我国公共信息服务的现实水平，对公众基本型信息需求满足水平的评估应是核心内容之一。基本型信息需求满足水平的评估主要可以从开放性、可靠性、安全性、响应性、公平性等指标上进行③；发展型信息需求满足水平的评估主要可以从信息定制化水平（含信息服务内容与服务形式的定制）、信息定题跟踪服务水平、数据与信息分析的科学化水平等指标上进行评估。

用户信息需求的多元性主要是指用户对公共信息的种类或内容需求呈现出多样化差异。公共事务的广泛性决定了公共信息类型与内容的多样性，也决定了用户信息需求的多元性。目前学界对公共信息种类或内容的划分采取

①王佃利，刘保军．公民满意度与公共服务绩效相关性问题的再审视［J］．山东大学学报（哲社版），2012(1):109-114.

②胡昌平，王宁．基于客户关系管理的潜在信息需求的显化与互动式信息服务的推进［J］．图书情报工作，2005(12):93-96.

③周毅．公共信息服务质量问题研究——基于建立政府与公民信任关系的目标［J］．情报理论与实践，2014(1):17-21.

了多种不同标准①。从当前用户所表现出的信息需求多元性特点看，食品安全信息、环境质量信息、社会保障信息、民生价格信息、教育资源信息、经济发展信息、科技动态信息和交通状况信息等都是用户关注的重点。公共信息服务绩效评估就是要重点对用户的上述多元性信息需求满足程度作出判断分析。

用户信息需求的变化性是指因社会环境和用户自身因素等所引发的信息需求变化。这种变化不仅表现在信息需求数量上，而且也表现在信息需求质量上。从公共信息服务绩效评估的发展看，在评估用户信息需求数量满足水平基础上进一步分析判断用户信息需求质量的满足水平将是基本趋势。

7.2.2.2   多元价值原则

任何一种绩效评价体系都是特定价值取向的表现。建构社会共治的公共信息服务模式是政府为了更好地履行其政治责任（如保护公民知情权等信息权利）、文化责任（如从文明传承要求出发，重视积累文化遗产而不仅是满足当前实际利用需要）、经济责任（如推动信息产业内部结构从信息设备制造向信息服务和内容产业的转型发展）、生态责任（如构建优良的信息生态）等多重责任的充分体现。多重的责任目标导向也要求在公共信息服务绩效评估中采取多元价值评估原则，具体包括以下三个方面。

一是公共信息服务绩效应体现广义的产出，即公共信息服务所带来的所有结果②。就公共信息服务的投入和成本而言，它与普通产品的投入和成本基本相同。由于大多数公共信息服务，特别是基本型公共信息服务具有非竞争性、非排他性的特点，这就使得对用户实际享有的公共信息服务水平和程度变得难以度量，公共信息服务绩效往往表现出间接性、复杂性、多样性和不易统计性等。因此，不能以简单的"机械效率"来衡量公共信息服务的产

---

①夏义堃.公共信息资源的多元化管理研究［M］.武汉：武汉大学出版社,2008:60.
②许淑萍.论我国基本公共信息服务绩效评估的价值取向［J］.理论探讨,2013(6):163-167.

出结果。除了在信息需求满足基础上公众基本信息权利的保障和具体信息消费愿望的实现外,公民参与公共事务机会的增加、公共信息服务参与者相关经济或社会利益的实现、不同地区或人群之间信息差距的缩小、信息生态的改变、公民与政府之间信任关系的改善和公共信息服务产业的规模扩大与结构调整等均是产出内容。这种广义的产出要求将公平性、责任性、经济性等不同价值指向均纳入到公共信息服务绩效评估体系之中。

二是公共信息服务绩效体现在政府、社会组织等各类参与主体提供公共信息服务的质量与能力。将质量与能力等作为导向就是要通过评价标准界定及其体系设计,引导和促进各级政府进行有效的公共信息服务绩效评估与管理。公共信息服务绩效管理不仅要注重基本型公共信息服务的数量与质量,而且也要注重发展型公共信息服务的数量与质量;不仅要关注对政府自身作为公共信息服务生产者或提供者的评估,而且更要关注对政府作为公共信息服务组织者、促进者和协调者职能履行情况的评估。从长远发展看,公共信息服务政策导向和制度安排的合理性、科学性等是决定公共信息服务质量与能力的关键要素,也理应是公共信息服务绩效管理与评估的基本内容。

三是公共信息服务绩效体现在公共信息服务的社会公平与持续发展能力。公共信息服务基本属性之一是公共性,就是要求在社会公众之间公正合理分配公共信息服务产品,特别是公平、公正地配置和提供基本型公共信息服务产品,其中包括机会公平与结果公平两个方面。为了体现机会公平与结果公平的原则,考察社会是否具有相对健全的公共信息普遍获取制度、信息扶贫与信息援助机制等就是公共信息服务绩效评估的重要观测点之一。公共信息普遍获取制度是指按照"普遍共享、人人受益"的原则,从法律、政策制度上保障任何人都可以通过免费或合理付费方式,无限制、自由、平等地获取公共信息。它主要包括政府信息公开制度、科学信息开放获取制度、公共数据开放共享制度等;信息扶贫是指政府运用政策、法律以及其他宏观调控手段，对信息贫困的农村、西部地区等给予信息基础设施建设、公共信息资源保障的投入，切实保障和增加他们平等地获取和利用信息的机会和权利；信息援助是由政府和社会力量免费或者低费用为社会弱势群体提供信息产品和信息服务的一种公益性活动，它是保障信息公平的基本路径选择[①]。公共信息服务的持续发展能力是指体制、机制、制度环境等因素对公共信息服务持续发展所可能产生的影响。公共数据开放共享的制度与机制、公共信息服务的体制与机制、公共信息产权管理制度、公共信息服务产业链的形成机制等均决定着公共信息服务能否持续健康发展。例如，在2015年《促进大数据发展行动纲要》中提出若干"大数据工程"的政策指向事实上都直接或间接与公共信息服务相关，它必将对我国公共信息服务持续发展能力这个远期绩效指标产生积极影响。

因此，对公共信息服务绩效评估不仅要评估公众满意度等显性指标，而且要评估服务能力、社会公平、持续发展潜力等隐性指标，这样才能使公共信息服务绩效评估具有更为全面、准确的价值内涵。

7.2.2.3　整体评估原则

社会共治的公共信息服务绩效整体评估就是应将各类主体参与公共信息服务的协同水平和全部产出等作为绩效评估对象，而不仅仅是对一时、一地或某一主体的某类公共信息服务行为及其效果进行评价。公共信息服务绩效整体评估所对应要求解决的是公共信息服务碎片化和业余化问题。

所谓公共信息服务碎片化是指在公共信息服务供给的过程中，由于多元供给主体相互之间缺乏有效沟通与协调合作，无法通过合作性行动开展公共信息服务，从而导致公共信息服务有效供给不足、效率不高等的状态[②]。社

---

①王培三．公共信息公平及政府的主要职责［J］．图书馆，2013(1):43-46.
②张贤明，田玉麒．整合碎片化：公共服务的协同供给之道［J］．社会科学战线，2015(9):176-181.

会共治模式不是也不应该是造成公共信息服务碎片化的根源。笔者认为，公共信息服务碎片化的主要原因是多元服务主体之间在组织机制、功能定位、要素配置等方面处于分散状态，没有建立起公共信息服务的行为共同体，即它们没有行动上的协调互动、制度上的相互配合、机制上的相互衔接、数据与信息上的相互共享。公共信息服务的社会共治就是将整体性治理理论运用到信息服务实践，推动多元主体在数据与信息共享基础上借助大数据技术实现集成式或整合式公共信息服务①。

所谓公共信息服务的业余化是指由于参与主体的业务分工不明，服务人员和服务机构的专业化程度不高，导致公共信息服务水平与质量参差不齐，很难满足用户的个性化信息服务需求。公共信息服务业余化现象主要表现为：政府或其他公共部门的数据与信息组织没有到位，数据与信息的可用性、易获得性等较低；对专业性较强（如金融信息、经济统计信息等）的数据与信息分析服务没有能够以用户可理解的方式进行表达与呈现，公共信息服务生产或提供未能契合用户真实的信息需求等。这些"业余化"现象产生的主要原因是公共信息服务多元主体的专业或领域分工合作机制尚未形成。多元主体的社会共治就是要将专业化分工合作机制运用到公共信息服务实践，在发挥各类主体不同特长的基础上实现更加专业的公共信息服务。

因此，对公共信息服务绩效的评估应着眼于整体思维，以公共信息服务碎片化和业余化现象的消除等作为重要观测点，全面评价政府、各类社会组织等在公共信息服务上的协同水平和综合产出效果。

---

①韩兆柱,翟文康.大数据时代背景下整体性治理理论应用研究［J］.行政论坛,2015(6):24-29.

7.3　社会共治模式下公共信息服务绩效评估的维度

7.3.1　公共信息服务的类型

公共信息服务的类型是指公共信息服务所涉及的公共信息内在结构、公共信息种类及其相关配套服务和公共信息服务的层次结构等。学界对公共信息内在结构和公共信息资源结构体系等均有系统研究[①]，但现有研究所做的分类因其并未与用户信息需求相连接而体现出相对价值，所以对其进行绩效评估的意义并不突出。在公共信息服务的类型维度中，真正与用户需求相连接并具有相对价值的是公共信息服务的层次结构。按用户信息需求的不同，可以将公共信息服务区分为基本型和发展型服务两种层次类型。上述两种层次类型无论是在公共信息加工程度、公共信息服务组织方式、公共信息服务质量上均表现出一定差异。

在公共信息加工程度上，基本型公共信息服务提供的是原始公共信息或公共数据，在服务过程中，服务供给方一般仅对公共信息或数据进行语法层次的加工，它能够满足用户基本的信息需求，如信息查证需求、信息知悉需求等；发展型公共信息服务提供的是再加工、再开发的公共信息产品，供给方一般会对公共信息或数据进行语义、语用层次上的加工，它能够满足用户个性化的信息需求，如情报分析需求、决策咨询需求等。

与上述公共信息加工程度相对应，在公共信息服务组织方式上，基本型公共信息服务一般由形成或管理公共信息的政府或其他公共部门直接提供，发展型公共信息服务则由政府、各类社会组织共同参与提供。上述组织方式

---

①夏义堃.公共信息资源的多元化管理研究［M］.武汉：武汉大学出版社,2008:60.

上的差异，既有因公共信息服务难易程度不同而产生的分工要求，同时也有保证公共信息服务公平与效率的目标要求。基本型公共信息服务侧重于是保障全体公民的信息知情权，它重点评估的是信息公平目标的实现；发展型公共信息服务侧重于保障公民信息利用权与信息获益权，它重点评估的是信息利用效率目标的实现。

在公共信息服务质量上，无论是基本型或发展型信息服务均涉及公共信息服务内容与形式上的一些质量指标。对公共信息服务质量评价既要关注服务过程，也要关注服务结果，更要重视公共信息服务产品本身的质量。公共信息服务质量评估由可靠性、安全性、响应性和公平性等质量要素构成，上述质量要素分解为若干质量特性[①]。虽然基本型与发展型公共信息服务的质量评估要素具有一定相似性，但在质量要素中对质量特性的关注却有着显著差异。例如，在响应性这个质量要素上，基本型公共信息服务会关注及时性与便利性，而发展型公共信息服务则会更加关注针对性和互动性等。

7.3.2 公共信息服务的过程

公共信息服务过程的便捷性、规范性和协同性是公共信息服务绩效评估的重要维度，这些过程特性着眼于从参与社会共治的多元主体而不是从单一供给主体角度来评估公共信息服务质量。

公共信息服务过程的便捷性。这是指公共信息服务不仅要有用户认可的服务形式，而且要有高效便捷的公共信息服务机制与平台。用户的需求表达及其与服务者的互动机制、公共信息获取途径、公共信息服务的导航

---

①周毅. 公共信息服务质量问题研究——基于建立政府与公民信任关系的目标 [J]. 情报理论与实践,2014(1):17-21.

指引与帮助、公共信息服务的产品形态创造等均是影响服务过程便捷性的基本要素。

公共信息服务过程的规范性。这是指各类主体参与生产或提供的公共信息服务都要按照一定的服务标准和服务程序进行，以保证公共信息服务公开、公平和公正。公共信息服务的标准和程序主要包括：政府信息主动与被动公开的对象选择、工作流程、时间要求等必须符合有关法律法规的规定；公共信息服务流程、质量标准、价格政策等应向社会公开；各类主体参与公共信息服务的范围、权责、进入和退出机制等应有明确界定；公共信息服务中采取的政府采购、服务外包等形式与程序必须合法合规；公共信息服务中发生的各种侵权行为均应有救济与保障机制等。

公共信息服务过程的协同性。公共信息服务是一个多方主体共同参与的社会共治过程，围绕着公共信息服务的生产或提供，各类主体相互之间能否建立起可靠的合作与信任关系，发挥各自能力与资源优势以实现功能上的互补，这是影响和决定公共信息服务供给水平与能力的一个关键因素。公共信息服务过程的协同性可以从要素整合与主体互动两个维度上进行认识。在要素整合维度上，主要包括公共信息、管理资源、服务行动、服务绩效的整合；在主体互动维度上，主要是各个服务主体之间的公共信息开放共享、管理资源的优化配置、服务行动的最优同步、服务目标与信息需求的动态匹配[①]。公共信息服务过程协同的理想状态应是实现上述两个维度的全面整合和互动。

7.3.3 公共信息服务的结果

结果导向的绩效评估将更多关注各个结果指标维度。人们一般认为，绩效评估指标之间具有以下的逻辑关系，"投入"—"过程"—"产出"—"直

---

① 周毅．政府信息资源管理研究：视域及主题深化［M］．上海：复旦大学出版社,2015:234．

接或间接结果"—"最终结果"①。对于结果而言，投入、过程、产出等指标其实都是结果指标的基础。公共信息服务的结果至少可以从以下三个维度上进行分析，即公民信息需求满足（数量与质量）、服务主体的目标实现和公共信息服务产业的生成及其规模化。

（1）从公民信息需求满足维度上看，至少应包括覆盖面、水平度、均衡度、共享度、满意度五个方面。

覆盖面。这主要是指我国基本型公共信息服务应覆盖到城乡、惠及到全体居民。目前,我国基本型公共信息服务以政府信息公开为主,且在内容主题、载体形态、服务对象和服务方式等方面均呈现出局部性、有限性或单一性特点②。从满足公民信息需求的要求看，基本型公共信息服务应实现内容丰富、形态多样、对象多元和及时新颖等基本目标，除政府信息公开外，各类公共数据的开放共享也应是基本型公共信息服务的组成内容。只有实现了上述目标，公共信息服务的覆盖面才有基本保证。

水平度。社会经济发展使得公众对公共信息服务数量和质量的需求不断提高，如何提高公共信息服务水平仍然是摆在各级地方政府面前的难题。从北京大学公众参与研究与支持中心发布的《中国行政透明度观察》报告可以看出，作为基本型公共信息服务的政府信息公开存在以下问题：政府信息公开整体水平有待提升；政府信息公开指南的完整率与准确率较低，指南更新工作不到位；依申请公开总体回复率不到六成；网络申请渠道普及率不足五成，且还存在大量虚假申请渠道等③。因此，如何进一步提高政府信息公开水平，推进政府数据或公共数据的开放共享，在努力提高基本型公共信息服

①西奥多·H.波伊斯特.公共与非营利组织绩效考评:方法与应用［M］.肖鸣政,译.北京:中国人民大学出版社,2005:43.

②施雪华,邓集文.当前中国政府公共信息服务的问题与对策［J］.行政论坛,2008(2):22-27.

③北大报告:中国行政透明度观察(2014—2015简明版)［EB/OL］.［2016-07-26］.http://www.360doc.com/content/15/1006/06/79186_503532002.shtml.

务水平的同时，逐步扩大发展型公共信息服务就是从总体上提升我国公共信息服务水平度的关键。

均衡度。提高公共信息服务均衡度是指在公共信息服务的供给上要逐步缩小城乡、地区和不同人群之间的信息服务差别。为了研究和解释不同地区或人群之间的公共信息服务供给差异，于良芝等曾以相关历史研究成果、统计资料和政策文本为依据，考察了新中国成立以来农民信息获取机会的变化及其与相关因素的关系，并从理论上解释了我国农民处于信息劣势的根本原因[1]。这种研究从理论上表明，实现我国公共信息服务的均衡目标还有很长的路要走。笔者认为，在公共信息服务均衡度背后反映的是信息公平性。例如，对弱势群体信息获取利用的特别援助就体现了对其信息权利的尊重和保护，这也是社会文明程度和信息公平程度的重要标志。

共享度。公共信息共享度是指不同主体形成或保存的公共信息借助一定机制或平台等实现相互开放利用的程度。公共信息共享程度和公共信息的类型与内容、形成与管理主体、共享机制与模式等关键问题密切相关[2]。从提高公共信息共享度要求出发，针对不同类型与内容的公共信息，制定信息共享规则、信息描述标准、信息汇交管理制度、开放存取或出版机制和信息联盟机制等均是可行对策。

满意度。公民满意度与公共信息服务质量息息相关。要满足公众信息需求，提高公共信息服务质量，就要关注公众信息需求的以下变化[3]，即从基本型信息需求向发展型信息需求的变化；从功能性需求向功能与形式需求并

---

①于良芝,谢海先.当代中国农民的信息获取机会:结构分析及其局限 [J].中国图书馆学报,2013(6):9-26.

②诸云强,朱琦,冯卓.科学大数据开放共享机制研究及其对环境信息共享的启示 [J].中国环境管理,2015(6):38-45.

③周毅.公共信息服务质量问题研究——基于建立政府与公民信任关系的目标 [J].情报理论与实践,2014(1):17-21.

重的变化；从知的需求到用的需求变化。因此，注重公共信息内容的再加工与增值服务、丰富公共信息服务产品的形式和提供公共信息的消费指导服务（延伸与跟踪服务）等就成为提高公众满意度的重要举措。

（2）从公共信息服务供给者维度看，主要表现为服务主体的目标是否实现。

社会共治模式下公共信息服务供给者是多元的，既包括政府，也包括企业或有关社会组织。上述主体参与公共信息服务生产或提供的初始动机有着一定差异。对政府主体而言，直接参与公共信息服务的生产或提供，这是其在履行基本职能与基本义务，其目标是通过职能或义务履行从而获得公众对政府的信任和认同。近年来，由于在政府信息公开为主体的公共信息服务中出现了"无所谓、无热情、无底气"现象，我国也不同程度地出现了政府信任危机。这种信任危机既来源于对基本型公共信息服务及时性、客观性和全面性的质疑，也来源于对发展型公共信息服务（以回应、互动、增值、个性化等特征）需求未得到响应的期盼。若从这个角度看，我国公共信息服务效果还有巨大的提升空间。

对企业或有关社会组织而言，它们参与公共信息服务生产或提供的直接动机是获得经济利益或政府财政资金支持，同时也带来社会利益的实现。以专业信息服务服务商为代表的企业主体，其目的是希望借助于专业化生产或服务能力，通过市场选择与竞争，能够在参与公共信息生产或服务活动中实现市场利润目标。有关社会组织则是希望与政府进行合作，通过基础性购买、项目性购买等合作方式承接公共信息生产或服务项目，从而获得政府财政资金支持。从社会组织获得基础性、项目化的公共信息生产或服务的具体途径看，一般有竞争性或非竞争性两种方式[1]。若政府将公共信

---

① 彭少峰，杨君. 政府购买社会服务新型模式：核心理念与策略选择［EB/OL］.［2016-7-27］.http://www.cssn.cn/shx/201607/t20160726_3135404_1.shtml.

息服务生产或服务的任务直接或定向委托给具有官方性质的社会组织进行，则此种方式不具有竞争性或竞争性相对较弱。如果公共信息生产或服务项目是通过竞标方式实现项目委托，则此种方式具有竞争性且竞争性相对较强。一般而言，通过竞争性方式进行的项目委托往往能取得更好的服务成效。从公共信息服务供给绩效评估的角度看，企业或其他社会组织因逐利动机而进入公共信息服务领域，在实现利益目标的同时，它们也切实地推动了公共信息服务供给效率的提高与质量提升。只要企业或有关社会组织仍然还有参与公共信息服务的积极性，则可以认为其功利性动机不同程度上得到了实现。

如果企业或有关社会组织的利益动机得到了保障，则它们参与基本型与发展型公共信息服务的内在动力才可能得到激发，公共信息服务质量提升就具备了竞争性基础，公民对政府的信任与认同目标才可以最终实现。从终极意义上看，公共信息服务供给者的具体目标虽然各不相同，但其最终还是归结在促进公众对政府的信任与认同这个目标上，这也符合政府主体作为公共信息服务"组织者""协调者"和"责任承担者"的目标。无论何种组织生产或提供公共信息服务，这只是意味着公共信息服务供给机制的市场化或社会化，而并不是公共信息服务责任的市场化或社会化。只要是属于花费了公共财政而形成的公共信息服务，其最终责任都属于政府，在公共信息服务绩效评估中都应该贯彻外包服务但不能外包责任的原则。

（3）从公共信息服务产业维度上看，主要表现为公共信息服务产业规模扩大及其所引发的信息产业内部结构调整。

与直接满足公众信息需求和参与主体实现其利益目标相比较，公共信息服务产业生成及其规模化扩张是公共信息服务社会共治的间接指向目标。世界经合组织的报告指出，公共部门信息商业性再利用的价值链包括四个层次：数据创造，聚合和组织，处理、编辑和包装，市场开发和传播①。虽然这个表述针对的是公共部门信息商业性再利用，但它在内涵上与发展型公共信息服务基本相似。有学者将上述四个层次分别界定为数据层次、工具层次、服务层次和市场层次②。此外，国内也有学者从传播（含复制、关联、搜寻和推送等内容）、演化（含标注、融合、更新和服务）和涌现（含留存、消失、质变和新生）三个方面构建了信息资源开发利用工作的演化模型，以此为基础提出了一个由信息资源开发、传播和利用的信息资源产业链③。笔者赞同上述分析。从理论上看，公共信息服务产业也有一个由信息开发、传播和利用等构成的内在价值链和产业链。随着公共信息服务的深入及其产业规模的逐步扩大，信息产业内部构成状况也会因此而发生变化，这种变化带来的显著效果就是信息产业高度化以及国民经济结构的进一步优化。

综上所述，从公共信息服务的类型、过程、结果等维度综合评估公共信息服务绩效，兼顾了公众的信息需求、多维的价值属向和对社会共治模式的整体评估要求。上述绩效评估结果通过"回溯式设计"可以用来指导公共信息服务社会共治模式的再思考，从而使公共信息服务的主体协调、政策制定、产品创新和流程优化等方面得到持续改进。

---

① OECD.Working Party on the Information Economy Digital Broadband Content: Public Sector Information and Content [EB/OL]. [2014-9-15] .http://www.oecd.org/dataoecd/10/22/36481524. Pdf.

②冉从敬,陈传夫,贺德方.公共部门信息增值利用的社会责任研究 [J].中国软科学,2014(12):48-59.

③冯惠玲,贾子娟,朝乐门.信息资源的开发利用及其产业链研究 [J].情报理论与实践,2015(1):39-43.

第 8 章
公共信息服务社会共治的法治化研究

在公共信息服务社会共治的不同要素变量中始终存在着不同的利益、机制、权利、责任等，调整和处理上述问题必须具有法治思维。公共信息服务的社会共治最终都面临着规范服务行为和提高服务质量的问题，都表现为应建立一种公正、有效的服务秩序并依赖于制度化规则体系的建立。公共信息服务的社会共治从发动、形成到有效运作等均贯穿着对法治的需求。公共信息服务法治化是一个过程，即从法治理念到法律制度，再到法律实现的过程。目前，我国公共信息服务在有关法律中未有系统性规定，公共信息服务也没有具体行为规则，公共信息服务制度安排和保障措施等均较为零散，这就直接导致了作为公共信息服务窗口之一的政府网站出现了群众反映强烈的"不及时、不准确、不回应、不实用"等问题[1]。如何用法治思维系统思考上述现象已经十分必要。

在理论研究中，近年来学界多从某种具体的公共信息类型（如政府信息公开、政府数据开放、气象信息服务、公共信用信息管理等）出发提出

---

①国务院办公厅.国务院办公厅关于开展第一次全国政府网站普查的通知［EB/OL］.［2015-11-15］.http：//www.gov.cn/zhengce/content/2015-03/24/content_9552.htm.

基本目标、立法问题或具体操作方法①－⑤，这就使得我国公共信息服务在具体服务领域及其制度设计或实现方法上呈现出不均衡或相互冲突的现象⑥。除此之外，将研究视角囿于某一具体的基本型公共信息服务（如政府信息公开、公共数据开放等），而相对忽视更高层次的发展型公共信息服务⑦，这也不利于我国公共信息服务的整体推进和深化转型。为此，从宏观视野上，运用法治思维对公共信息服务问题进行再思考，已经成为引领和推动公共信息服务改革与发展、加强法治政府建设、保护公众信息权利的必然要求。

8.1　公共信息服务法治化的短板分析

我国公共信息服务法治化的短板可以从法治理念、法律制度依据、法律保障机制三个方面进行分析。

8.1.1　加强公共信息服务的法治理念

法治理念是人们对法律的功能、作用和法律实施所持有的内心信念和观念，是指导立法、执法、守法实践的思想基础和价值追求。我国公共信息服务法治理念不到位的问题体现在以下四个层面。

---

①国务院.国务院关于印发促进大数据发展行动纲要的通知［EB/OL］.［2016-1-15］.http：//www.gov.cn/zhengce/content/2015-09/05/content_10137.htm.

②周汉华.我国信用信息管理的立法现状与未来［J］.中国发展观察，2007(10)：55-57.

③王勇.政府信息公开法律制度的理论与适用［J］.中共中央党校学报，2008(1)：107-109.

④王军，臧淑英.地理信息公共服务平台的网络化服务建设研究［J］.测绘与空间地理信息，2010(2)：14-17.

⑤夏义堃.公共信息服务的社会选择——政府与第三部门公共信息服务的相互关系分析［J］.中国图书馆学报，2004(3)：20-25.

⑥周毅，孙帅，等.政府信息资源管理：视域及主题深化［M］.上海：复旦大学出版社，2014：184-205.

⑦周毅.论政府信息增值服务及其运行机制的创新［J］.图书情报工作，2008(1)：39-42.

一是公共信息服务还没有成为政府的法定职责，这就决定了公共信息服务水平并没有成为考量政府绩效的必然要素。强调依法行政和建设社会主义法治国家，也应该强调政府行政系统职责的法定性。在目前情况下，我国有关成文法对政府公共信息服务并没有具体严格规定，也就是说公共信息服务还不能够说就是政府行政系统当然的法律职责。那么，公共信息服务的法治化首先要强调并明确公共信息服务应该是政府行政系统的法律职责，公共信息服务应该成为政府行政系统必须选择而不是可以选择的义务，虽然政府行政系统可以选择不同方式来组织和推动公共信息服务的实现。

二是对公共信息服务"公共性"未有明确法律界定，这就决定了公共信息服务没有科学规范的体系。对公共信息服务中的"公共性"（包括纯公共物品、准公共物品）如果不进行严格法律界定，就无法确定它的范围。依服务内容不同，公共信息可以区分为科教信息、气象信息、地理信息、信用信息、法律法规信息、食品安全信息等。依据服务层次和信息加工水平，上述不同内容的信息可以划分为基本型和发展型两类公共信息服务，这两类服务的"公共物品"在属性上也表现出一定差异性，对其采取什么样的调整策略就应有所区别。如果不用法律对上述基本问题，特别是公共信息服务"公共性"属性及其程度（公共物品或准公共物品）、公共信息范围等进行界定，就会使公共信息服务变得模糊不清。在公共信息服务"公共性"及其内涵等问题还无法确定的情况下，要求政府行政系统很好地履行公共信息服务职能或义务显然就是一句空话。当然，公共信息服务规范体系不能简单地等同于它的内容，还有主体、对象、实现方式和行为规则等问题[1]。不言而喻，通过对公共信息服务及其公共性等关键概念进行法律界定，可以使复杂的公共信息服务问题有相对规范的体系。

---

①关保英.政府公共服务的法律建构研究［J］.湖北大学学报(哲学社会科学版),2013(1):81-87.

　　三是公共信息服务相关法律制度建设理念或价值导向并没有突出公民的公共信息获取权或知情权。在这种情况下，公民获得公共信息，仅仅是从实际行为中受益，还是一项受法律保护的权利，这成为一个难以回答的问题。从表面上看，上述两种理解或做法的效果几乎相同，但实际上反映了隐藏于立法者心中的理念，两者之间显然有着本质区别。公民、法人和其他组织可以从有关主体履行信息公开义务的行为中受益，但这并不一定意味着公民、法人和其他组织就享有信息获取权或知情权。从法律法规的立法技术上看，不同的公共信息服务法律法规在文本开始都会直接或间接地表明其立法目标、任务或目的，这个表述通常也就能体现出立法者的理念或价值导向。例如，《政府信息公开条例》表述为：为保障公民、法人和其他组织依法获取政府信息，提高政府工作的透明度，促进依法行政，充分发挥政府信息对人民群众生产、生活和经济社会活动的服务作用；上海市等地方《公共信用信息归集和使用管理试行办法》表明的立法目的或目标是：为规范公共信用信息的归集和使用，优化公共信用信息服务；《气象信息服务管理办法》（征求意见稿）则表述为：为规范气象信息服务活动，培育气象信息服务市场，促进气象信息服务有序发展，满足经济社会发展和人民生活对气象信息服务的需求。上述制度文本都有意或无意地回避了一个基本问题，即公民获取与利用公共信息是否是其应享有的一种信息权利。是否明确提出公民获取与利用公共信息权利的命题并以此作为立法基点显示了立法者的价值取向。虽然上述有关法律文本在客观上也可以使公民从公共信息服务中获得受益，但它并没有明示这是公民行使的一种信息权利。从现阶段立法看，它已实际反映出隐藏于立法者心中的理念，即信息立法的终极价值关怀是什么的问题[①]。这表明，目前我国部分与公共信息服务有关的立法并没有突出以"权利保护"

---

　　①周毅.以信息权利保护为中心的信息立法价值导向探讨——对我国信息立法若干文本的初步解读[J].中国图书馆学报，2010(1)：93-99.

为中心的立法价值观。当然，部分与公共信息服务有关的法律法规，如《中华人民共和国著作权法》《信息网络传播权保护条例》等，也显示出"权利保护"为中心的立法理念。在我国公共信息服务领域立法中所出现的"权利保护"或"义务要求"两种不同立法价值导向表明，用"权利保护"的立法理念从源头上统率公共信息服务法律制度的总体建构十分必要。

　　四是有限的公共信息服务法律法规执行力度欠缺，影响了现有公共信息服务法律法规的实际效应。近年来，社会公众见证了信息公开由学理言说和纸面规范逐渐走入制度设计的过程，目前部分公共信息服务法律法规也正在加紧推进执行，但不可否认的是，公共信息服务（特别是政府信息公开服务）法律法规执行中的"无所谓、无底气、无热情"现象仍然存在。由于种种现实挑战和困难，即使是政府信息公开制度的执行与贯彻，迄今也并未完全成为"常态"。具体表现在：在中央部门中，国务院组成部门和直属机构表现较好，直属事业单位和部管局的信息公开水平差距明显；在地方政府中，省、市、县三级政府及其机关的透明度逐级递减；"三公"经费、权力清单与环保监督等重点信息公开力度逐级递减；申请公开总体回复率不高，总比例不到六成，从中央部门到县级政府，回应率逐级递减；政府信息公开指南的完整性与准确性较低，指南更新工作不到位；申请渠道通畅性有待提高，网络申请渠道普及率不足五成，且存在大量虚假网申渠道；政府不回复或超期回复信息公开申请情况较为普遍；公民所申请的信息实际公开率偏低，不公开理由多种多样①。从公众需求角度看，一方面，尽管行政机关主动公开了大量公共信息，但是与公众切身利益相关的一些关键信息，如食品药品安全、医疗服务收费、教育服务收费等信息，则仍然公开得不够；另一方面，尽管《政府信息公开条例》对信息公开内容与程序等都有规定，但是具体到每一

---

① 中国行政透明度观察报告 (2014-2015)［EB/OL］.［2015-11-16］.http：//ogi.cppss.org/a/gb2312/news/20150930/1404.html.

份信息公开申请的办理上，总感觉落实得还不够①。虽然上述现状调查与测评是以公共信息中的"政府信息"为核心，也主要是以几年前的数据为基础，但基本反映了我国公共信息服务法律法规的执行状况。

8.1.2　完善公共信息服务的法律制度

公共信息服务既可以作为一种理念而存在，也可以作为一种行为而存在，更可以作为一种制度而存在。从理念上看，政府和公民正逐步认识到公共信息服务的重要性和必要性，也开始了以政府信息公开服务为核心的公共信息服务具体行为，但作为一种制度而存在的公共信息服务显然还有着很多问题。

正式制度一般是指以法律、法规、司法解释、规章等形式对公共信息服务行为所作出的安排，它不仅可以以公共信息管理与服务的法律制度文本形式出现，也可以是在其他领域法律中作出相关规定。公共信息服务是涉及全社会的公共物品或准公共物品，不同程度具有公共物品的非排他性与非竞争性特征，因此，实现广泛和高水平的公共信息服务必须依靠政府提供具有强制力的正式制度保证。

为了推动公共信息服务的进行，欧美诸国均对公共信息开放与再利用进行了系统性的制度规定。例如，美国的《信息自由法》《公共信息准则》《美国联邦信息资源管理政策》《联邦地理数据库中的公共信息获取与个人隐私保护政策》《文书削减法》，欧盟的《公共部门信息再利用指令》和各成员国的公共部门信息再利用规则等。通过内容分析可以发现，欧美公共信息服务制度内容的主要要素有：保障公民权利、明确政府职责、确定参与主体、设计保障机制和规范服务品质等。

我国公共信息服务的法治进步总是与政策交织在一起。从某种意义上讲，

---

①段国华，后向东.政府信息公开：成效可观未来可期——写在《全面推进依法行政实施纲要》颁行 10 周年暨《政府信息公开条例》施行 6 周年之际［J］.中国行政管理，2014(6)：9-13.

我国每一次法治进步都是在政策推进下完成的。我国公共信息服务的法治依据可分为法律、行政法规、部门规章和其他规范性文件。其中，规范性文件包含各种以党政机关等政策主体用公文形式下发的各类规定、办法、决议、战略、规划、计划、方案、命令、通知、通告、意见、标准等。总体上看，目前我国并没有将公共信息服务制度作为一个制度系统进行整体思考和体系建构。具体而言表现在：

首先，从基础性层面上看，我国公共信息资源管理与服务法律制度的系统性设计明显不够，顶层设计和统筹规划有待加强。根据有关项目组的研究，我国公共信息服务的相关规定大都作为其他法律（如《刑法》《广告法》《档案法》《保密法》等）的条款出现。在有关公共信息资源开发利用或服务政策的渊源中，数量最多的为规范性文件，其次为法规规章，再次为各种规划和计划，法律、国家标准等形式出现最少[①]。据初步统计，在4885件政策文件中，国家法律、行政法规和部门规章三类"法"的性质更强的公共政策，所占比重不足17%。这从数量上反映出我国公共信息服务政策的法治化水平不高。如果我们对这17%的公共政策进行具体内容分析，可以发现其中90%以上的内容都与公共信息服务没有直接关系，一般都是个别内容间接涉及了这个领域。从制度规定的核心内容及其必要性与可行性要求看，对一系列公共信息资源管理与服务的基本法律问题进行原则性规定已经十分紧迫。例如，公共信息资源管理的法律制度原则、公共信息资源的各类权利属性与类型、公共信息资源规划与配置、公共信息资源建设、公共信息资源开发利用与服务、公共信息资源保护、相关的法律责任与救济等具体法律制度的基本精神及主体内容等[②]，这些都是制定有关部门法律或行政法规的基本依据。

---

①赵国俊.中国信息资源开发利用政策体系的优化发展研究报告(未公开发表)[R].国家社科基金重大项目结题研究报告.2015.

②赵国俊.我国信息资源开发利用基本法律制度初探[J].情报资料工作，2009(3)：6-10.

其次，现有公共信息服务法律制度存在覆盖不全、碎片化与局部化等问题。目前除《政府信息公开条例》《互联网信息服务管理办法》等外，我国公共信息服务制度建设的基本态势更多是呈现出专业化、地区化特点。专业化或地区化是指对某一专业与行业类的公共信息服务法律制度已经开始起步，并率先在地区层次上进行立法和执法，它们存在位阶低、规范性弱、变动性快等问题。无论是从数量上还是从质量上看，公共信息服务制度均是我国信息管理制度中的短板。虽然《政府信息公开条例》已出台多年并也经过修订，它也突出了公共信息服务中的重点和难点，但从制度效应上看，公共信息服务不等于政府信息公开，这不仅表现在公共信息范围远大于政府信息[1]，而且也表现在服务方式上公共信息服务既有原生态信息服务（即通常认为的信息公开，也可称之为基本型公共信息服务），还有增值态信息服务（或称为发展型公共信息服务）。因此，即使是对政府信息这类公共信息而言，有关制度也并未涉及增值态政府信息服务。从公共信息类型上看，2004年中办、国办 34 号文件发布之后至 2009 年底，公共信息服务政策关注的重点是政府部门掌握的各类政务信息、交通信息、信用信息、空间信息、个人信息等；2010 年至今，公共信息服务政策关注的重点是农业、经济、人口、教育、医疗卫生、知识产权（如专利）、能源、地理等信息类型。但从总体上对全部公共信息服务进行一揽子规定的相关制度并没有出台，这就使不同类型公共信息服务呈现出标准、程序、方法等纷繁复杂的局面。

最后，公共信息服务制度建设已明显滞后于我国公共信息服务实践的现实需求，制度老化问题比较突出。近年来，公众除要求能够实现准确、及时、实用和互动的基本公共信息服务之外，个性化与定制化、融合式与可视化、聚类式等公共信息服务需求也已产生。事实上，仅由政府及其有关部门提供公共信息服务已经无法适应上述变化。与此相适应，信息服务外包、社会主

①蒋永福. 国际社会关于公共信息开放获取的认识与行动 [J]. 国外社会科学，2007(2)：68-72.

体参与等公共信息服务新实践已在局部行业或专业领域开始出现，但我们的法律制度却对此未能给予明确回应。

8.1.3   健全公共信息服务的法律保障机制

目前我国公共信息服务的保障机制存在以下主要问题。

一是需求感知的模糊性。公众的信息需求是公共信息服务过程组织及其质量保障的前提。但是，目前不少地方政府却往往基于利益或服务的可能性为公民提供公共信息服务。这种漠视社会需求的做法大大降低了公共信息服务的有效性，也造成了社会资源的极大浪费。已经建成的有限的公共信息服务工程或平台数据库可能会因用户太少而事实上成为"政绩工程"或"形象工程"。

二是服务提供的有限性。公共信息共享与开放的理念未到位、公共信息服务的社会共治机制未形成、信息孤岛障碍等，都导致只有局部、有限的公共信息开放服务，建立在大数据环境基础上的集成、聚合的公共信息开发服务还未启动。具体而言，这种服务的有限性来自三个方面：一则与民众期待得到更多、更好的公共信息服务需求相比，政府可用于公共信息服务的财政投入在一定时期内十分有限；二则政府本身的公共信息服务能力有限，政府利用掌握的公共信息资源为整个市场和社会提供大部分的公共信息服务，但这种单一供给模式的持续必然会超出政府的负担能力；三则相对于复杂、多样、变化的公共信息服务需求而言，任何主体的具体信息服务内容、服务对象和服务方式都是有限的。

三是服务质量的差异性。公共信息服务质量在以下几方面存在差异：管理者的质量标准、服务人员实际提供的服务质量、公众期望的服务质量和公众实际感知的服务质量。对公众而言，具有直接意义的是公众期望的和实际感知的服务质量。由于在区域、行业、部门等之间存在较大的公共信息服务能力差异，公众信息素养也有明显不同，这就使公众对公共信息服务质量的评价也有较大差异。这种服务质量差异导致的结果就是，近年来我国不同程度地出现了政府信任危机。这种信任危机既来源于对公共信息服务及时性、客观性和全面性的质疑（例如，公众对政府发布的食品安全标准信息的可靠性与科学性普遍提出质疑），也来源于我国回应型、互动型和追踪型的公共信息服务没有到位。从这一点来看，公众对公共信息服务质量差异性的评价既表现在服务结果上，也表现在服务过程中。结果导向的质量评价是公众基于从政府公共信息服务中得到的利益（既可以是物质利益也可以是精神利益）；过程导向的质量评价是指公众基于对公共信息服务过程满意状况的评价，将公共信息服务过程的公平性、开放性、参与性、及时性和便利性等指标纳入到服务质量的评价之中。因此，公共信息服务质量的差异性启发我们，既要关注公共信息服务的结果，也要关注公共信息服务的过程①。

四是救济措施的有限性。公民享有基本的信息获取权与利用权，理应在权利受到侵害时得到救济。行政救济和司法救济是两种主要的救济方式。从现阶段可见的各类公共信息服务法律制度看，相关救济性规定虽有不同程度的体现，但从救济内容、救济程序等规定上看，救济措施仍有待进一步加强，信息权利的救济和获得救济的权利理应成为公共信息服务法律制度关注的基本问题②。

需求感知的模糊性、服务提供的有限性、服务质量的差异性和救济措施的有限性等迫切要求从公众参与、服务问责等环节上完善公共信息服务的保障机制。

---

① 周毅. 公共信息服务质量问题研究——基于建立政府与公民信任关系的目标［J］. 情报理论与实践，2014(1)：17-21.
② 张维. 权利的救济和获得救济的权利——救济权的法理阐释［J］. 法律科学 (西北政法大学学报)，2008(3)：19-28.

8.2 加速推进公共信息服务的法治化进程

公共信息服务法治化的实现，反映的是公共信息服务过程和社会公众之间的关系。当公众认同了某个公共信息服务法律的制定和实施，并接受了公共信息服务过程且从中受益，那么它就处于实现状态；反之，如果某一法律通过立法、执法，但公众对这个法律条款和执行还存在抵触情绪，也没有参与公共信息服务过程并从中受益，那么公共信息服务的法治化就没有完全实现。可见，公共信息服务法治化的实现是根据社会需求进行科学的法律制度建构并依法开展信息服务组织的过程，法律制度建构与信息服务实践两者之间也存在一个交互的过程。

8.2.1 树立公共信息服务的法治化理念

法律的权威源自社会大众的内心拥护和真诚信仰，公众的信息权利要靠法律保障，法律权威要靠各类参与主体共同维护。公共信息服务法治化的理念包括公共信息服务的立法理念、执法理念和守法理念等，具体表现在以下三个方面。

一是进一步明确公共信息服务法律制度的立法理念，保证公共信息服务目标的实现。公共信息服务法律制度的立法理念是指公共信息法律制度的终极价值是什么或应该是什么的问题，这从根本上决定着公共信息服务立法的目的、基本原则和制度设计。我国公共信息服务法律制度的建构和完善应以公民信息权利保护作为基本价值导向[①]。具体而言，就是应在制度建构上进一步明确公民享有的公共信息服务基本权利和政府提供公共信息服务的义务与责任，并通

---

①周毅.以信息权利保护为中心的信息立法价值导向探讨——对我国信息立法若干文本的初步解读[J].中国图书馆学报,2010(1)：93-99.

过法律制度动员公共信息服务相关资源要素的配置，引导、规范公共信息服务行为过程，促进或保障多元、公平、持续、效率等公共信息服务目标的实现①。近几年是我国公共信息、公共数据等法律制度或政策建设的重要窗口期，高峰期集中在 2018~2022 年。通过对"北大法宝"等数据库的系统检索发现，至 2022 年底我国已出台的各级各类公共信息、公共数据等法律法规和规范性文件有近 300 个。从基本动态看，近年来有关法律法规和规范性文件开始在相关表述中用"有权""权利""权益""授权"和"确权"等词汇来强调对有关主体的权利保护。虽然在不同地区或行业、针对不同客体对象、在不同效力等级的法律制度或政策中所使用的关键词表述有一定差异，但重视"主体权利"已经成为一个比较普遍趋势。

二是进一步加强已有公共信息服务法律制度的执法力度，提高公共信息服务法律制度的执法效果。在我国公共信息服务法律制度还不是很完备的情况下，进一步推动已有法律制度的执法实践和执法力度，是保障基本公共信息服务得以实现的底线思维。公共信息服务法律制度的执法实践与力度可以产生诸多方面的直接或间接执法效果，这些执法效果可以归结为法律效果和社会效果两个方面。法律效果是指由于实施具体执法行为而使公共信息服务法律制度得到强有力的贯彻执行，从而使法律制度的目标得到实现，其作用范围包括有关法律制度所涉及的全部权利主体与义务主体对象，法律效果的好坏与否应当依据"合法性"来评价。例如，在公共信息服务过程中，有关权利与义务主体的行为是否符合法治精神和原则，体现公平正义并做到程序合法。社会效果主要是从公共信息服务法律制度执法后公众的获得性、发展性等指标进行判断。公共信息服务法律制度的执法力度与水平影响和决定着公共信息服务水平，并进而影响着公民参政议政的程度，也决定着不同地区

---

① 周毅 . 公共信息服务制度的定位及其核心问题分析［J］. 情报资料工作，2014(4)：15-20.

或人群的发展机会。事实上，不同地区与人群信息贫困的消除可以不同程度上帮助实现经济贫困的消除。在处理上述两种效果之间的关系时，基本原则应是以法律效果为前提，以社会效果为终极目的。

三是进一步加强公共信息服务法律制度的宣传，提高各类参与主体的公共信息服务法治意识和法治思维水平。公共信息服务参与主体涉及公共信息服务的提供主体、需求主体、责任主体、监督主体等不同对象，他们对公共信息服务有关法律制度的认识和态度、了解掌握和运用水平等，影响和决定着公共信息服务法治化从理想到现实的转变。因此，增强上述有关主体的法治化意识，有助于将公共信息服务的法治化理想与现实相联结。而法治意识的强化又以"知法"为先决条件。参与主体只有对公共信息服务法律制度的规范性内容有比较深入的理解，才能自觉履行法律规定的责任和义务，行使法律赋予的权利。法律思维是指相关主体以公共信息服务法律制度及其基本理论作为认识公共信息服务现实的"方法论"。法律思维强调有关主体应以客观存在的公共信息服务法律制度为基础和依据，形成以法律为标准的思维方式和习惯，将法律作为评价公共信息服务行为的尺度①，并形成以法治思维为指导的公共信息服务行为模式。若以《互联网信息服务管理办法》为例，法治思维就是强调有关经营性与非经营性服务主体在实施公共信息服务行为时，必须通过许可、备案获得有关信息服务资质，保证信息服务内容合法，遵守信息服务规范，履行办法规定的相关义务等。

8.2.2 加强公共信息服务法律制度的建设

结合前文分析，从顶层建构科学完整的公共信息服务法律制度体系，形成梯状或序列化的法律制度架构，是我国公共信息服务法治化进程中的核心内容

---

①周叶中，韩轶.论社会主义法治理念对公民的基本要求[J].江汉大学学报(社会科学版)，2009(1)：43-49.

和主要任务。目前我国各类公共信息管理与服务法律法规或规章,如《网络安全法》《数据安全法》《政府信息公开条例》《公共信用信息管理办法》《测绘地理信息管理办法》《气象信息服务管理办法》《互联网信息服务管理办法》《互联网新闻信息服务管理规定》《网络信息内容生态安全治理规定》等已经公布,这些法律制度的衔接配套和兼容性问题就显得十分突出。只有通过法律手段框定公共信息服务的目标定位、边缘和范围,明确管理与服务的体制和机制,确立公共信息服务在政府行为序列中的位置和政府的公共信息服务职责等,才能从源头上解决当前制度建设中所存在的碎片化和相互冲突等问题。

从公共信息服务基本法律制度的制订要求看,它应实现以下目标:一是明确公民或有关主体的公共信息获取权、利用权、再开发权和获益权等权利内容;二是对我国公共信息服务的体制、机制和质量标准等进行规范;三是明确政府的公共信息服务责任与义务,明确公益性与商业性公共信息服务边界;四是从法治上保障实现跨区域、跨行业的公共信息服务整合与协同,建立统一高效的公共信息服务体系或平台,形成政府与社会共同推进公共信息服务的合力。

从公共信息服务基本法律制度所涉及的具体内容看,主要包括以下内容。

1) 对公共信息服务的基本性质、类型与范围等进行制度性规定

从基本性质上看,对公共信息服务的公共性已经初步达成共识,但问题是公共性是否意味着完全免费。根据欧美诸国和我国有关领域公共服务的基本经验,在公平与效率原则导向下,针对不同类型或内容的公共信息服务,采取完全免费(实际上是政府付费)和使用者的成本收费等策略均具有一定可行性。

从类型与范围上看,公共信息服务包括但不限于政府信息公开。政府信息公开是公共信息服务的基本内容,《政府信息公开条例》对公开原则、公开主体、公开客体和公开方式等都做了明确规定。但为了使该条例更加具体和可操作,国务院办公厅印发的《关于施行〈中华人民共和国政府信息公开条例〉若干问题的意见》《2015 年政府信息公开工作要点的通知》等,对

2015 年政府信息公开的重点领域做了明确规定：行政权力清单公开、财政资金信息公开、公共资源配置信息公开、重大建设项目信息公开、公共服务信息公开（社会保险信息、社会救助信息、教育领域信息、医疗卫生领域信息）、国有企业信息公开、环境保护信息公开、食品药品安全信息公开、社会组织中介机构信息公开。除政府信息范围以外，还有一些属于相关组织在履行公共事务过程中形成或与公民生活和社会公共事务密切相关的公共信息，也应属于公共信息服务范畴。例如，为了加强社会诚信体系建设，各类主体的信用信息服务也理应纳入公共信息服务范围。

2）对公共信息服务的组织形式或实现机制进行规定

正如前文分析一样，公共信息服务不可能完全由政府提供，比较理想的状态是构建公共信息服务的社会共治模式。法律制度应对公共信息服务社会共治模式赋予明确的地位，并对社会共治模式实现中的一些重大边界问题进行明确规定，包括免费服务与成本收费服务的界限、政府与其他服务主体的分工合作及责任边界等。

有学者在分析政府数据公共服务模式时，总结了自助—集成、参与—开放、协作—创新三种模式[1]。虽然这是针对政府数据这类公共信息而言，但对我国公共信息服务模式的构建而言具有一定借鉴意义。也有学者提出目前我国商业信用信息资源开发利用主要有六种模式：征信机构建立的商业信用信息交换数据库、商业信用信息自主发布交换平台、企业之间自发的俱乐部、政府主导的商业信用信息开发、行业协会或商会主导的商业信用信息开发和第三方交易平台运作的商业信用信息开发[2]。从理论上看，这六种模式也适用于公益性信用信息服务的组织，只不过对公益性与商业性信用信息服务，即免费与收费的界限应给予原则性界定。

---

①胡安安，王晋，黄丽华.国内商业信用信息开发利用主要模式的对比分析［J］.金融理论与实践，2014(1)：24-27.

②候人华.政府数据公共服务模式研究［J］.情报杂志，2014(7)：180-182,175.

　　政府提供的公共信息服务很多是通过购买获得的。界定政府购买公共信息服务的范围本身就是一个法律难题。哪些公共信息服务适合由市场化机制提供，需要一套可操作的判断标准。在国外，对于政府购买公共信息服务的范围和具体类型等一般都没有在法律中直接规定，而是交由政府在具体运作中进行判断。政府所确定的购买公共信息服务范围或类型实质上表现为公共信息服务领域向市场开放的广度或深度，它是在公共信息服务领域中政府与公民关系发生实质变化的范围，也是政府财政资金投入或使用方式发生变化的范围。在政府所承担的公共信息服务法定职能中，政府可以向市场购买的公共信息服务领域或类型应当由立法明确。在具体立法中要建立以下制度。

　　第一，建立公共信息服务项目实施的正当程序制度。正当程序是保障多元主体参与公共信息服务并保证公共信息服务水平与质量的基本要求。我国公共信息服务无论是采用哪种服务模式，都应有服务项目启动实施的正当法律程序制度。具体而言，就是要建立公共信息服务项目的决策咨询制度，通过专家论证、公众参与、风险评估、价格议定和信息公开等对公共信息服务项目的决策与组织实施过程进行规范。

　　第二，建立公共信息服务项目的规范运作制度。在公共信息服务立法中最重要的部分是对服务运作程序进行规范，以确保立法目标的实现。它主要包括以下内容。①规范政府购买公共信息服务的方式。立法应规定通过竞争性的招标或特许、承包、委托等协议方式，择优确定公共信息服务主体。②规范政府购买公共信息服务的主体。例如，明确设立或委托一个政府机构统一购买公共信息服务，或由不同政府部门各司其职。③规范有关主体参与公共信息服务的程序，即参与的领域与范围、与其他主体的分工协作关系、公共信息服务标准和获得公共信息的机制或渠道等。④规范可以参与公共信息服务的社会主体的实体标准及其服务期限，如完善的组织架构、专业能力和良好信誉。⑤规范政府对公共信息服务组织实施的监管程序与内容，在公共信息服务合同中明确政府监管的方式和手段，确定绩效指标。⑥规范公共信息服务的考核评价程序，引入多方评审机制并向社会公开过程和结果①②。上述内容设计表明，公共信息服务的社会化和市场化并不意味着政府行政系统在公共信息服务领域的逐步边缘化，而应是政府行政系统对公共信息服务监督和管制逐步强化的过程。

第三，建立公众对公共信息服务实施者的代位诉讼制度。在现行法律制度下，若公共信息服务项目由政府委托给企业或其他社会组织实施，那么有权追究公共信息服务项目实施者违约责任的是作为委托外包方的政府，公共信息服务消费者没有诉讼权。由于政府并不必然代表公众利益行事，政府有可能因"寻租"或其他原因偏袒公共信息服务项目实施者。因此，立法赋予公众对公共信息服务项目实施者的违约诉讼请求权就显得十分必要。

3）对公共信息服务的质量标准、质量保障与归责等运行管理制度进行规范

第一，建立公共信息服务的质量标准。公共信息服务的质量标准可以从以下三个方面进行设计，即服务技术条件与设施质量标准（人员条件、设施条件、技术条件、资源条件和环境质量等）、服务过程质量标准（组织质量、管理质量、服务态度和业务水平）和服务效用质量标准（及时性、有效性、可用性、完备性和经济性等）。

第二，建立政府对公共信息服务的监管或评估制度。公共信息服务质量关系到公众对政府的信任，政府对公共信息服务过程、服务结果的质量评估与监控制度必须建立起来。政府可以委托第三方对不同参与主体的公共信息服务活动开展评估，并从总体上对地区、行业的公共信息服务质量与水平进

---

①政府购买公共服务需法制保障［EB/OL］．［2015-12-2］.http：//www.legaldaily.com.cn/index/content/2013-08/26/content_4792611.htm?node=20908.

②陈怀平，金栋昌.基于大数据时代的公共信息服务政企合作路径分析［J］.图书馆工作与研究，2014(8)：9-13.

行研判。

第三，建立政府对公共信息服务的责任制度。有学者将国家行政责任区分为履行责任、担保责任和网罗责任[1]。具体到公共信息服务而言，履行责任是指政府具体实施公共信息服务行为，并承担具体的服务责任；担保责任是指政府将公共信息服务过程交给其他社会主体参与实施时，必须对其合法性和公益性方向承担保证责任；网罗责任是指有关主体在实施公共信息服务时若出现失灵或不足，政府应能及时跟进，起到备位或保底功能，以保证公共信息服务的连续性和基本要求，从而保证公众应当享有的信息获取权或收益权等。

8.2.3　健全公共信息服务法治化的实现机制

公共信息服务法治化的实现机制主要由公众参与机制、合法审查机制和服务问责机制等构成。

8.2.3.1　公众参与机制

公众参与机制是指公共信息服务的过程与内容等不应由政府行政系统自由进行选择，而应是公众参与选择的决策模式。即公共信息服务应当提供什么内容、怎样提供、具有怎样的质量标准等决策都应有公众的广泛参与。法律法规应对公众表达公共信息需求的途径、方式和内容等作出明确规定，从而逐步实现公共信息需求表达的制度化和规范化，让公众在公共信息服务平台建设、公共信息资源配置、公共信息服务评价中发挥基础性和导向性作用。

面对现阶段公共信息服务的有限性，要实现公共信息服务的有效性，公民参与公共信息服务的选择和决策就变得极为重要。

在关于公民参与的研究中，有学者提出了一个从无参与到象征性参与再

---

①王慧娟. 政府公共服务外包的法理分析与制度选择 [J]. 行政与法, 2012(10)：25-29.

到公民权利参与的阶梯模型①。这一研究成果表明，公共信息服务需求的选择和决策也需要不断提升公民参与的制度化水平。我国公共信息服务需求选择和决策的制度化，关键在于将自上而下的需求信息调查机制与自下而上的需求传递机制集成起来。自上而下的需求信息调查机制就是建立一个能够汇集所有相关需求信息的需求网络和统一集成平台。在大数据时代，政府可以运用大平台、大数据来采集海量需求信息进行深度分析，并通过体系化、制度化的搜集机制将各种需求信息集成起来。自下而上的需求信息传递机制就是要建立起不同类型用户的需求信息表达、受理的技术或管理机制，并能跟踪不同类型用户的需求信息变化。从理想状态看，当需求信息调查机制和需求信息传递机制两者之间发生耦合时，其所揭示或表现出的公共信息需求往往具有更大的现实意义，以此为中心及时开展公共信息服务可以极大地提高公共信息服务的效率。

8.2.3.2　合法审查机制

公共信息服务的合法审查机制主要包括三个层面的内容。

第一，对生产或提供公共信息服务主体资格的合法性审查。从理论上看，合法性审查一般会有以下几种情形：审查并确定有关主体是否属于法律法规规定的应该履行公共信息开放的义务主体；审查并确定有关主体是否通过许可、备案程序获得开放、生产或提供公共信息服务的资格；审查并确定获得公共信息服务主体资格的相关单位或个人是否有因某种违规情形被法律规定强制从该领域退出。

第二，对公共信息服务内容的合法性审查。公共信息服务内容（含政府信息、政府数据和其他公共数据）的合法性审查涉及保密或例外审查和适当性与科学性审查等不同方面。保密或例外审查是指应在"公开是常态、不公

---

① Sherry R A.A Ladder of Citizen Participation〔J〕.Journal of the American Institute of Planners，1969，35(4)：216-224.

开是例外"和利益平衡等原则指导下，从维护相关主体的信息安全需要出发，从时间和服务范围上对公共信息服务内容的保密状态、适宜开放人群、例外信息处理方式等进行审查；适当性与科学性审查重点是从政治立场、可靠性及其依据、公众可理解性等指标对公共信息服务内容进行分析。

第三，对公共信息服务程序（包括外包程序）的合法性审查。从形式上进行划分，公共信息服务既可以划分为主动服务与被动服务，也可以划分为政府主体提供服务和社会其他相关主体提供服务。公共信息主动服务程序的合法性审查主要涉及公共信息的内部审查程序、媒体选择或委托服务程序、时效性或信息更新程序等；公共信息被动服务程序的合法性审查主要涉及服务申请受理与响应程序、错误的信息服务申请转递程序、服务响应中的拒绝或延缓服务及其结果通知程序的审查；公共信息服务外包程序的合法性审查主要是指政府在公共信息服务外包项目发布、外包商选择、价格及付款策略、对外包商信息服务质量的评价与监控、信息服务外包项目的组织验收等环节上应根据有关制度规定进行严格审查。

8.2.3.3 服务问责机制

在现行政府绩效考核指标体系中，对政府组织或参与的公共信息服务类型、质量、效果等均没有涉及，由社会或市场主体提供的公共信息服务由谁来考核、如何考核、考核结果如何运用等问题也未得到有效解决，由此导致公共信息服务考核与问责机制全面缺失。

事实上，近年来，作为我国公共信息服务组成内容之一的政府信息公开与政府数据开放，已经为我们提供了可资借鉴的经验和教训。目前，政府信息公开与数据开放只要求公布公开指南和公开目录，内容较为笼统，对公开的具体信息与数据内容、公开形式、公开时限等没有明确要求。实践中出现了公开滞后、手段与渠道单一和针对性不强等问题，这给具体考核与问责带来了较大困难。为此，就政府信息公开与数据开放这一服务而言，就应组织各单位科学制定政府信息公开与数据开放清单，对信息公开与数据开放的内容与类型、方法与程序、例外与解释、责任与承诺等进行明确规定。明确信息公开与数据开放特别是主动公开的相关职责，在限制自由裁量权的同时，完善责任追究机制，切实形成对官员的内部约束与激励[1]。放大到整个公共信息服务领域，可以建立公共信息服务项目、形式、内容、标准和参与主体等清单，从而为全面实现公共信息服务的考核与问责机制奠定基础。

问责是基于责任而进行质询与回应的过程，其目的是回应外部需求并且改进相关工作。为公民提供公平、及时、有效的公共信息服务是服务型政府的基本责任，落实这种服务责任的具体方式可以由政府根据公共信息服务项目的特点进行选择。政府对政府信息公开、政府数据开放等原生态或基本公共信息服务负有兜底责任，对发展型公共信息服务负有推进、组织和质量保障责任。从这个意义上看，公共信息服务的问责对象既包括负责基本公共信息服务的政府行政部门和其他公共部门，也包括参与发展型公共信息服务的其他社会主体；问责的主体既包括公民，也包括作为委托公共信息服务的相关行政部门或公共部门。公民和相关行政与公共部门可以作为共同的问责主体对提供发展型公共信息服务的社会或市场主体进行问责。

---

①芮国强.以四大转变推进政府信息公开［EB/OL］.［2017-1-18］.http：//www.npopss-cn.gov.cn/n1/2016/0115/c373410-28058724.html.(RuiGuoqiang.Promotinggovernmentinformationopen withfourtransformations［EB/OL］.［2016-1-18］.http：//www.npopss-cn.gov.cn/n1/2016/0115/c373410-28058724.html.

第9章
公共信息服务社会共治及其法治化的典型案例分析

为了验证公共信息服务社会共治模式的必要性、可行性、实际效果和改进方向及其法治化实现过程，本书选择以教育类公共信息服务的典型内容——在线开放课程公共信息和公共信用信息的供给为例来进行实证分析。

9.1 教育类公共信息产品服务：在线开放课程供给分析

9.1.1 在线开放课程发展历程及其供给意义

近年来，随着教育信息化的推进以及教育类信息产品需求的不断增加，我国正积极探索教育类公共信息服务产品提供的有效途径。

2015 年 7 月 1 日，国务院颁布的《关于积极推进"互联网＋"行动的指导意见》提出了探索新型教育服务供给方式的政策意见，要求通过开发数字教育资源、提供网络化教育服务、推动在线课程资源共享和推广大规模在线开放课程等网络学习模式，进而推动高等教育服务模式的变革。2016 年 7 月 27 日，中共中央办公厅、国务院办公厅印发的《国家信息化发展战略纲要》中提出推进教育信息化的基本思路，要求完善教育信息基础设施和公共服务平台，吸纳社会力量参与在线开放课程建设，推进优质数字教育资源共建共享和均衡配置，建立适应教育模式变革的网络学习空间，缩小区域、城乡、校际差距。事实上，我国自 2003 年 4 月起就启动了国家精品课程建设。一方面实现了国家精品课程的网上免费共享，并在此基础上将其转型升级为国家精品资源共享课，另一方面也有计划地开始组织建设精品视频公开课，这些开放课程被通俗地称为公开课，网易、新浪、搜狐等门户网站都曾设有网络公开课视频专区。目前规模和影响最大的爱课程网（中国大学 MOOC）、国家智慧教育公共服务平台等则是由教育部、财政部支持建设，由高等教育出版社等共同运营的具有较强公益性质的教育课程资源共享平台，其主要面向对象为不同类型的在校师生。此外还有清华学堂在线、智慧树、超星尔雅等具有一定营利性质的在线课程联盟或服务平台，它们的服务目标人群不仅包括高校师生，而且也面向社会大众。上述在线开放课程建设与服务实践的一个显著特征是由政府、高校、企业或社会组织等多主体共同参与。可以认为，教育类公共信息服务产品正成为我国公共信息服务领域社会共治模式改革的典型实践之一。

在终身学习理念得到普遍认可、在线学习成为常态的背景下，在线开放课程供给可以提供更多的免费或低成本的学习机会。高质、公开、共享、免费或低成本收费也是我国在线开放课程供给的理念和特征。深入研究在线开放课程这类教育公共信息产品的供给模式和管理机制，对推动在线开放课程建设与服务的健康发展，总结并推广公共信息服务社会共治模式的运作经验等具有重要意义。

9.1.2　在线开放课程的内涵及其公共物品属性

9.1.2.1　在线开放课程的内涵

由于信息技术与教育教学融合的程度在不断加强，因此，在线开放课程的内涵极为广泛并处于不断发展变化之中。从现阶段看，在线开放课程是指在知识产权共享协议下，可以通过网络实现共享、获取或利用的各类课程资源及其相关配套服务。

在线开放课程是一个由多元主体共同作用于教学资源配置而形成的生态体系。目前国内外在线开放课程生态体系主要包括政府、高校、企业、教师、学习者等主体的共生作用，包括视频课程内容、课程学习辅助资料、课程考试资源、课程服务技术平台、课程学习互动信息等核心要素。根据在线开放课程的不同目标定位和主体之间的相互作用关系，在线开放课程呈现出不同类型与特点和供给模式与发展态势。

9.1.2.2　在线开放课程的公共物品属性

由于在线开放课程建设及其相关服务属于公共教育产品投入，这种投资的长期收益无法进行精确计算和分配，因此一般应由政府或社会组织投资，也强调其作为教育领域产品的公益性。但是，也应看到，在线开放课程的"公共性"程度也具有相对性。

从实践上看，从 2012 年以来，国外著名的 Coursera、Udacity、edX 等是运行良好、用户众多和声望较好的大规模在线开放课程网站(Massive Open Online Courses，MOOC)。上述课程平台虽都采用了不同的商业运营模式，但均不以在线开放课程本身作为营利手段。它们主要是通过一些附加服务收取费用或者就将其作为一个非营利项目来进行运营。例如，颁发认证的课程证书或选择由美国教育委员会授予学分的课程，某些课程通过与其他商业考试机构合作，提供学习者付费考取证书的机会，通过为毕业生找工作赚取介绍费等。无论是否营利，它们均强调要为学习者提供免费的课程学习机会，课程平台为学习者提供的基本服务均是免费，这就使在线开放课程的"公共性"属性得到了基本保证。

从受众范围看，在线开放课程这种教育类公共信息服务产品的社会意义和服务目标是使每个社会成员具备自由获取同质知识或信息分配的机会或机制，但因先天技术和学习能力等的限制，目前并不能保证每个人都能实现这种权利。某些在线开放课程也会通过规则的限制，优先保证部分人群首先从中受益，这就使其公共性程度受到影响。经济学上所谓的俱乐部物品或局部公共物品在在线开放课程这种教育类公共信息服务产品上也有所体现。由于MOOC 本身存在学习完成率低等局限，一种小众在线专属开放课程 (Small Private Online Course，简称 SPOC) 就应运而生。SPOC 通过低成本收费、进入规则和技术等方面的限制，以及提供非视频材料、师生互动等附加服务来实现一定的排他性和竞争性，这就使在线开放课程的"公共性"程度表现出相对性特征。

9.1.3   在线开放课程运行模式及其内在机理分析

9.1.3.1   国内外在线开课程运行模式比较

本书以国外受众面最广的三大开放课程平台 Coursera、Udacity 和 edX，以及我国爱课程、清华学堂在线、智慧树为研究对象，分析比较不同课程平台的在线开放课程供给主体结构及其角色，从中总结在线开放课程的运行模式及其主要作用机理。为了具体比较上述课程平台在参与主体、分工与协作水平、盈利程度及途径等方面的差异，可以汇总形成表 9-1 所示的基本内容。

9.1.3.2   在线开放课程的供给主体构成及其影响分析

从表 9-1 可以看出，目前国内外在线开放课程的供给是政府、企业等多主体共同发挥着作用，并运用多种机制来实现对教学资源的有效配置。

1）政府

政府的基本职能之一就是提供公共服务，其中也包括公共信息服务。在公共信息服务中政府的主要作用是宏观调控、资源配置、财政支持和规范约束等。在在线开放课程服务中，政府一般采用直接干预和间接干预相结合的方式。直接干预是指政府通过行政或经济手段直接参与到在线课程平台或课程资源建设与服务的过程。例如，政府提供财政拨款、提供融资渠道和外包在线开放课程建设及相关服务等。间接干预则体现在政府通过政策意图及其具体导向来引导在线开放课程的建设与管理。例如，《教育部关于加强高等学校在线开放课程建设应用与管理的意见》(教高〔2015〕3 号)，就对教育部、高校、在线开放课程公共服务平台建设方都提出了要求，并对有关安全政策等提出具体规定。

2）企业

因企业在信息技术能力、管理创新、资源配置等方面具有巨大优势,因此,企业是在线开放课程建设与运维的主要力量。企业在在线开放课程建设中主要承担包括课程准入标准制定、课程设计与拍摄、课程制作指导、技术辅助、课程线下活动组织、与合作机构沟通、课程成绩评估和认证和课程网站创建和维护等服务以及相关增值服务。

3）高校

高校是在线开放课程的组织者、推动者、执行者、合作者和实际参与者。其具体职责是：组织落实开课教师与课程拍摄、宣传或引进在线开放课程、对教师进行课程制作培训、组织在线课程教学活动和实施对在线课程的学分认定与管理等。

4）教师

教师群体是在线开放课程的设计者、讲授者和传播者。其主要职责是：制作并提供在线课程视频资源、提供相关学习辅助资料、组织课程教学与考核过程和实施对课堂教学质量管理等。

5）学生

公众对公共信息服务产品的满意度是衡量信息服务效果的关键性尺度[①]。学生作为在线开放课程的使用者，在接受服务的同时，也会提供教学互动信息，并及时对课程教学情况进行反馈，促进教师完善教学内容和改善教学方法。同时，对学生所有学习行为数据的分析，也可以为在线开放课程建设与服务的改进提供参考依据。

6）其他组织和个人

有关组织和个人也可以成为在线开放课程建设与运行的重要参与者。它们主要根据在线开发课程建设需求并结合自身的特点，就课程建设与服务开展一系列专业化合作。例如，Coursera 与美国自然历史博物馆、现代艺术博物馆、雷曼基金会等就有良好合作，这些合作方是 Coursera 的课程内容提供方；清华学堂在线是联合国教科文国际组织国际工程教育中心的教育平台，国际工程教学中心也会定期或不定期给其提供相关信息反馈等。

9.1.3.3   在线开放课程供给主体构成状况对公共信息服务的影响

从表 9-1 可以看出，目前国内外在线开放课程建设与运营均呈现出多主体共同参与的社会共治态势，但社会共治参与主体在在线开放课程运营及服务中作用程度的差异也带来了其运营模式差异，并使公共信息服务的"公共性"程度也有一定差异。若依其主体发挥作用大小进行归类，目前公共信息服务社会共治模式所呈现出的核心行动者分别是政府、企业和高校、非营利性组织与个人三种基本类型。

---

①夏义堃.公共信息服务的社会选择——政府与第三部门公共信息服务的相互关系分析 [J] .中国图书馆学报,2004(3):18-23.

表 9-1　在线开放课程的供给主体结构、作用及其运行模式分析

在线开放课程名称	供给主体结构及作用						供给客体——平台、课程资源与教学活动、其他教学资源与教学活动	在线开放课程运行模式
	政府	高校	企业	非营利性组织和其他	教师	学习者		
Coursera①②③	家庭教育权和隐私权法案、数字千年版权法案、版权侵权政策、商标隐私政策、安全港隐私政策等法律政策的制定	全球超过 200 所高校及机构参与课程建设；有些大学接受专项课程证书作为学分	多家企业进行风投，例如 Kleiner Perkins Caufield & Byers (KPCB)、New Enterprise Associates (NEA)、世界银行行下属投行机构国际金融公司 (IFC)、俄罗斯创投大学尤里·米尔纳 (Yuri Milner)、美国劳瑞德教育集团 (Laureate Education) 以及其他多家风投机构；与认证机构联合认证、搭建平台，准入标准进行质量把关，为课程制作提供帮助指导、提供技术支撑	美国自然历史博物馆、现代艺术博物馆、新雷曼基金会等为内容提供合作伙伴	有目前发起者；提供课程和各类项目等超过 4000 门	Coursera 任何注册的办各的学习者，目前发起者；提供 7700 万学习者	安排学习活动；组织测试、习题；作业、测试；组织线下活动；与学生沟通、讨论；与合作机构沟通、座谈；提供视频课程信息、课程教学过程信息、搭建互动服务平台；学习测评	由斯坦福大学 Daphne Koller 和 Andrew Ng 在 2012 年创立的盈利性网站；修课免费，获得课程证书需要付费，提供学分；证书需要付费，签名认证 (Signature Track) 证书收费；平台、高校和教师各自抽成，Coursera 的就业服务，获取学生信息支付费用；投资者的大量资金支持；企业借助该平台进行培训并支付相关费用

① Sir J. Making sense of MOOCs: musings in a maze of myth, para-dox and possibility[EB/OL].[2016-10-10].http://tony-bates.ca/wp-content/uploads/Making-Sense-of-MOOCs.pdf.

② Coursera [EB/OL].[2021-02-05].https://www.coursera.org.

③ 李青,侯忠霞,王涛.大规模开放在线课程网站的商业模式分析 [J].开放教育研究,2013(10):71-78.

续表

在线开放课程名称	供给主体结构及作用						供给客体——平台、课程及其他教学资源与教学活动	在线开放课程运行模式
	政府	高校	企业	非营利性组织和其他	教师	学习者		
Udacity①②③		众多高校提供相关课程教育资源	创建维护网站；由风投公司 Charles River Ventures 和创始人 Thrun 共同投资成立；与谷歌、微软等 IT 公司合作，科技企业参与课程设计		参与课程开设	任何注册的学习者，目前有 900 万用户	联系教育机构及获取课程资源；提供课程教学信息，展示课堂教学过程，组织测试，作业和测试；跟进学习进程；安排线下学习小组活动；成绩评估和认证	由斯坦福大学教授创办的营利性网站；证书收费服务；为企业提供猎头服务，使得学生通过网站找到工作；学生的简历制作服务及工作咨询服务；高科技及参与硅谷技术领袖设计的课程和实战项目；纳米学位认证等
edX④⑤		与 kiron 在线大学合作，为难民提供高等教育服务；麻省理工学院和哈佛大学的捐赠	大创建维护网站；与亚马逊合作，通过 Amazon smile 购物，亚马逊将把购物资金的 0.5%捐赠给 edX	开通个人对 edX 的捐赠渠道	参与课程开设	任何注册的学习者	提供课程信息，展示课程教学过程；联系教育机构及获取课程资源；安排学生课程学习，成绩评估和认证	由 MIT 和哈佛大学联合在 2012 年 5 月份推出的非营利性网站，享受免税政策，提供证书，收取少量费用，所收入费用用于支付困难的用户

① 李青，侯忠霞，王涛. 大规模开放在线课程网站的商业模式分析 [J]. 开放教育研究，2013(10):71-78.
② GM. 在线教育如何变现 [EB/OL].[2016-9-12].http://36kr.com/p/200201.html.
③ Udacity [EB/OL].[2021-2-5].https://www.udacity.com/us.
④ edX [EB/OL].[2016-10-9].https://www.edX.org/.
⑤ Li Y, Stephen P. MOOCs and open education: implications for higher education[EB/OL].[2016-10-5].http://www.thep-dfportal.com/moocs-and-open-education101588.pdf.

续表

在线开放课程名称	供给主体结构及作用						供给客体——平台、课程及其他教学资源与教学活动	在线开放课程运行模式
	政府	高校	企业	非营利性组织其他	教师	学习者		
爱课程①	中国教育部、财政部推动成立并提供融资,外包在线 MOOC 开放课程的服务;遵守著作权法等中华人民共和国相关法律法规;《教育部关于加强高等学校在线开放课程建设应用与管理的意见》等政策的颁布;批准了"国家精品视频公开课""国家级精品资源共享课""国家级精品在线开放课程"等并免费开放	承担在线开放课程建设应用与管理的主体责任;中国大学 MOOC 支持高等学校在线开放课程建设,收集 985 高校的优质课程超过 1000 门	网易公司联手高等教育出版社推出的云端在线教育平台;高等教育出版社负责网站的运行、更新、维护和管理		参与课程开设	自由获取视频公开课和共享课程资源,注册学习者可获取中国大学 MOOC 和中国职教 MOOC;本校学生老师可获取在线课程中心资源	视频公开课和资源共享课信息和教学过程共享平台;中国大学 MOOC 和中国职教 MOOC 课程信息公开,其他只对注册学生公开;在线课程中心只对本校师生公开 MOOC	非营利性。教育部、财政部支持建设的高等教育课程资源共享平台;中国大学在线开放课程的服务,集中展示"中国大学视频公开课"和"中国大学资源共享课",并对课程资源进行运行、更新、维护和管理;中国职教 MOOC 仅对注册学生开放,支持在线课程建设,提供在线课程证书;在线课程中心为全国高等学校定制在线教育专属云服务,具有信息技术和网络资源,面向高校师生和社会大众,提供优质教育资源共享服务,重组、评价、课程浏览、搜索、发布,互动等功能,包括个人导出和"教"与"学"兼备等功能

①爱课程 [EB/OL].[2021-2-5].https://www.icourses.cn/home/.

续表

在线开放课程名称	供给主体结构及作用						供给客体——平台、课程及其他教学资源与教学活动	在线开放课程运行模式
	政府	高校	企业	非营利性组织和其他	教师	学习者		
清华学堂在线①②	教育部在线教育研究中心的投资者，用于中心开发和引进成果交流和成果应用平台；运行了遵守著作权法等中华人民共和国相关法律法规	清华大学是主要投资者，用于平台创建该平台，运行了3000门国内外高校课程；提供定制化的教育云平台服务；学堂在线课程推出新型课堂教学工优质课程；清华五道口金融学院与复旦大学经济金融学辅修专业/第二专业学业，基于混合式教学完成的学位教学；清华学堂在线平台完成教师教学和学生学习；清华学堂在线首个基于混合式教学模式的学位教学目——"数据科学与工程"专业硕士项目	北京慕华信息科技有限公司创建该平台、负责学堂在线平台的运营；为合作机构提供定制化的教育云服务；学堂在线推出新型课堂教学工具——雨课堂；中文慕课平台"学堂在线"的重要投资方以及合作推广方；获得由启迪控股领投的1760万元A+轮融资；学堂在线与西班牙电信达成战略合作协议；清华大学MOOC合作协议	全国工程专业学位研究生教育指导委员会依托学堂在线平台推进工程硕士在线课程与法国签署合作协议；联合国教科文组织国际工程教育中心成立，学堂在线成为其在线教育平台	运行了来自多所国内外高校的超过3000门优质课程	任何拥有上网条件的学生均可在该平台学习课程视频	提供课程信息；展示课程教学过程；成绩评估和认证	非营利性网站。通过来自国内外一流名校开设的免费网络学习资源，为公众提供系统的高等教育；在SPOC业务上进行盈利试点，为高校提供定制化的网上授课平台服务，提供证书服务

①肖君，胡艺龄，陈靖雅，等．开放教育下的MOOCs运营机制研究 [J]．中国电化教育，2015(3):10-14,38.
②清华学堂在线 [EB/OL].[2020-2-5].https://www.xuet-angx.com/about#history.

续表

在线开放课程名称	供给主体结构及作用						供给客体——平台、课程及其他教学资源与教学活动	在线开放课程运行模式
	政府	高校	企业	非营利性组织和其他	教师	学习者		
智慧树①	遵守著作权法等中华人民共和国相关法律法规	加入高校会员，现已拥有超过3000所高等院校会员；现已有220所高校成立东西部高校课程联盟；北京大学与智慧树网签订战略合作框架合作协议	上海卓越睿新数码科技有限公司创办、负责教学平台建设、学习服务支持等。与东钱包合作，完成在线教育收、缴费业务，达泰资本、水宜创投、新浪、百度等企业参与企业融资	为教育部职业院校外语类专业教学指导委员会提供平台服务	运行了超过6000门共享课程	会员制高校的学生可参与课程与课程学习互学；已有超过2000万人次大学生通过智慧树网跨校修读获得学分	帮助会员高校间，实现跨校课程共享和学分互认，完成跨校选课；创建在线大学学分互认；实现在线教育运营；创建联盟在线服务中付费；员提供课程报价；线上线下教学管理；学习更多的学务支持；获得更好的效果；提供课程信息，获得更好的效果；展示课程教学过程；注册会员教学过程公开；对注册会员公开	盈利性公司。智慧树为注册会员提供运营服务。机构用户的年费金额根据高等学校目户规模确定；高等学校目前是消费主体，由高校集会员为注册会员；客户可按以选择2种支付模式；按不同类别课程报价，一次性支付课程开发费用；不支付课程开发成本，学校将课程收入一部分作为专业服务的回报；智慧树为注册会员提供一些必要的配套技术服务项目

① 智慧树 [EB/OL].[2021-2-5].http://www.zhihuishu.com/.

以政府为核心行动者的社会共治模式是指在线开放课程平台的创办和运行一般由政府牵头组织,政府通过提供宏观指导、财政支持、平台搭建与管理、课程资源汇集和政策制定等措施,保障在课程资源免费获取、课程资源内容丰富提供、课程服务安全保障等方面有较强的公共性和公益性。首先,在课程资源收费模式上,政府主导型供给平台在课程信息、课程教学过程、服务平台、教学测评等方面一般实行免费原则并全面开放,最大程度促进教育的公平性。例如,任何地区、任何人都可以免费获取爱课程网中"中国大学视频公开课"和"中国大学资源共享课"两个模块的所有课程信息,这最大程度地保障了课程资源的有效流动和合理配置,促进了教育公平。其次,在课程内容提供上,鉴于政府强有力的资源动员与配置能力,课程平台在课程内容的丰富性、稳定性等方面都有很好保障。例如,《教育部精品资源共享课建设工作实施办法》对形成普通本科教育、高等职业教育和网络教育多层次、多类型的优质课程教学资源共建共享体系,为高校师生和社会学习者提供优质课程教学资源提出了具体要求;《教育部、财政部关于"十二五"期间实施"高等学校本科教学质量与教学改革工程"的意见》通过实施"本科教学工程"来提高高等教育发展的质量,并将相关课程纳入国家精品开放课程建设与共享方案。再次,在课程提供过程保障方面,我国通过各项政策的制定,在知识产权管理、建设资金保障和技术保障等方面为在线开放课程的运行保驾护航。例如,国家智慧教育公共服务平台的集成化服务就是政府主导机制的具体产物。

以企业为核心行动者的社会共治模式是指由企业主导在线开放课程平台的建设与管理,并以实现盈利为目的。企业主导在线开放课程平台的盈利模式主要有:通过课程的推广服务和选修课程进行收费;对课程认证证书收费;向雇主或猎头公司提供学生信息收取费用;为企业开展培训收取费用;为学生提供简历制作、工作资讯服务收取费用;为高等院校提供服务收取费用等。

从公益性或公共服务目标而言，以企业为核心行动者的公共信息服务社会共治模式有其局限性，因企业一般都有营利动机和目标，因此，它不太适合成为公共信息服务的主要推广模式。

以高校、非营利性组织及个人等为核心行动者的公共信息服务社会共治模式是指上述主体以非营利的志愿服务为目标，以接受各类公益捐赠为主要筹资渠道，实现课程免费无条件开放，最大程度地保障课程信息服务的公益性。这类供给模式最大程度显示出了公共性、公益性等特点，但其可持续性发展可能会存在诸多挑战。

9.1.4　完善在线开放课程服务社会共治的运行机制

9.1.4.1　加强在线开放课程服务的专业化分工合作

鉴于各类主体性质特点不同，在保证在线开放课程平台公共性、公益性的前提下，可以整合在线开放课程服务的组织结构体系，构建合作性组织网络和专业化建设分工与协作机制，从而在公共信息服务供给中形成良性互动的合作伙伴关系。国家智慧教育公共服务平台就是这种分工与合作机制运用的成功实践。

对政府而言，对在线开放课程服务平台的管理除直接财政投入外，还可以将重心放在有关运行管理制度建设和分散性平台的整合集成上。政府可以通过制度设计确立在线开放课程这类公共信息服务的供给决策和供给模式，通过制度引导和规模投入实现对多层次、多类型在线开放课程平台的整合。

对企业而言，可以进一步探索与政府、高校和其他组织的合作模式，继续加强技术、资本和服务的投入，在保证公共性前提下，利用服务平台和自身技术优势，不断创新性开展更多附加服务或课程增值服务，在满足用户需求的基础上创造更多盈利机会。

对其他组织和个人而言，重点是进一步吸纳专业性服务组织或个人加入在线开放课程服务体系。例如，可以邀请第三方认证评估机构的加入，秉承公共信息服务的公开性、公平性和社会效益最大化等评估准则，对在线开放课程进行评估，促进在线开放课程服务的持续改进；吸纳课程建设专业指导委员会等组织的参与，为在线开放课程建设主体提供培训服务等。

对高校教师和学生而言，它们是课程资源的制作者和使用者。高校教师应认真研究分析学生的课程服务需求，不断改进课程内容和课程形式，形成由学生需求主导的公共信息供给机制；学生应深入了解课程内涵，发挥各类配套教学资源的优势，密切保持与教师的信息互动，从而不断提高学习效果。因此，通过在线开放课程平台建立师生双向信息互动反馈机制就成为保持在线开放课程活力的重要保障。

9.1.4.2 构建在线开放课程建设与服务的良好生态

在线开放课程供给是当前公共信息服务的热点，也是政府及其教育主管部门政策关注的重点，各类学校也投入了大量财政经费用于课程建设。在这种供给竞赛过程中，如何加强对在线开放课程利用状况的评估，提高在线开放课程建设利用效率就是一个重要问题。目前我国各类教育普遍追求一种"社会认可"，这种"社会认可"主要体现在企业接纳和高校学分认可。因此，结合我国现有教育制度，考核认证、学分互认等环节就成为决定整个在线开放课程体系建设成功与否的关键所在。在我国，学习者有较强的应试心理，社会对学习者的"身份"接纳重于能力接纳。在校外推行资质证书认证、校内推行学分认证均是对学习者"身份"的一种认可。"考核认证""学分互认"等就成为牵动整个在线开放课程生态建设的重要环节。因此，构建规范化的课程需求信息采集系统，利用大数据技术分析课程学习背景数据、师生与生生互动数据、课程评价数据和学情数据等，建立课程建设决策数据模型，完善基于课程大数据分析的决策服务体系，这对形成有针对性的在线开放课程供给决策和运行生态具有重要意义。此外，课程学习的持续服务机制、学分互认机制、课程平台与课程资源建设绩效评价机制等的建立，也有利于提高在线开放课程服务的有效供给水平。

9.1.4.3 提高在线开放课程服务的标准化水平

在线开放课程服务的首要标准是优质化，它体现的是基本公共信息服务质量，保障的是服务使用者获得和享有公共信息服务的实际水平，因此，在在线开放课程建设中，从教学目标、教学内容、教学资源、教学设计、教学方法和教学形式等方面建立起相应质量标准就特别重要。其次，应分析研究在线开放课程服务的基本要求和平台系统管理特点，在学习环境软硬件基础设施规范、技术保障规范、伦理道德规范和运行流程规范等方面制定相应标准。此外，秉承公共信息服务的公共性、均等性等原则，应重点构建课程资源可获取、课程内容丰富化、教学帮助无差异等服务标准。最后，从发展性、可持续性要求看，构建一个常态化的基本服务满意度评价体系，吸纳学习者参与课程及服务的满意度调查，这有利于形成一个在线开放课程服务质量持续改进的闭环系统。

9.1.4.4 加强在线开放课程服务的法治化建设

在线开放课程建设和运行涉及到多主体之间的复杂关系。如何梳理并妥善处理好这些社会关系就是决定在线开放课程服务秩序的关键因素。根据实践情况，在线开放课程供给服务社会共治的法治化主要应解决以下问题：不同主体的责任归属、课程及相关学习资源的产权管理与收益分配、课程服务的公共性以及对弱势人群的援助、课程内容信息安全、课程学习者的个人隐私和相关数据保护、在线开放课程建设与运营主体的进入与退出规则和在线开放课程服务中的政府兜底责任等。这其中，关于课程资源知识产权保护是一个核心问题。在线开放课程知识产权保护所涉及到的具体问题是：教师与学校在课程资源开发建设中因分别承担知识、劳动投入和资金投入等不同角色而共同成为课程资源产权主体，教师与学校应签订有关在线开放课程版权共有确认以及使用许可授权协议，并约定双方的责任和义务。由于在线开放课程的知识产权内容十分丰富，权利主体在委托课程平台或服务商进行课程运营时，向课程平台运营或服务商的授权内容、形式和违约责任处理等均十分敏感，这需要研究制定专门的运营和保护策略。例如，在线开放课程及课程服务所涉及的著作权就包括署名权、发表权、修改权、保护作品完整权、复制权、发行权、出租权、展览权、表演权、放映权、广播权、信息网络传播权、摄制权、改编权、翻译权、汇编权及其邻接权等，权利主体向课程运营或服务商提供的可能仅是有限的网络传播权和销售权等，而就其他权利是否让渡以及如何处理等应制定相应策略。课程平台服务商在保护知识产权人利益不受侵犯的前提下，如何灵活运营课程资源的使用权让渡策略，推广在线开放课程的教学、研究、经营等公益或商业用途，从而最大限度地发挥在线开放课程的社会效益并实现部分经济效益也是值得进一步探讨的问题。围绕上述问题开展政策研究和设计理应成为公共信息服务法律或制度研究的基本内容。对此本书前文已经做了初步研究。

9.2 公共信用信息服务案例研究

诚信是社会公众的基本规范，是市场经济的重要基石，也是社会主义核心价值观的重要内容。目前诚信缺失已经成为制约市场经济发展和公民权益维护的重大难题。造成该问题的重要原因是我国信用信息相对分割或垄断，社会信用信息资源管理与利用尚不成体系。为此，国务院发布《社会信用体系建设规划纲要》，中央文明委也出台《关于推进诚信建设制度化的意见》，不仅将诚信建设制度化、法治化摆上重要位置，而且更加强调政府部门间的协调配合和推动社会共治，这无疑切中了社会信用体系建设的要害。社会共治加强了各地方、各部门、各行业之间欠缺沟通与协调，联合打破"信息孤岛"①。因此，"公共信用信息服务"成为公共信息服务社会共治模式的典型实践领域。

公共信用信息服务的社会共治以全面建立社会信用体系为目标。其主要特点有：明确参与主体的广泛性，打破信用信息管理与服务中的垄断；发挥参与主体的聚合性或协同性，形成信用信息管理与服务的基本体系；界定参与主体的合规性，明示参与主体的权利和责任边界（采集与开放权利、有偿与无偿、异义处理程序等）。

我们通过对上海、江苏两地的公共信用信息服务政策进行对比分析，发现两地政策在社会共治模式中的变量异同，尤其是自变量因素的差异和共同之处。

9.2.1　上海、江苏公共信用信息服务政策对比

通过上海、江苏两地的公共信用信息服务政策进行对比（表9-2），发

表9-2　上海、江苏公共信用信息服务政策内容对比

项目		上海	江苏
自变量	公共信用信息服务的主体角色	（1）市经济信息化部门是本市公共信用信息归集和使用工作的主管部门，组织编制并公布公共信用信息目录； （2）市公共信用信息服务中心承担市信用平台的建设、运行和维护工作； （3）信息提供主体应当按照公共信用信息目录，并制订本单位公共信用信息记录、提供、使用的相关标准规范	（1）江苏省公共信用信息中心承担公益性的数据库和网站建设工作，并对公共信用信息进行归集和有序发布； （2）行政机关、具有社会公共管理职能的事业单位、社会团体对公共信用信息实时更新和维护； （3）省各有关部门、具有社会公共管理职能的事业单位、社会团体负责确定本系统有关公共信用信息的具体项目、范围和标准，收集、整理本系统的信息，并统一负责信息的提交、更新和维护，对信息数据实行动态管理

①人民网．人民网评：社会共治打破"信用信息孤岛"［OL］．［2014-8-14］．http：//www.5000aaa.com/news/view/32844.shtml.

续表

项目		上海	江苏
自变量	公共信用信息的归集	（1）市法人信息共享和应用系统、市实有人口管理和服务信息系统应当对接市信用平台，稳定、及时地提供信息； （2）其他信息提供主体应当按月向市信用平台提供，逐步实现联网实时提供和动态更新维护	行政机关、具有社会公共管理职能的事业单位、社会团体应当依照本办法的规定向江苏省公共信用信息中心提供公共信用信息
中介变量	公共信用信息服务的目标功能	（1）信息公开； （2）信息查询：所查信息属于公开信息的，无需信息主体授权；属于授权查询信息的，应当提供信息主体的书面授权证明（鼓励使用，鼓励纳入绩效考核）	（1）信息互通与共享：行政机关、具有社会公共管理职能的事业单位、社会团体通过政府电子政务网络平台实现信息互通与共享（作为依法管理的依据或者参考）； （2）社会公布：良好信息和严重失信信息
	公共信用信息服务的权益保护	（1）信息主体认为市信用平台记载的本人公共信用信息存在错误，可以向市信用中心书面提出异议申请并提供相关证据材料；（异议处理） （2）异议申请正在处理过程中，或者异议申请已处理完毕但信息主体仍然有异议的，市信用中心提供信息查询时应当予以标注； （3）信息提供主体未按规定核实异议信息并将处理结果告知市信用中心的，市信用中心不再向社会提供该信息的查询	（1）企业或者个人可以向提交信息记录的行政机关或者具有社会公共管理职能的事业单位、社会团体提出变更或者撤销记录的申请；（异议处理） （2）在企业或个人申请变更或者撤销记录期间，暂停对外发布该条信息； （3）对信息确有错误，被决定或者裁决撤销记录以及无充分证据证明记录信息真实性的，行政机关、具有社会公共管理职能的事业单位、社会团体应当及时变更或者解除该记录
	公共信用信息服务的监督管理	（1）市经济信息化部门负责上海市公共信用信息服务平台的业务指导和监督管理；（主要监督） （2）市信用中心应当制定并公布相关服务和安全管理规范；开展公共信用信息的存储、比对、整理等活动，应当严格遵守各项规范；（主体） （3）任何单位和个人不得以不正当手段归集公共信用信息，不得篡改、虚构公共信用信息，不得违规披露、泄露或者使用公共信用信息；（对象） （4）市信用中心应当严格执行国家计算机信息系统安全保护工作的有关规定，建立健全信息安全管理制度，采取技术手段，确保公共信用信息的安全（内容）	（1）监察机关依照《行政监察法》的规定，对行政机关及其工作人员履行归集和使用公共信用信息监督管理职责实施监察；（主要监督） （2）行政机关、具有社会公共管理职能的事业单位、社会团体应当根据本办法的要求，制定关于提交、维护、管理、使用公共信用信息的内部工作程序、管理制度以及相应的行政责任追究制度；（主体） （3）未经批准，行政机关、具有社会公共管理职能的事业单位、社会团体及其工作人员不得将通过省公共信用信息中心获得的公共信用信息公开披露或者提供给其他单位或者个人；（对象） （4）省公共信用信息中心的安全管理应符合国家有关计算机信息系统安全保护工作的有关规定（内容）

现公共信用信息服务在主体角色、信息归集、标准制定、目标功能、权益保护和监督管理上的异同,从而厘清目前我国公共信用信息服务的整体框架,为优化公共信用信息服务社会共治模式提供实践基础。

9.2.2 公共信用信息服务社会共治模式的特征分析

从上海、江苏两地公共信用信息服务政策对比分析中可以分析总结出公共信用信息服务社会共治模式的特点,具体表现在公共信用信息服务自变量要素的主体角色多元与协同和中介变量要素的产品功能优化与过程重组两大方面。

9.2.2.1 公共信用信息服务自变量要素:主体多元与协同

公共信用信息的管理、采集主体已经突破了原来中国人民银行、商业银行的限制,专有信用信息主管部门、行政机关、社会团体都是信用信息的管理、采集单位。表9-2的对比显示:在信息管理上,上海明确规定公共信用信息的主管部门是市经济信息化部门,负责组织编制并公布公共信用信息目录(信息采集标准),具体事务执行部门是市公共信用信息服务中心,负责平台建设、运营和维护。江苏并未明确具体主管部门,由公共信用信息中心承担数据库和网站建设工作,并对信用信息进行归集和有序发布,行政机关、具有社会公共管理职能的事业单位、社会团体是公共信息服务管理主体,对公共信用信息实时更新和维护,并制定相关标准;在信息采集上,上海市规定市法人信息共享和应用系统、市实有人口管理和服务信息系统、其他主体应及时、稳定向信用平台提供信息。江苏则是由行政机关、具有社会公共管理职能的事业单位、社会团体依照规定向信用信息中心提供信息。由此可见,虽然上海、江苏两地在公共信用信息服务主体的具体规定上略有差异,但主体多样和协同服务的特点开始显现。

1）公共信用信息服务中的政府角色

为了促进公共信用信息服务的社会共治，《社会信用体系建设规划纲要》《关于推进诚信建设制度化的意见》《征信业管理条例》和地方政府或行业相关信用信息管理政策（如上海、江苏等地）除明确了政府在履职过程中的信息采集等权利外，更多强调的是政府及其有关部门应利用制度保障实现市场征信业的发展，利用征信机构提供公共信用信息服务。

第一，政府是公共信用信息服务政策的制定者。在公共信用信息服务领域中，不同层级政府作为政策制定者所发挥的作用有显著差异。在上海、江苏两地的公共信用信息服务政策中的标准制定均体现出政府的主导地位。作为政策制定者，政府一方面是通过政策明确各主体在公共信用信息归集、处理和服务等过程中的具体行为，另一方面则是引导和规范各类社会主体参与公共信用信息服务，实现公共信用信息服务的社会共治。虽然政府是政策的制定者，但其他公共信用信息服务主体也必须参与政策的制定，江苏就有此类实践。这是社会共治协同模式的内在要求，也是今后各主体能够积极遵循各项标准、规定的重要基础。

第二，政府是公共信用信息服务监督者或组织者。公共信用信息服务监督者的职能具体是由两类政府机构来承担。一类是国家机构监督，《征信业管理条例》中明确了中国人民银行及其派出机构依法对征信业进行监督管理，对金融信用信息基础数据库专业运行机构的建设、运行、维护和非营利目的的服务进行监督管理。此条规定事实上是明示了中国人民银行作为国务院征信业监督管理部门的两个监督任务：对全国征信机构及遵守征信业务规则情况进行监管以及对金融信用信息基础数据库由专业运行机构建设、运行和维护进行监管。另一类是地方政府部门监督，例如，上海公共信用信息服务政策中明确规定市经济信息化部门是上海公共信用信息归集和使用工作的主管部门，负责本地公共信用信息服务平台（"信用平台"或"信用中心"）的业务指导和监督管理。

第三，政府是聚合与集成性公共信用信息服务数据库和服务平台的建设者。政府凭借综合信息能力优势和公信力优势，承担着聚合与集成性公共信用信息服务数据库和服务平台建设的任务。从目前信息平台建设来看，江苏省公共信用信息中心建立了公益性的数据库和网站，上海公共信用信息服务中心承担了市信用平台的建设、运行和维护。

2）公共信用信息服务中的市场、社会主体角色

虽然在上海和江苏公共信用信息政策中没有明确市场或社会主体的角色，但 2013 年发布生效的《征信业管理条例》对市场与社会主体参与公共信用信息管理与服务的有关政策进行了专门而具体的规定。可以认为，《征信业管理条例》实质上就是通过立法形式打开了市场与社会主体可以参与信用信息管理与服务的窗口，从而奠定了我国公共信用信息服务社会共治的基础，它对上海、江苏的实践同样具有规范性意义。

9.2.2.2　公共信用信息服务中介变量要素：功能优化与过程重组

公共信用信息服务主体多元与协同模式促进了信用信息目标功能的优化和服务过程的重组，表 9-2 对比显示：在信用信息服务的目标功能上，上海提供信用信息公开、查询等功能，江苏提供信用信息互通与共享、社会公布等功能；在信用信息权益保护上，上海、江苏都对信用信息异议提供具体处理流程，保护企业、个人的信用信息权益；在信用信息监督上，上海、江苏均从主要监督部门、主体监督、对象监督和内容监督上对公共信用信息服务进行规范，确保公共信用信息服务的公平、高效和安全。

1）公共信用信息服务功能优化

公共信用信息服务目标功能逐渐丰富多样，不再局限于信息的单一公开，公共信用信息查询、互通和共享等均成为服务的基本功能。上海规定公共信

用信息可向社会提供授权查询服务，而且鼓励在行政管理、政府采购、招标投标、表彰奖励、资金支持和人员晋升等工作中查询使用公共信用信息，为政府工作、市场交易、个人生活和工作提供信用服务。而与此相比较，江苏在公共信用信息使用上并未规定向社会提供查询服务，而是规定行政机关、具有社会公共管理职能的事业单位和社会团体通过政府电子网络平台实现信息互通与共享，这是行政系统内的有限公开。公共信用信息服务既包括公开（政府系统与社会管理系统内的公开）、授权查询，也包括共享，同时还包括向社会的公开和开放，上海的相关规定给公共信用信息服务拓展留下了较大空间。

2）公共信用信息服务过程重组

公共信用信息服务的过程重组是服务主体之间的协同和服务主体与服务对象间的对接，具体表现在公共信用信息服务的权益保护和监督管理两个方面。

在公共信用信息服务权益保护方面，上海在加强公开披露、违法公布使用处理的同时，重点是对处于异议中的信用信息使用进行规定，加强了对信用信息针对主体的保护。江苏也对错误信息的变更进行了规定，但规定内容不及上海全面具体。上海公共信用信息服务中心直接负责异议处理，而江苏公共信用信息中心无此职责规定，这种差异导致的结果是异议处理流程与效率上的差异。上海的异议受理主体是市信用中心，其处理情况分两种：一是市信用平台记载的信息与信息来源确有不一致的，市信用中心应当予以更正，并通知异议申请人；二是市信用平台记载的信息与信息来源一致的，市信用中心应当将异议申请转至信息提供主体，信息提供主体应当在收到异议申请之日起 20 个工作日内进行核查，对确有错误的信息予以更正，并告知市信用中心，市信用中心应当及时将处理结果通知异议申请人。江苏的异议受理主体是信用信息提供主体，即向信用信息中心提交信息记录的行政机关或者具有社会公共管理职能的事业单位、社会团体。处理结果也由该信息提供主体告知申请人。从这个异议处理主体和流程的差异上可以发现，上海公共信用信息政策更好地体现了服务过程重组和主体间的协同。

在公共信用信息服务监督管理方面，上海、江苏均分别从主要监督部门、监督对象上进行了相关规定。上海的监督管理更为详细，其主要监督部门是市经济信息化部门，监管对象涉及行政机关、社会组织和个人。江苏的监督管理较为有限，其主要监督部门是监察机关，但只对公共信用信息主体的违法披露、公布和使用行为追究行政与刑事责任，而对其他主体，特别是个人违规行为未有涉及。从两地政策来看，目前公共信用信息服务的监督主要是政府内部监督，缺少市场监督、社会监督和用户监督。单一的政府内部监督在服务管理、运行、维护上存在一定局限性，容易导致政府内部的"黑箱"操作，导致公共信用信息服务评估科学性和专业性的缺乏，导致用户体验及其满意度的下降。为了提高公共信用信息服务质量，提高用户满意度，引入市场监督、社会监督和用户监督是必然趋势。

从"公共信用信息服务"案例研究中可以发现，公共信用信息来源多样，管理与服务多元，我国在此领域正运用社会治理理念进行服务变革。从政策动向与社会需求调研也可发现，通过社会共治模式的运用，如何进一步突破公共信用信息服务的地域限制，实现更大范围内的公共信用信息共享与服务将成为今后需要进一步解决的问题。此外，在地理信息服务和气象信息服务等领域也开始了类似实践，公共信息服务社会共治模式正成为推进我国公共信息服务深入的重要内容。因此，围绕自变量、中介变量和因变量三个要素，从宏观和微观两个不同角度论证分析变量之间的内在逻辑，对我国公共信息服务社会共治模式的发展具有促进作用。

第 10 章
数据驱动环境下公共信息服务行动的向度与逻辑

在大数据时代，数据既是社会治理的对象，又是社会治理的工具。近年来，国务院先后颁布了《关于积极推进"互联网＋"行动的指导意见》《促进信息消费扩大内需的若干意见》《促进大数据发展行动纲要》《政务信息系统整合共享实施方案》等文件，将利用互联网提升公共信息服务水平作为促进产业转型和社会发展的重要任务之一。全球范围内，欧盟的《欧洲2020 战略》①、美国的《数字政府战略》②、澳大利亚的《公共服务 ICT 战略》③等均开始关注到数据驱动环境下公共信息服务的重要性。因此，如何预测并设计数据驱动环境下公共信息服务的变化及其可能路径就成为公共信息服务理论研究的重要内容。本书在作为自变量的"数据驱动"环境下和作为因变量"公共信息服务"场域中，讨论公共信息服务的发展与变革问题。

---

① European Commission.Europe 2020 strategy［EB/OL］.［2018-11-1］.https：//ec.europa.eu/info/business-economy-euro/economic-and-fiscal-policy-coordination/eu-economic-governance-monitoring-prevention-correction/european-semester/framework/europe-2020-strategy_en.

② White House.Digital Government：Building A 21st Century Platform To Better Serve The Amer［EB/OL］.［2018-11-1］.https：//obamawhitehouse.archives.gov/the-press-office/2012/05/23/presidential-memorandum-building-21st-century-digital-government.

③ Australian Government Department of Finance.Australian Public Service ICT Strategy 2012-2015［EB/OL］.［2018-11-1］.https：//www.finance.gov.au/archive/policy-guides-procurement/ict_strategy_2012_2015/.

作为自变量的"数据驱动"，其对公共信息服务的驱动力主要来源于两个方面：一是数据资源。即数据资源作为一种公共信息服务生产与提供的基础性投入资源，其在数量与质量上、广度与深度上的变化可能对公共信息服务的再生产产生影响；二是数据技术。即通过大数据等相关技术对公共信息服务需求进行精准定位、对数据资源进行关联分析和对公共信息服务产品进行可视化呈现等，从而推动公共信息服务供给改革。在公共信息服务组织过程中，无论是投入的数据资源、采用的数据技术等都决定着公共信息服务的水平与质量。因此，在公共信息服务发展趋势的研究中，有必要对数据驱动环境自变量下的公共信息服务变革向度和行动逻辑进行分析。

10.1 数据驱动环境下公共信息服务的价值

传统环境与数据驱动环境下的公共信息服务有着显著差异，这不仅表现在其所依赖的数据资源条件、技术支持条件的差异，而且也有公共信息服务组织方式的差异。因此，数据驱动环境下公共信息服务首先是一种社会治理对象。为了解决社会对公共信息服务的迫切需求与当前我国公共信息服务发展不充分、不平衡、不深入的矛盾，结合数据驱动的环境特点，探索并实践公共信息服务社会治理的新模式，实现人民满意的公共信息服务就是其基本的价值追求。

数据驱动环境下公共信息服务的价值又表现为是一种社会治理工具或治理方式，即基于数据资源开展社会治理。将数字驱动环境下的公共信息服务视为一种社会治理资源或治理方式，有助于我们对诸多社会现象的产生机制和社会行动的内在逻辑获得新的理解。

在上述关于数据驱动环境下公共信息服务的二元价值定位中，将其价值定位在不仅是一种社会治理对象，更是一种社会资源或社会治理方式，这为我们理解数据驱动环境下公共信息服务的深化发展提供了新视角，也为相关部门的社会治理提供了新思维。在数据驱动环境中，公共信息服务作为一种获得影响力、引导力或控制力的方式，对丰富社会治理工具箱、推动社会治理能力的全面提升等具有重要作用。

一是数据驱动的公共信息服务可以引导有立场的社会舆论。对于重大的网络社会事件，政府、媒体、相关单位有责任公正公开地传播信息。数据驱动的公共信息服务不仅能够提供更多的事件背景数据，而且能够提供有深度的公共信息服务产品，这对引导社会舆论、化解社会误解、维持社会秩序具有积极作用。

二是数据驱动的公共信息服务可以促进良性的政民互动。促进政民互动是社会治理的重要发展方向。政民互动的前提是让公众知政，只有知政，才能问政、参政和议政。数据驱动的公共信息服务是实现公众知政的"第一步"。以此为基础，可以利用大数据技术对公众参政、问政、议政中的各类数据进行关联分析和趋势分析，从而及时把握一些全局性、苗头性问题，有针对性地在政民互动中进行相关公共信息内容的投放，进一步深化政民互动，从而发挥政民互动信息内容在社会动员中汇聚强大能量的功能。

三是数据驱动的公共信息服务可以建构管理问题的解决方案。数据驱动的公共信息服务是一个贯穿从海量数据到信息、到知识、到智慧、到解决方案的过程。在数据开放共享基础上，通过总结性和探索分析性，可以形成系列化的公共信息服务产品，并在此基础上完成对一些社会管理关键问题的方案构建。在数据驱动环境下，公共信息服务变成一种涵盖被动、主动、互动、探索和构建的过程。公共信息服务不再是数据、信息的简单提供，而是转变为提供管理或治理方案的智慧服务。

10.2　数据驱动环境下公共信息服务的行动逻辑

10.2.1　数据驱动环境下公共信息服务的变革向度

在数据驱动环境下，无论是将公共信息服务作为一种社会治理对象还是一种社会治理工具或方式，都需要对其进行顶层设计和统筹协调以获得有效的社会影响力或控制力，从而进一步影响各类主体的社会行动。

数据驱动环境下公共信息服务的变革向度是要提高公共信息服务的场景力。罗伯特·斯考伯和谢尔·伊斯雷尔在《即将到来的场景时代》一书中提到："受众不再满足于传媒提供给他们的内容和社交满足，还希望内容和社交符合他们此情此景、此时此刻的实时需求。"[①]国内外学者 Kenny 和 Marshall[②]、赵振[③]、彭兰[④]等分别从营销学、传播学等视角分析了场景的内涵和要素。综合上述观点，我们认为，公共信息服务的场景是指为了满足公共信息服务需求而构建的一种信息环境。它既包括以公共图书馆、档案馆等公共信息机构为主体的有形服务现实环境，也包括依托网络技术、新媒介技术而营造的无形服务虚拟环境。

数据驱动环境下公共信息服务的场景将发生变化，其场景力构成要素包括：服务适配能力、内容整合能力以及社群连接能力。服务适配力是指通过

---

①罗伯特·斯考伯，谢尔·伊斯雷尔著，赵乾坤等译.即将到来的场景时代［M］.北京：北京联合出版公司，2014：25.

② Kenny D, Marshall J F.Contextual marketing［J］.Harvard Business Review, 2000, 78(6)：119-125.

③赵振."互联网 +"跨界经营：创造性破坏视角［J］.中国工业经济，2015(10)：146-160.

④彭兰,场景：移动时代媒体的新要素［J］.新闻记者，2015(3)：20-27.

对公众查阅和利用公共信息的行为轨迹进行大数据分析，从而准确地进行用户需求画像，推断用户的信息内容与服务偏好，及时为公众提供与之需求相匹配的公共信息服务产品的能力；内容整合能力是指在数据开放共享基础上对其进行加工整合提供基本公共信息服务的能力，以及创新数据与信息聚合模式提供增值信息服务的能力；社群连接能力主要通过信息技术和网络社区实现专题公共信息服务与信息交互，吸引和聚集具有相同特征和需求的用户，形成地区或专业信息社群，强调社群之间信息互动与平衡的能力。社群连接能力特别重视利用信息技术增强一般社群、弱势群体、边缘化社群的公共信息获取能力和权利，缩小数字鸿沟，实现社会信息公平，并进而实现对同场景用户信息需求的挖掘与跟踪服务①。

针对数据驱动环境下公共信息服务场景力提高这一变革向度，公共信息服务的行动逻辑是：通过管理与服务体制的建构，丰富公共信息服务的内容与途径；通过扩大数据开放，改善公共信息服务及其再生产的资源禀赋条件；通过优化公共信息服务模式，实现公共信息服务供给侧结构性改革；通过机制设计和流程再造，以提升公共信息服务的质量与水平；通过法治过程和绩效评估规范公共信息服务的标准和边界，保证公共信息服务的公平与效率（图10-1）。

10.2.2　数据驱动环境下公共信息服务的行动转型

1）重塑数据管理体制，推动公共信息服务的社会共治

随着数据开放共享战略的推进，公共信息服务的资源条件将得到极大改善，越来越多的个人和企业加入到数据再开发与再利用行列中。这就要

---

①李刚，孙建军，傅丽萍.促进社会包容——美国社群信息学研究述评［J］.中国图书馆学报，2012(3)：40-50.

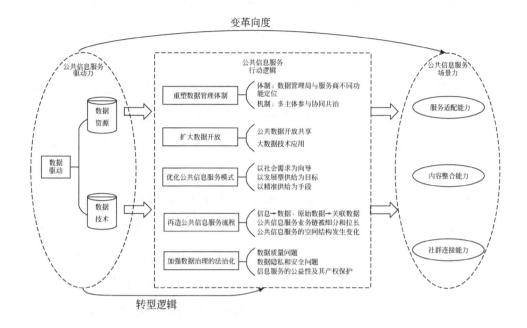

图 10-1　数据驱动环境下公共信息服务的变革向度与行动转型逻辑

求从体制和机制建构视角上关注数据驱动环境下公共信息服务各类主体的关系。

　　据调研，为了应对数据开放共享及其给公共数据管理和服务所带来的变化，我国地方政府层面一直处于缺位状态的数据管理体制正在逐步确立。在管理机构的名称上各地政府有数据管理局、数据资源管理局、大数据管理局等差异，在管理关系上也分别隶属于同级人民政府或其下属的统计局、经信委等，从其基本功能定位来看，数据规划与管理协调、数据管理政策或标准制订等是其主要职责。虽然某些地区也提出由数据管理局具体负责组织实施区域范围内所有公共数据的归集与共享，但笔者认为对此可以进行讨论。从深层次上看，它涉及是将数据管理局定位为是一个职能管理部门还是一个具体业务部门的问题、涉及其与数据服务商的关系问题。简言之，这是一个数据资源管理和服务的体制与机制建构问题。在国家政府机构改革的宏观背景下对此问题有必要给予更多关注。

我们认为，政府数据管理局与数据服务商应该有不同的功能定位。数据管理局是一个职能管理部门，数据服务商是接受政府委托开展数据归集、清洗和开放等的具体业务部门。从业务链中数据服务商的具体作用看，数据服务商主要依靠"上游资源＋中游技术＋下游应用"来开展业务活动。对在业务链中处于上游的资源型公司而言，政府可以通过合同外包、公私合作等方式，将数据资源的开放、质量保障、安全管理平台建设与维护等任务交由数据服务商来完成；对在业务链中处于中下游的技术型或数据应用型公司而言，其主要贡献则在于利用大数据技术等相关技术实现公共数据的增值加工和再利用，对不同来源的数据进行数据汇总、数据检索分类、数据结构化、数据验证、可视化分析等，从而实现从数据到信息的转换，推动公共信息服务由基本型服务向发展型服务的转变[1]。由此可见，上述这些专业性、技术性要求较高的业务活动可以由数据服务商来完成。数据管理局在业务链中的主要职责是发挥"把关人"和"守门人"的作用，从委托授权、资质认定、服务评估等方面对数据服务商进行监督与管理，并承担公共信息服务中的公平、公益、安全和保障等责任[2][3]。

数据驱动环境下公共信息服务参与主体之间的关系正在发生转变，它孕育着公共信息服务新机制的形成。机制体现为某种主体自动地趋向于一定目

---

[1]谷岩松，夏义堃.开放数据环境下公共信息再利用的经营模式分析［J］.图书情报工作，2017(4)：5-13.

[2] Sushal I, Janssen M, Gronlund A, Tambouris E.Open and Big Data Partnerships for Public Good：Interactive Live Polling of Influential Factors［EB/OL］.［2018-11-12］.http：//pure.tudelft.nl/ws/files/9913163/ INPS23_0405.pdf.

[3] Susha I, Gronlung Å, anssrn M.Organizational measures to stimulate user engagement with open data［J］.Transforming Government People Process & Policy，2015(2)：181-206.

标的趋势和过程[①]。当前，数据正成为人们获得新知、创造新价值的源泉，成为改变市场、组织机构以及政府与公民关系的重要路径[②]。大数据重新定义了数据管理的格局，从数据的采集、分析、应用等阶段，到新技术在数据清洗、组织等过程中的应用，大数据无疑增加了数据管理的复杂性[③]，数据管理专业化和职业化要求显著提高。数据服务商参与数据专业化和职业化的服务不仅是外部环境的需求，而且也有其内部价值追求的动机。因此，数据驱动环境下公共信息服务主体既包括政府及其内部机构，也包括数据服务商等组织或个人，数据驱动环境下的公共信息服务机制是一个多主体共同参与和协同共治的趋势与过程。

　　基于上述分析可以发现，在重塑数据管理和服务体制与机制过程中，政府(或作为其代表的大数据管理局)可能会以管理者与参与者的双重身份出现。当作为管理者时，政府与数据服务商和其他服务主体之间是管理与被管理、规制与被规制的关系；当作为参与者时，政府、数据服务商和其他主体是法治下的协同互助关系。在不同场景下政府与其他主体的关系及其关系实现方式是决定公共信息服务组织水平、服务绩效的关键要素。当政府以公共信息服务管理者的角色出现时，主要关注政府与其他服务主体的"规划—工具"关系，即政府负责制定公共数据管理、开放和公共信息服务规划，吸纳和选择有关主体参与上述规划的执行和落实；关注政府与其他服务主体的"监管—服从"关系，即政府对参与公共数据管理与开放、公共信息服务的主体进行监管，规范这些参与主体的各种管理与服务行为，督促其执行公共数据管理的标准与要求，保证公共信息服务的公平性和公益性。当政府作为公共信息

---

　　①李景鹏.论制度与机制 [J].天津社会科学，2010（3）：49-53.
　　②维克托·迈尔·舍恩伯格，肯尼思·库克耶.大数据时代：生活、工作与思维的大变革 [M].周涛译.杭州：浙江人民出版社，2013：9.
　　③童楠楠，朝乐门.大数据时代下数据管理理念的变革：从结果派到过程派 [J].情报理论与实践，2017(2)：60-65.

服务具体参与者时，一是关注"开放—开发"的关系，政府作为数据持有者，首先要实现公共数据的开放共享，并在此基础上实现对公共数据的加工和开发，完成从数据到信息的转换，实现公共信息的再利用。此时，公共数据管理与公共信息服务组织活动是在政府系统内由政府各职能部门完成的"自循环"或"内循环"；二是关注"委托—代理"的关系，即政府的公共数据与公共信息服务项目可以通过外包或购买的方式来实现，此时政府是公共数据管理与公共信息服务项目的委托主体或购买主体，数据服务商等主体是代理主体或承接主体，公共数据管理与公共信息服务是在政府系统与数据服务商等社会主体之间实现的"互循环"或"外循环"。

2）扩大数据开放，改善公共信息服务的资源禀赋条件

数据驱动环境下公共信息服务的资源条件会发生显著变化。从理论上讲，公共信息服务绩效与水平主要取决于公共信息资源禀赋条件和国家公共信息服务模式选择两个因素。当把公共信息资源禀赋看作给定的约束条件时，国家公共信息服务模式的选择就成为关键变量。从现实状态看，公共信息资源禀赋这个约束条件不是既定不变的而是复杂多变的。在相当长的一个时期内，公共信息服务的资源条件是以"政府信息公开"为基础和前提，同时又受制于政府信息公开并不理想的实际状况，这就决定了可供公共信息服务再生产和再利用的资源条件较为有限。国内曾有学者详细辨析过"政府信息公开"与"政府数据开放"的差异。其差异主要表现在："数据"是第一手的原始记录，未经加工和解读，而"信息"是经过加工、解读并赋予一定意义的数据，政府数据在满足完整、原始、及时等八个条件时可以开放；政府信息公开强调的是公民"知"的功能，而政府数据开放侧重于公民"用"的目的，它们分别显示出政治价值和社会经济价值[①]。虽然上述分析主要聚焦于政府信息

---

① Hardy K, Maurushat A.Opening up government data for Big Data analysis and public benefit [J].Computer Law & Security Review, 2017, 33(1): 30-37.

公开、政府数据开放这类公共数据或信息，但它所揭示的公共信息服务资源条件具有较为普遍的意义。在数据驱动环境下，作为公共信息服务资源基础的公共数据生成、获取、存储、共享、公开和发布等将有显著变化，这会极大地改善公共信息服务的数量与质量[1]。

在国际范围内，公共数据的生成、获取、共享、开放与利用已受到普遍关注。我国公共数据开放行动虽然起步较晚，但是国家层面的重视程度高。2015 年 8 月发布的《促进大数据发展行动纲要》从顶层设计明确指出了我国政府数据开放共享的主要任务与发展目标。2016 年 9 月 29 日，国务院印发《关于加快推进"互联网＋政务服务"工作的指导意见》，要求"各省 (区、市) 人民政府、国务院有关部门要依托政府门户网站，整合本地区本部门政务服务资源与数据，加快构建权威、便捷的一体化互联网政务服务平台"[2]。但从总体上看，我国公共数据资源管理从粗放管理转变为精细治理还需要一个过程，数据采集精确化、数据存储标准化、数据开放规范化和数据利用高质化等仍需加强。可以预见，如果更多政府机构及其他社会组织形成的公共数据被开放共享，这就意味着可以再开发与再利用的数据对象会得到扩大，公共信息服务向广度和深度的拓展也才具备资源基础。

此外，数据驱动环境也强调大数据技术在公共信息服务中的应用。围绕数据采集、储存、清洗、整合、关联分析和结果展现等形成的大数据采集技术、处理技术、储存技术、分析／挖掘技术和结果展现技术等，为公共信息服务的供给主体协同、供给内容预测、供给方式更新和信息服务监管等提供技术支撑[3]。因此，在数据驱动环境下，大数据技术应用也会带来公共信息服务

---

① Hardy K, Maurushat A.Opening up government data for Big Data analysis and public benefit ［J］.Computer Law & Security Review，2017，33(1)：30-37.

②国务院关于加快推进"互联网＋政务服务"工作的指导意见［EB/OL］.［2018-9-15］.http：//www.gov.cn/zhengce/content/2016_09/29/content_5113369.htm.

③刘晓洋.大数据驱动公共服务供给的变革向度［J］.北京行政学院学报，2017(4)：73-79.

绩效与水平这个因变量的显著变化。

3）优化公共信息服务模式，实现公共信息服务供给侧结构性改革

数据驱动环境下公共信息服务的供给模式优化可以从以下几个方面作出选择：

一是以社会需求为导向。以往有关部门在制定公共信息服务目标时较多考虑的是上级部门数据开放或信息公开指标要求，或是部门工作偏好，或是现有可供开放的数据与信息基础，较少征集或吸纳社会公众的需求信息。在数据驱动背景下，公共数据来源更多样、公共数据类型更丰富、公共数据内容更开放、公共数据关联更多元，因此，建立在数据驱动基础上的公共信息服务供给侧结构性改革更加可行。与此相适应，公众的现实信息需求日趋丰富和多元，公众的潜在信息需求正在被激发，公共信息服务供给模式必须从自上而下的"供给导向"转变为自下而上的"需求导向"[1]。"需求导向"就是要求明确数据驱动环境下公共信息服务的类型需求、内容需求、形式需求和援助需求等。数据驱动环境下公共信息服务的数据范围被极大地扩大，但数据并不是越多越好，也不是所有公共数据都与用户的需求相关。以社会公众的服务需求为导向，从公共数据来源入手，清晰界定公共数据可开放与可应用范围是优化公共信息服务模式的基本依据之一[2]。

二是以发展型供给为目标。基本型和发展型服务是公共信息服务的两种基本形态，在保证基本型服务前提下逐步实现个性化需求的发展型服务是公共信息服务转型的基本趋势[3]。内容整合能力提升是实现公共信息服务供给

① Farrel M.Quality management and building government information services［J］. Government Information Quarterly, 1998, 15(1): 89-91.

② Janssen, K.Open government data and the right to information: opportunities and obstacles［J］.Journal of Community Informatics, 2012, 8(2): 1-11.

③周毅.公共信息服务的供给侧结构改革研究［J］.情报理论与实践, 2017(5): 1-9.

转变的基础，转换内容生产方式与创新内容聚合模式是提升内容整合力的两条有效路径。转换内容生产方式就是要将传统公共信息内容或产品进行改造，使其适合移动互联时代公众的信息消费方式；创新内容聚合模式就是要建立起数据与信息的深度聚合能力，将满足定题式信息需求的"长内容"和满足查询式信息需求的"短内容"结合起来，从而实现数据、信息内容与用户需求的深度连接。特别值得关注的是，数据驱动环境下的发展型公共信息供给服务，也有利于促进我国智库的转型发展。传统智库正从原有以思想表达为主的经验性研究范式向以客观事实为核心驱动力的大智库形态发生转变。数据驱动环境下公共信息服务不仅表现在进一步发挥大数据的特点（容量大、速度快、种类多、价值高），而且也表现在通过引入自动文本分析、社会网络分析和空间分析等大数据分析方法，对智库转型发展所需要的公共信息内容产品进行有效提供。

三是以精准供给为手段。目前我国正在大力推进的政府数据开放和信息公开服务是一种没有针对细分对象而进行的普遍服务，从形式上看是属于一种粗放式供给。"精准供给"是指对信息服务对象进一步细分，服务内容进一步贴近公众需求。它强调信息服务需求的精准识别、信息服务规划的精心设计、信息服务内容的精准提供、信息服务过程的精细管理等基本内涵。在精准供给中，信息服务需求的精确识别是前提。公共信息服务需求的精准识别就是要充分掌握公众对信息服务项目类型和数量的需求。以大数据为依托的"循数供给"可以极大地改善公共信息服务供求不对等的格局。循数供给是指通过对公众的浏览历史、阅听时间、评论互动和实时位置等进行大数据分析，推断公众的内容与服务偏好，理解公众的实时信息需求，及时为公众提供与之需求相匹配的公共信息服务。最早起源于美国国家会议中心的图书馆精准服务模式就是一个典型案例。它以互联网技术为依托，建立在大数据认知架构基础上，针对用户信息需求为其提供个性化信息服务的资源匹配机制①。学界也有将其概括为这是一种基于轨迹聚类的个性化信息服务②。其主要做法是：通过各种终端实时获取公众的轨迹数据，将公众的检索行为记录下来；进行特征提取，建立公众轨迹模型，并建立公众检索模型；进行特征融合，利用多特征信息融合的轨迹聚类方法，建立动态的公众检索模型；从动态检索模型中获取公众的检索词使用偏好、连续查询模式、浏览行为习惯以及其他行为喜好，并以此为依据来进行个性化信息推送。公共信息服务规划的精心设计就是要充分认识到不同群体公众信息服务需求的多样性、个性化与公共信息服务供给不充分不平衡之间的矛盾，通过服务规划的精心设计，明确公共信息服务优先面向的群体、优先应满足的服务内容与项目、优先应得到的基本信息服务保障等，从而实现数据驱动环境下公共信息服务资源的合理配置。公共信息服务内容的精准提供就是在满足用户基本型信息需求基础上，逐步实现公共信息个性化服务。基本型公共信息服务是以兼顾并满足不同地区、不同群体之间的普遍信息需求为基本原则，在实现方式上一般是通过不同媒体或渠道进行主动的数据开放、信息公开和新闻发布等，它是属于一种"大水漫灌"式的公共信息服务，它有较好的信息服务覆盖率但针对性相对较差，较好地体现了信息服务的公平但服务效率相对较差。为此，在推进"大水漫灌"式基本型公共信息服务的同时，也要注重"精准滴灌"式的个性化或定制化公共信息服务，只有这样，才能兼顾信息服务的公平和效率③。

公共信息服务供给是一个包括需求识别、规划制定、内容提供等环节在内的完整过程，只有实现了对上述服务过程的精细管理才能实现公共信息服务的精准供给。

---

①李晓瑜.大数据时代国内图书馆精准服务模式比较研究［J］.图书馆学刊，2018(1)：127-130.
②高亚瑞玺，汤珊红.基于轨迹聚类的个性化信息服务策略［J］.情报理论与实践，2017(6)：87-90.
③ Pasjv D.A framework for public information services in the twenty-first century［J］.New Library World, 2013, 114(1/2)：67-79.

4）再造公共信息服务流程，改善用户的服务体验和获得感

数据驱动环境下公共信息服务流程的再造是因数据资源禀赋条件的变化和包括大数据技术在内的信息技术广泛应用而实现的。这种流程再造具体可以从公共信息服务的内容、范围和手段等方面体现出来。

一是公共信息服务主体加工的对象不仅从信息层面扩展到数据层面，而且更从原始数据扩展到关联数据。依公共数据的来源看，它主要包括政务数据资源、社会数据资源、互联网数据资源三大类。政务数据资源可分为政府网站数据资源（如网站前台页面数据、网站后台内容数据和网民访问行为记录数等）、业务系统数据资源（各类政务业务系统所生成的数据）、专门采集／检测／监测数据（如气象、测绘等各类专业数据以及公共事务部门为履职而采集的经济社会数据等）、工作存档归档数据等。社会数据资源主要是指来自各类公共事务机构、公共服务机构的数据资源，如科研事业单位的科学研究数据资源、行业协会商会和其他民间组织掌握的行业数据资源等。互联网数据资源是指公共事务部门履职所需的重要互联网数据资源，它来自社会上各类互联网网站、自媒体、论坛社区、移动应用客户端、物联网终端等[①]。数据驱动环境下的公共信息服务重视互联网资源与数据资源的关联、整合，将文献信息、政府信息、社会信息、网络信息和用户信息等进行整合，经过关联、挖掘分析后形成各类综合数据服务和知识建构服务[②]。

二是数据驱动环境下公共信息服务业务链被进一步细分和拉长。数据驱动环境下公共信息服务业务流程由数据生产、数据归集、数据转换、数据分析、信息增值加工和公共信息服务推广等构成，相较建立在信息公开基础上的公共信息服务模式而言，其业务链显著延长。与此相适应，公共信息服务业务

---

①鲍静，张勇进.政府部门数据治理：一个亟需回应的基本问题［J］.中国行政管理，2017(4)：28-34.

②苏新宁.大数据时代图书馆面临的机遇和挑战［J］.中国图书馆学报，2015(5)：1-12.

链细分为基于数据归集与转换的业务模式、基于数据开放与共享的业务模式、基于内容整合与增值开发的业务模式等。值得注意的是，在数据驱动环境下，针对公共数据多源异构特性更加显著的要求，需要运用一系列新技术来寻求建立处理大量非结构化、半结构化数据的管理方案，这是一个基于大数据平台架构的业务模式构建问题。Google、Amazon、Facebook、IBM 等国际互联网公司，以及国内的阿里巴巴、百度等，都在相关技术领域进行了布局，创建了基于自身海量用户信息的大数据处理和分析平台[①]。如何利用这些数据服务商的大数据处理与分析平台并实现其与公共信息服务过程的有机结合就是一个新课题，这也和前文讨论的政府数据管理局与数据服务商关系问题密切相关。事实上，它涉及具备何种资质的数据服务商可以参与公共数据管理和服务、大数据平台归集何种类型和范围的公共数据、通过何种方法和机制实现对多源公共数据的归集与清洗、如何进行数据质量管理、如何处理数据归集主体与数据产生主体的产权关系等一系列问题。例如，曾有学者在讨论图书馆转型问题时认为，图书馆转型是指图书馆为应对数字环境变化，对传统工作状态作出的改革调整，可能是某一项具体业务的改进，也可能是组织结构的变化，或者是图书馆宏观发展战略的调整[②]。我们认为，对数据驱动环境下公共信息服务的内容、类型及其组织形式等需要进行深入分析，以科学处理数据服务商与现存公共信息服务机构之间的关系，从而进一步明确公共图书馆等在"构建文化传播大数据综合服务平台"中的角色与责任[③]，面向国家科技战略构建国家科研论文和科技信息高端交流平台。

　　三是数据驱动环境下公共信息服务的空间结构发生了变化。在相当长的

---

　　①童楠楠，朝乐门.大数据时代下数据管理理念的变革：从结果派到过程派［J］.情报理论与实践，2017(2)：60-65.
　　②陈传夫，陈一.图书馆转型及其风险前瞻［J］.中国图书馆学报，2017(3)：32-50.
　　③国务院关于印发促进大数据发展行动纲要的通知［EB/OL］.［2018-10-23］.http：//www.gov.cn/zhengce/content/2015-09/05/content_10137.htm.

时期里，公共信息服务主要是由政府机关开展，并主要是依靠传统媒体或公共图书馆、档案馆等实体性公共信息服务机构来进行，虽然在服务上它们具有自身的特点，但在信息服务的可及性、便利性、及时性和用户体验等方面也有一定局限。随着信息技术的广泛运用，各类政府机构、组织等也开办和经营起它们的"自媒体"，利用"自媒体"所进行的无中介信息服务，使公共信息能够顺利进入更为多元的信息传播渠道，公共信息服务的"中心性"和空间边界正在逐渐消失。此外，社会化媒体也激发了一般用户的内容生产潜力，公共信息再开发与再利用将会更为活跃，一批具有影响力的个人"自媒体"服务平台将会逐步涌现。普通用户是非职业化的公共信息生产者与服务者，但他们非制度化的公共信息再传播、再开发与再利用，对于公共信息的内容构成与流向，以及公共信息服务体系与结构的再造等也起着重要作用[1]。社会化媒体平台是利用社交、社群的作用，实现信息内容的再分发，这是一种社会性的公共信息服务扩散机制。同时，利用和借助于技术工具或平台，集信息搜集、推荐和聚合于一体，这是一种技术性的公共信息服务机制重构。应注意到，由各方主体共同参与的以"自媒体"为服务平台的公共信息服务既有技术性范式的要求，也有社会性范式的要求。因此，公共信息服务的标准、规范及其质量控制与评价等就是未来要面对的主要问题。公共信息服务标准、规范及质量控制的内容不仅要关注到传统服务模式下基本公共信息服务的特点，而且也应覆盖到数字驱动环境下非职业化主体参与到公共信息服务过程以及社会对发展型公共信息服务的要求。

5）加强数据治理的法治化，促进信息服务公平和产权保护

数据驱动环境下公共信息服务绩效与规范化取决于数据治理的水平与质量。事实上，学界对数据治理有"依据数据的治理"和"指向数据的治理"

---

①彭兰. 正在消失的传媒业边界［J］. 新闻与写作，2016(2)：25-28.

两种不同认识[1]，在此我们所指重点为后者。"指向数据的治理"近年来也已逐步从企业主体扩展到政府主体。"指向数据的治理"的价值贡献在于确保数据的准确性、可获取性、安全性、适度分享和合规使用。因此，用法治思维开展数据治理工作就成为保证公共信息服务绩效与规范化的基础性任务。

数据治理的法治化首先应面向数据质量管理问题。数据质量管理是贯穿数据生命周期的全过程管理活动，它覆盖数据汇集、数据转换、数据监控、数据清洗、数据开放、数据复用等环节。数据质量管理的法治化就是要建立覆盖上述管理全流程的法律制度框架体系，从法律制度上明确数据治理组织体系、内容体系和生态体系等[2]，特别是明确负责数据标准、数据安全及质量评估等专项职能的专业性数据管理机构与管理职位的责任，确定数据治理从分散走向集中、从部分走向整体、从碎片走向整合的质量内容控制体系，确保形成数据质量管理的协同机制，实现对政府数据治理的有效社会支持和监督。其中，数据质量管理中最重要的组成部分是数据质量标准，它包括元数据质量标准、关联数据质量标准等。因数据时效性、数据集可视化和互动分享等方面的原因，目前我国各地方或各部门在数据治理上存在着"低法治"的数据割据现象[3]。如何从数据质量管理与数据质量标准出发，在全面提升数据有用性和易用性的前提下，建设全国性的数据开放共享平台就成为数据治理法治化成效彰显的一个重要标志。

数据治理的法治化应面向数据隐私与安全问题。它不仅涉及数据保密，也涉及数据适度分享与合规使用。在数据驱动环境下，数据隐私保护和数据安全的诉求更加多变和多元。例如，随着越来越多的数据被开放，通过对开

---

①徐雅倩，王刚.数据治理研究：进程与争鸣［J］.电子政务，2018(8)：38-50.
②夏义堃.政府数据治理的国际经验与启示［J］.信息资源管理学报，2018(3)：64-72.
③何渊.政府数据开放的整体法律框架［J］.行政法学研究，2017(6)：58-68.

放数据的聚合或关联分析，可以追踪到更多的个人隐私信息。因此，在公民保护数据开放分享利益的同时，不能以牺牲公民个人隐私和国家信息安全为代价，数据治理的法治化就是要在数据开放与数据安全保护两者之间寻求平衡。从具体操作上看，颁布统一的数据开放指南，统一数据开放标准不仅有利于促进政府数据适度开放共享，而且也可以通过对敏感数据的分类分级管理，避免因数据聚合或关联分析而可能产生的隐私泄漏。

数据治理的法治化应面向数据资产运营中信息服务的公益性及其产权保护。在数据治理中，前文分析了政府大数据管理局与数据服务商的职责界定目前比较模糊，更没有从法律层面上给出明确规定，这就使地方政府在经济逻辑的惯性作用下可能会出现"政企合谋"，从而导致国家数据资产产权流失、长远利益损失和公共信息服务公益性的失效。在理论界和实务界，已经有专家从控制、量化和变现三个环节上提出了数据资产化过程，从数据资产应用、数据资产流通、金融衍生服务三个环节上提出了数据资产增值路径，提出了构建政务数据资产运营平台的设想，并以政务数据为核心提出了大数据交易市场化运作框架（如福建省、贵州省等）[1][2]。这些设想和框架从激活政府数据存量、实现数据资产增值和促进数据产业发展看都是有益的，但如何保护数据驱动及资产运营环境下公共信息服务的公益性、如何实现对数据安全和交易的过程监管、如何确保政府数据资产的国家产权（跨部门的数据开放与流动使得数据的所有权与治理权变得模糊，这进一步表明了数据资产产权确认的难度）等是需要从法律层面给予回答的问题。

---

[1]纪婷婷，甘似禹，刘春花，戴炳荣.数据资产化与数据资产增值路径研究［J］.财经管理，2018(18)：157-160.

[2]钟军，政务数据资产化与交易架构研究［J］.福建电脑，2017(10)：87-88.

10.3　数据驱动环境下公共信息服务发展的关键问题举要

10.3.1　公共信息服务发展问题"在场"与"出场"的关系研究

从理论上看，"在场"是指两种，一种是指当下的公共信息服务现实及其所处的情境；另一种是回到"信息服务发展史的现场"，对信息服务作历史化的回顾与梳理。与"在场"相对应，"出场"是指公共信息服务在当下时代的"重新"发现或出现。相对传统形式的公共信息服务而言，公共信息服务必须"重新"出场，必须以新的"形态"取代旧的"形态"，以实现公共信息服务的重新"在场"[①]。从"在场"与"出场"的关系看，即通过总结历史和当下公共信息服务发展的基本特点和一般规律为基础，以公共信息服务当下所处的新情境分析为切入点，识别影响公共信息服务发展的关键问题，对公共信息服务发展的新问题、新动向、新趋势等进行深入分析，从而寻找并抓住新情境下公共信息服务发展的主要矛盾和解决矛盾的方法。公共信息服务发展问题"出场"研究的重要意义在于以解决公共信息服务实践问题为主旨，试图在理论思维上实现对现实生活世界问题的"在场"超越。从总体上看，公共信息服务领域的多主体进入或参与、服务成本分担、媒介融合、多源数据整合、跨域（跨地区、跨行业或跨部门）服务展开、服务产品创新和管理主体复杂化等问题均已不同程度地露出端倪，它们所表现出的基本趋势是"现存的公共信息服务边界正在消失或可能逐步消失"，但目前在理论上对此类实践行动及其动向并未给出很好的回答。针对上述发展趋势，在公共信息服务"在场"研究的基础上，如何对其实现理论上的回答、预见和实践行为上的超越，这就是公共信息服务发展问题"出场"研究的任务。

---

①曹典顺.出场学的存在与逻辑［J］.江海学刊，2014(2):45-50.

在公共信息服务发展的"在场"与"出场"研究之间体现出一种继承与发展、守正与创新的关系。在公共信息服务"在场"研究基础上，通过公共信息服务理论创新来解决公共信息服务理论落后于现实服务实践的"缺席"问题，并进而实现理论对现实实践的超越。

10.3.2 "正在消失的公共信息服务边界"与公共信息服务发展态势分析

有学者曾对大数据时代图书馆面临的机遇和挑战进行过分析[1]，并认为"正在消失的公共信息服务边界"是公共信息服务发展中一个可以预见的关键问题。它具体表现在社会力量参与公共信息服务后导致服务主体的多元化、免费与有偿服务边界的模糊、公共信息服务中空间或地域限制的消失和媒介融合与数据和信息的内容融合等。在上述问题中，预测潜在服务提供者进入后公共信息服务总体格局的可能性变化是回答"正在消失的公共信息服务边界"这一问题的关键。新的服务主体、新的服务形式与传播渠道的出现，改变了公共信息服务格局中利益相关者的聚类。什么样的主体可以进入、可以进入哪些具体服务领域、进入后适用什么样的价格或经费补偿机制、如何处理它们与公共信息服务机构的分工合作关系等都是需要明确的具体问题。例如，"中国期刊网"和"当当网"等数据服务商已经应用网络模式为无边界的用户提供信息服务，百度的百科服务通过集成多方资源形成机构信息门户实现公共信息服务等就是需要学界和业界深入解剖的典型例证。这些实践案例在既有理论研究中并没有现成的答案，这也意味着公共信息服务理论已经出现了不同程度的"缺席"。从这个角度看，公共信息服务发展问题的"出场"就显得更具有现实意义。为了总揽公共信息服务发展的基本态势，对一些现实实践问题必须引起高度重视并进行较充分的理论研究。这些问题主要有：

一是公共信息机构的专业坚守及其服务功能拓展问题。即可以通过文献

---

①苏新宁.大数据时代数字图书馆面临的机遇和挑战［J］.中国图书馆学报，2015(5):4-12.

研究法、政策分析法和模型分析法（如波特的五种竞争力模型）等，对公共图书馆、公共档案馆等的服务特性（如信息减贫、保存记忆等独特功能）和竞争强度进行分析，提出公共信息机构的转型需求与风险，重新审视新情境下公共信息机构的生存环境、服务方式和目标定位，回答在公共信息服务发展中公共信息机构如何科学处理"职能坚守与服务拓展"的关系这一现实谜题。对此，学界已有专家开始给予了关注①②③。

二是公共信息服务中政企、政社互动关系和互动机制及其实现问题。可以运用利益相关者理论等，对政府、企业和社会组织等在公共信息服务链条中的关系与定位进行分析，从管理与服从、委托与代理、协同与互助等不同角度探讨上述多主体之间的关系及其实现机制。通过这种关系界定及其实现机制研究，将优质高效和公平正义的公共信息服务价值规范赋予不同主体并以不同机制予以合作实现。

三是潜在服务提供者进入公共信息服务领域的风险问题。潜在服务者的进入对改进和提高公共信息服务水平有其必要性和可行性，但也存在一些可能的风险。对多主体参与后可能存在的公共利益损失、信息公平与正义被忽视、信息服务效率彰显失败和政府信息服务责任的转移等风险问题都应给予关注并设计相关预防或规避风险的制度安排，以保证公共信息服务社会共治的合理与合规。

四是基于多主体参与的公共信息服务链重构问题。根据信息生命周期理论、价值链理论和分工合作理论，针对数字出版商直接面对终端用户、网络信息服务商的业务多元和用户自媒体的转发链接等活动，结合公共数据（或

---

①陈传夫，陈一.图书馆转型及其风险前瞻［J］.中国图书馆学报，2017(4):32-50.
②魏大威，李春明，温泉，薛尧予.万物互联背景下我国公共图书馆新业态发展思考［J］.中国图书馆学报，2014(6):22-32.
③张晓林.颠覆性变革与后图书馆时代：推动知识服务的供给侧结构性改革［J］.中国图书馆学报，2018(1):4-16.

信息）获取、加工、开放、开发和再利用等构成的业务链和政府、企业、社会组织等不同主体的特点，对公共信息服务链进行梳理与重构，提出优化公共信息服务链的总体设想，以促进信息服务公平与效率双重价值目标的实现。

通过对上述这些重点问题的识别和分析，可以对新情境下我国公共信息服务发展的总体态势作出一个初步描绘或判断。

10.3.3　数据驱动、媒介融合与公共信息服务产品创新研究

以大数据技术、人文计算等推动公共信息服务实践项目从形式到内容的变革，以全媒体为平台实现优质公共信息服务供给改革是促进我国公共信息服务提升增效的重要途径，是推动我国数字内容服务产业发展的重要方向，也是提升社会治理现代化和治理效能的关键环节。因此，在新情境下如何利用大数据技术、媒介融合技术等促进公共信息服务产品形式与内容创新就成为公共信息服务发展问题出现的难点与重点。

通过大数据等相关技术对公共信息服务需求进行精准定位、对数据资源进行关联分析、对公共信息服务产品进行可视化呈现等，可以推动公共信息服务供给改革[1]：以数字化方式重建或再现重大历史事件和社会活动，模拟和展示市政复杂规划工程和重大自然灾害或社会突发事件等都是公共信息服务中目前较少涉及的领域。运用现代信息技术可以改变信息的获取、标注、比较、取样、阐释与表现方式等，从而实现对公共信息服务及其产品形式或内容的重构；媒介融合体现出全程媒体（突破时空尺度）、全息媒体（突破物理尺度）、全员媒体（突破主体尺度）和全效媒体（突破功能尺度）等特点，因此，公共信息服务发展问题的出场必须关注普通用户的公共信息生产与传播潜力，关注技术运用所产生的服务变革，关注在媒体融合发展中如何实现

---

① 周毅，白文琳. 数据驱动环境下公共信息服务的变革向度与行动逻辑 [J]. 情报资料工作，2019(8)：25-30.

各种专业化信息服务产品的生产，并以此为基础探讨智慧型公共信息服务的新样态[①]。

10.3.4 促进网络公共信息服务与消费的策略研究

近年来国务院先后颁布了《关于积极推进"互联网+"行动的指导意见》《促进信息消费扩大内需的若干意见》等文件，将提升网络公共信息服务水平作为促进信息化建设与国家创新发展的主要任务之一。但据有关专家研究，我国网络公共信息服务消费显著低于预期，影响公众采纳和使用网络公共信息服务的因素是多方面的，包括有用性、易用性、外部环境、信息质量和满意度等[②]。因此，全面调查并评价我国网络公共信息服务及其消费现状（含消费类型、消费信息结构和消费者分布等），分析影响网络公共信息服务与消费的因素，从提高政府互联网公共信息服务能力、智慧政府公共信息服务生态的构建等方面采取相关策略，以一些重点领域的实践改革（如在线教育信息服务、公共信用信息服务、地理交通信息服务和健康信息服务等）为突破口，从而提高公众对网络公共信息服务的社会信任和公共信息利用效率，进一步扩大和提高公共信息服务消费水平与质量[③]。

10.3.5 公共信息服务投放力度与国家网络空间安全研究

"信息安全"是信息资源管理学科的经典研究主题。在现代国家治理体系建设中强调的"总体国家安全观"对国家安全内涵进行了全新阐释，同时也对公共信息服务提出了前所未有的要求。网络舆论安全、网络空间安全是国家政治安全、社会安全、信息安全和文化安全等的核心组成部分。在互联

---

①郭骅，屈芳，战培志.智慧城市信息共享服务模式及其应用研究［J］，情报杂志，2017(4):118-124.

②罗博，张晋朝.网络公共信息服务社会信任的影响因素研究［J］.中国图书馆学报，2017(4):84-108.

③孙建军.网络公共信息资源利用效率影响因素实证分析［J］.图书情报工作，2012(10):35-40.

网领域历来都存在官方舆论场与民间舆论场的角力。在自媒体时代，由非专业媒体（个人或组织）通过互联网站、即时通信工具和网络直播等网络平台向社会公众提供的信息内容服务日益增多，其所显示出的基本特点就是运用"广泛化、私人化、大众化、科技化的方式，将规范或者不规范的信息传递至精准范围内的特定用户或者大范围内的不特定用户"[①]，这就使官方与民间两个舆论场的角力更加频繁和复杂。由于民间舆论场的信息传播没有把关人、容易出现群体极化等现象，如果此时在官方舆论场投放的公共信息不足，那么在两大舆论场角力中将会出现力量失衡，极有可能导致网络内容生态安全与信息主权风险。对公共信息服务在这种非传统安全中如何发挥作用应有足够的重视。如何以正负面信息内容的对向标示治理为基本理念，通过增加公共信息投放的数量与质量，树立风险思维和底线思维意识，通过完善公共信息投放策略等来提高官方舆论场的影响力和公民对政府的信任，这是总体国家安全观和现代国家治理体系建设对公共信息服务提出的新要求，它也是公共信息服务发展问题"出场"研究的重点内容之一。

10.3.6　公共数据管理体制改革与能力建设研究

如果我们将新情境作为一种治理理念、资源、技术、机制、需求和制度等来对待，那么新情境下公共信息服务也面临着一系列制度与机制等的创新需求。这种对公共信息服务制度与机制创新研究就是公共信息服务发展问题"出场"研究的必然要求。例如，在现代国家治理体系建设和国家机构改革背景下数据管理体制的系统架构与数据管理机构的发展动向就是一个新课题。目前围绕着"大数据管理局"（或其他类似名称）的职责范围、性质及其归属、与其他公共信息机构的关系等都处于模糊状态。为了应对数据开放共享及其给公共数据管理和服务所带来的变化，我国地方政府层面一直处于

---

①李雪枫，黄尧．我国自媒体信息服务立法进程与内容分析评价［J］．现代情报，2018(9):132-138.

缺位状态的数据管理体制正在逐步确立。如何科学回答政府数据管理体制建设、公共信息机构改革、机构职能法定等问题就显得特别重要。

10.3.7 面向数字化发展的公共数据开放利用研究

数据是重要的战略资源、生产要素和治理要素，其地位与作用得到了党和国家前所未有的重视。2015年10月，党的十八届五中全会正式将"实施国家大数据战略"写入公报。2017年12月，习近平总书记在中共中央政治局第二次集体会议学习时强调，"要构建以数据为关键要素的数字经济"；"要制定数据资源确权、开放、流通、交易相关制度，完善数据产权保护制度"；"要运用大数据提升国家治理现代化水平。要建立健全大数据辅助科学决策和社会治理的机制，推进政府管理和社会治理模式创新，实现政府决策科学化、社会治理精准化、公共服务高效化"。党的十九届四中全会首次将数据与劳动、土地、知识、技术和管理并列作为重要的生产要素。2020年，《中共中央国务院关于构建更加完善的要素市场化配置体制机制的意见》和《中共中央国务院关于新时代加快完善社会主义市场经济体制的意见》均强调要"培育和发展数据要素市场"。《中共中央关于制定国民经济和社会发展第十四个五年规划和二〇三五年远景目标的建议》明确提出，要加强公共数据开放共享，建立健全国家公共数据资源体系；扩大基础公共信息数据安全有序开放，探索将公共数据服务纳入公共服务体系；开展政府数据授权运营试点，鼓励第三方深化对公共数据的挖掘利用等构想。上述讲话、制度或战略安排均对数据资源的地位及其开放利用提出了前所未有的要求。公共数据是各级行政机关、具有公共管理和服务职能的事业单位、企业单位和其他社会组织等在履行公共管理和服务过程中形成或保存的数据，其在数据资源中具有基础性和战略性地位。伴随着数字化发展进程，公共数据作为生产要素正在赋能百业和促进数字经济建设，作为治理要素对数字政府与数字社会建设发挥着润滑剂、稳定剂等重要作用。

面对上述形势，我国各级政府在制度设计和行动实践上也从政府信息公开、政府数据共享逐步向公共数据开放利用转型。据统计，截至 2021 年 8 月，我国已出台近 300 份公共数据开放相关政策文件，从政策文件所涉及的开放对象看，主要涉及政务数据和公共数据两种，以政务数据共享与开放为基本面的公共数据共享与开放利用行动实践目前也面临着诸多体制、机制、能力和方法等方面的障碍，公共数据共享与开放利用效果在不同地区呈现出较大的差异性，其整体水平与现实经济社会发展需求和数字化发展的目标要求等还有很大差距，产生这种差距的深层原因是我国面向数字化发展的公共数据开放利用体系建设远远跟不上数字化发展的新要求。因此，如何呼应数字化国家战略，推动公共数据在数字经济、数字社会和数字政府等维度的全面应用，迫切需要针对公共数据开放利用体系的短板问题开展系统研究，这也是深入实施大数据战略和创新驱动发展战略的重要举措。

在研究动因上，要实现从知情权利保障向数据价值挖掘转变。政府信息公开对应的是透明政府建设需要，以满足公众的知情权为基本目标；大数据时代的到来使公众对原始数据的需求增强，政府是数据的最大拥有主体，政府数据开放便应运而生；随着数据被列入生产要素，数据赋能百业的态势正在逐步形成，所有具有"公共性"的公共数据开放利用也就提上日程。从知情权满足到数据赋能百业这是社会需求的升级。但是当前对公共数据开放利用的研究尚处于较浅层次且呈分散态势，开发利用模式、体系与能力、方法与途径等的研究亟待加强。数据价值链理论认为，由数据归集与加工、获取与共享、再开发分析和再利用等所构成的数据价值增值过程与其他价值链一样，影响着相关主体的管理质量和利益产出。因此，如何根据公共数据产品化的路径（区分用户类型—寻找业务场景—匹配数据资源—确定产品形态）来开展公共数据开放利用体系与能力建设就是实现数据价值挖掘的核心问题。

在研究视角上，要实现从管理视角向治理视角转变。管理往往局限在组织内部，强调单一主体针对具体的管理事项采用固化的应对措施；而治理视角则强调融合组织内外部资源，强调多元主体针对事务发展过程中的难点与问题采用动态化的应对措施。从政府信息公开到政府数据开放，政府是公开和开放的绝对主体，目前理论界更多聚焦在政府的责任边界、执行过程和政策资源等的探讨，这些探讨多是管理层面的应对。但就公共数据本身而言，一切含有公共性属性的数据均被纳入公共数据范围，大量与公共事务管理和服务相关的企事业单位等均成为主体对象，对其研究就不仅仅局限在政府内部。因此，从多主体视角开展的公共数据开放利用体系与能力建设将是一个必然选择。

在研究场景上，实现从政府内部小场景向社会应用的大场景转变。从信息到数据的研究对象变化，体现了数据价值的特殊重要性；从知情权到开发权的演变，也体现了主体权利进阶的诉求，这均是社会应用的大场景所导致的。场景变化不仅对公共数据开放利用提出了新需求，而且公共数据开放利用也对数字化发展有推动作用。为了应对或引领数字化发展和社会应用的大场景，公共数据开放利用体系与能力建设研究也应适时作出变化。

在研究思路上，实现从公共数据基础化与合规化治理向商品化治理转变。从政府信息公开和政府数据共享到公共数据开放利用的已有研究，重点解决的问题是公共数据基础化、合规化治理问题。基础化治理是使各类系统汇集的公共数据达到有序化；合规化治理是使数据达到共享开放标准，并实现数据安全分类分级。而商品化治理则是针对数据应用场景，实现数据资源产品化和商品化，达到市场可交易变现的标准。通过定目标、定角色、定任务、定机制、定流程及定考核来保障数据价值链的生成与贯通。治理后的公共数据将获得以下属性：数据权属清晰、标注分析充分、全面安全保障、产品形式多样及实现商品化应用。公共数据商品化治理的目标导向也从利用环节倒逼数据运动前期阶段的数据基础化与合规化治理，基于"数据价值链"形成数据归集加工、共享开放与流通交易和再开发与再利用的整体性效应，并以此为导向实现公共数据治理体系与治理能力的现代化。

10.3.8　面向新情境的公共数据与公共信息服务场景力理论研究

场景理论源自场景的五种技术趋势（简称"场景五力"），即移动设备、大数据、传感器、社交媒体和定位系统。公共数据与信息服务场景是指适应新情境变化，围绕上述场景五力，从满足需求出发而构建的一种信息环境。新情境下的公共信息服务场景包括但不限于上述"场景五力"的核心内容。公共数据与信息服务发展问题的出场，将提出"公共数据与信息服务场景理论"这一命题，并要求对其内涵、核心内容与要素及其动态变化、建构场景建构策略、场景力理论模型构成、提升场景力的行动逻辑等进行建构性、解释性和规范性研究，从而形成较完整的公共数据与信息服务场景理论体系。这种研究将突破现有公共数据与信息服务在场研究的局限。

以新情境下公共数据与信息服务发展的关键问题为导向，提出"公共数据与信息服务场景和场景力"等相关概念，建构起以"实现公共数据与信息服务发展向度和行动逻辑的转型，公共数据与信息服务场景建构和场景力提升"为核心内容的公共数据与信息服务发展基础理论与方法，推动公共数据与信息服务理论的现代转型，从而形成以"公众信息需求的实现和信息权利保护""公共数据价值的发现、增值和实现"这一问题为中心的整体性研究范式，从而消除理论与实践对接的"时间差"，产生新范畴、形成新理论，消除公共数据与信息服务理论的"滞后性"并实现其不断创新，这就是公共数据与信息服务发展问题"出场"研究的使命。

上述重点与关键问题的列举虽不能穷尽公共信息服务发展问题的全部内容,但它强调理论研究不仅要及时回应现实实践的改革,而且也要超前性对公共信息服务发展的动向有所预见并进行一定的理论阐释。这也是在信息资源管理学科领域建立具有中国特色学科体系、学术体系和话语体系的内在要求。上文所提出的若干重点研究问题,它提示学界要系统阐释数字化转型等新情境下公共数据作为生产要素、治理要素的理论价值,促进公共数据价值链的生成,从而突破以往以数据基础化、合规化管理为主的数据"内循环"共享利用体系,形成以数据商品化和流通交易为主的数据"外循环"开放利用体系。面向数字经济,关注公共数据要素作为资产直接变现,实现数据增值的经济属性;面向数字社会,关注公共数据通过应用场景激发社会生活创新活力的社会属性;面向数字政府,关注公共数据在权利保障等方面的政治和法律属性。通过融合不同场景目标所涉及的数据生产要素、治理要素等属性,有利于丰富公共数据的内涵范畴,发挥多学科交叉优势,进行更加系统的公共数据开放利用体系与能力建设,满足当下信息资源管理学科内涵创新的发展要求,从而进一步推动公共信息服务在广度与深度、公平与效率上的全面发展。

第 11 章
讨论与结语：公共信息服务专业性与社会性的 互构及其价值

通过对公共信息服务历史演进、现实状态和未来前景的分析，可以发现，公共信息服务在不同发展阶段表现出不同特点并有不同的主题内容，而且在社会共治发展格局中，公共信息服务专业性与社会性的互构也推动着公共信息服务理论与实践水平的持续提高，并对信息资源管理学科发展带来新的影响。

11.1 公共信息服务社会共治中专业性与社会性互构问题的提出

从历史上看，信息服务似乎与"职业"是一组无法分开的范畴，信息服务理论来源于对相关实践的经验反思与总结，信息服务和图书情报档案管理往往在认识论上就被视作为一种职业化或专业化活动，其在知识来源、教育实践和研究目的等方面均自觉或不自觉地表现出明显的职业化或专业化取向。在图书情报档案界①，关于图书情报档案业务及其相关信息服务的专业性一直是大家的共识，并且这种专业性也因时代变化而不断被赋予新的内涵。

近年来学界开始关注到在技术冲击、业务外包浪潮下公共图书馆、文献

---

① 从 2022 年起，在有关学科目录中，我国图书情报与档案管理学科正式更名为信息资源管理学科。本书在表述职业领域时仍用图书情报档案，涉及学科名称时则全部使用"信息资源学科"。

或信息中心、公共档案馆等公共信息机构的信息服务也面临着专业性存在与发展危机。学界从图书馆员"去职业化"的危害、职业核心竞争力的重建、职业资格制度的构建等方面对图书馆员专业性发展或强化等问题进行了讨论[1]。有学者提出，出版商、电商、政府机关，甚至电子产品生产商都在深耕信息服务领域，那么专业机构能做什么？[2]也有学者提出，非专业学科话语正侵蚀图书馆学的传统领地，导致专业活动迷失了发展方向，图书馆工作的重心飘忽不定。重申专业话语的价值，明晰图书馆活动范畴中基础语词的专业内涵，才能重构图书馆人的专业思维[3]。在这个讨论过程中，学界也基本认同了以下一系列判断，即传统图书馆以信息加工为中心的专业工作的主导权已经从图书馆转移到外部的利益相关方[4]，目前一切围绕数字资源管理的技术和方法都不再来自图书馆界，而是系统商和数据商[5]，越来越多的社会力量主动参与到公共图书馆建设和服务中，甚至是图书馆的一些传统核心业务工作也受到来自其他行业的跨界竞争，图书馆业务、管理及服务工作，对于其他行业而言，都已经不再具有排他性的专业优势[6]。此种情形同样表现在文献或信息中心、档案机构的相关管理与服务业务中。文献或信息中心所提供的专业化信息分析预测服务这个核心业务正逐步被越来越多的咨询机构或智库所取代。如果没有国家强制性档案法律法规的约束，各级各类档案机构所提供的专业性文件安全保管与服务（特别是电子文件管理与服务）这

---

①陈传夫，王云娣，盛钊，等.图书馆员去职业化问题、原因及对策研究 [J].中国图书馆学报，2011(1):4-18.

②冯惠玲.学科探路时代——从未知中探索未来 [J].信息资源管理学报，2020(3):4-10.

③王宗义.专业话语：实践描述与思维构建——关于当代图书馆活动的若干思考 [J].中国图书馆学报，2017(2):13-23.

④李静霞，李真吾.新时代图书馆专业的追问与思考：以武汉地区公共图书馆的抗疫实践为例 [J].中国图书馆学报，2020(5):38-49.

⑤程焕文，潘燕桃，张靖，等.新时代中国图书馆学教育的发展方向 [J].中国图书馆学报，2019(3):14-24.

⑥饶权.回顾与前瞻：图书馆转型发展面临的问题与思考 [J].中国图书馆学报，2020(1):4-15.

个核心业务也可能会被数据服务商、档案数据保全机构等潜在竞争主体所取代。很显然，在传统图书情报档案管理与服务的专业性逐步消解的同时，新的图书情报档案管理与服务的专业性也在慢慢构建。

我们认为，在讨论公共信息服务发展历史、现实状态和未来前景时，不能忽视公共信息服务社会共治格局给信息服务和信息资源管理学科发展所带来的影响。学界对现阶段传统信息服务机构面临的挑战与发展趋势已经有比较多的成果进行过论述，也认为传统信息服务专业机构与新出现的其他信息服务机构进行融合已经是一种既定事实。但是，现有研究虽然注意到了传统信息服务机构与新兴信息服务机构之间的合作与竞争关系，但并未关注到它们之间正逐步从合作与竞争关系转变为互构关系，也未关注到图书情报档案管理与服务专业性的消解与重建是在公共信息机构与相关社会力量互构过程中逐步发生的，同时这个互构过程也形塑着具有相对稳定性特征和包容性特征的公共信息服务治理体系与治理能力。在此，我们结合图书情报档案领域对信息服务工作专业性的理解和信息服务工作的社会性发展趋势，提出通过专业性与社会性的互构来形塑公共信息服务治理体系与治理能力。

11.2　公共信息服务的专业性与社会性及其发展态势

从广义层面上看，公共信息服务不是仅限于传统意义上的与文本或信息内容有关的服务，而是一种信息资源服务、信息内容服务、信息咨询服务、信息技术支持服务和信息素养教育服务等。以此为基础可以形成对公共信息服务专业性和社会性的更加全面理解。

11.2.1　如何理解公共信息服务的专业性

公共信息服务的专业性是指公共图书馆、文献或信息中心、公共档案馆等公共信息机构，根据国家政策制度安排中对其基本职能定位的要求，针对用户信息需求的特点和规律，以信息资源的整序、加工和组织等核心业务为基础所开展的信息服务活动。公共信息服务的专业性可以从本体论、认识论、方法论和价值论等层面分别进行理解。在本体论层面，它是指图书馆、文献或信息中心和档案馆等专业信息服务主体依靠其信息资源优势、服务优势和技术优势等，以信息整序、加工和组织等专业核心业务为支撑所开展的信息服务；在认识论层面，它是指信息服务应研究分析用户需求变化并通过对用户的精准画像，针对用户的信息需求特点和规律，以其特色信息资源为保障，系统开展信息全流程管理与服务策略设计；在方法论层面，是指公共信息机构被作为一种专门的国家信息服务制度安排，开展信息服务是公共信息机构的基本职能要求；在价值论层面，信息服务的专业性强调要通过信息服务绩效的评估和反馈，持续推动信息资源建设、信息组织等信息生命周期过程的持续改进。

在上述不同层面的认识中，本体论层面的公共信息服务专业性是基础。随着数据开放环境变化，公共信息机构的信息服务专业性也将发生以下变化：

一是从关注文本与内容服务开始转向关注知识发现与决策服务。文献传统和计算传统是信息资源管理学科的两个基本特色。前者关注文献对象的描述和利用，后者关注将算法、逻辑、数学和机器等应用于文献和信息的管理[1]。在数据驱动下，公共信息机构也从文献服务、内容服务开始向知识服务和智能决策发展过渡与升级，公共信息机构的信息服务专业性体现在不再是数据、信息的简单提供，而是以文本和内容服务为基础，依靠新技术和创设新场景将服务升级为提供管理或治理方案的知识与智慧服务。

---

①马费成，李志元.新文科背景下我国图书情报学科的发展前景［J］.中国图书馆学报，2020(5):4-15.

二是公共信息机构不仅以馆藏资源为基础开展服务，而且以其权威性和公众信任为依托实现信息服务领域的扩大。例如，有研究就曾对图书馆在应对虚假信息中的做法进行了回顾，认为图书馆已经被认为是反对假新闻或虚假信息现象的重要角色，并尝试找出图书馆针对虚假新闻与虚假信息的最新做法[①]。英美学界研究动态表明，健康与图书馆正在产生越来越多的关联，公众认可公共图书馆健康服务的价值[②]，在全球新冠疫情信息服务中，美国图书馆就起到了"传播权威可靠可信知识和信息""利用开放科研数据、建立学术导航等方式实现专业资源的供给"的作用[③]。有学者在调查图书馆有关实践中发现，虽然目前这种角色往往被限制在对图书馆员已有专业工作的自我认知中，在强调图书馆实践时仍将主要工作内容集中在信息素养教学方面。上述实践动态表明，公共信息机构如何基于权威的信息源评价策略进行服务领域的扩大将成为其信息服务专业性内涵重建的新视角。

11.2.2 如何理解公共信息服务的社会性

公共信息服务的社会性是指各种系统服务商、数据服务商、网络信息服务平台、数字出版商等企业、社会组织或个人主体，根据社会发展环境、市场信息需求变化和可能的获利机会，有选择性地参与相关信息服务活动。公共信息服务的社会性可以从本体论、认识论、方法论和价值论层面分别进行理解。在本体论层面，它是指系统服务商、数据服务商等企业或个人作为社会力量参与到信息服务的过程，相对于传统公共信息机构这类专业性的、制度安排性的信息服务主体而言，它们主要是根据市场信息需求的变化、可能的获利机会或志愿服务的理想开展信息服务活动，并由此也对公共信息机构

---

① Revez J, Corujo L.Librarians against fake news: A systematic literature review of library practices(Jan.2018-Sept.2020).［2020-2-2］.www.elsevier.com/locate/jacalib.

②周晓英.健康服务：开启公共图书馆服务的新领域［J］.中国图书馆学报，2019(1):61-71.

③傅平.美国图书馆是如何应对新冠疫情暴发的？［J］.图书馆杂志，2020(3):24-31.

的信息服务社会化转型产生重要影响；在认识论层面，信息服务的社会性强调应关注社会环境变化对其本身所产生的影响。当前人类社会正在经历一场以人工智能、大数据、云计算、物联网和区块链等技术为引领的新一轮科技和产业革命，在智慧城市、智慧社会、智慧国家等社会发展脉络中解释、安排和设计信息服务制度与体系，图书馆、档案馆亟须向智慧化转型，为社会提供更便捷高效、更具智慧化的信息与知识服务[1][2]；在方法论层面上，信息服务的社会性是指通过不同主体的信息交流与沟通过程，将信息服务当作是一种社会治理工具，使其调整社会关系推动社会结构变迁，从而推动社会治理目标的实现；在价值论层面，信息服务的社会性是指其具有追求信息公平正义、维护社会和谐稳定、消除区域和代际信息贫困等的价值指向和社会功能[3]。

在上述几个不同层面的认识中，本体论层面的公共信息服务社会性是基础。公共信息服务的社会性不仅表现在社会力量更多参与到信息服务过程，而且也表现在公共信息机构的社会化转型。具体表现在以下四个方面。

一是在新技术环境下各类信息服务商正在以移动、泛在的模式取代传统图书馆、文献中心等机构的功能，用户自助服务成为一种重要服务方式，专业机构和专业人员逐步有被边缘化的趋势[4]。虽然公共图书馆以其特有的公共空间似乎尚有用武之地，但其地位正在动摇。信息服务商正以其社会性、技术性等特点对专业信息情报档案机构产生挑战，信息服务商在吸收图书情报工作专业性工作方法与策略基础上，又跳出专业性的局限，实现了在体制机制和运行管理上的全新变革。社会化数字图书馆、数据中心等基础设施建

---

①饶权.全国智慧图书馆体系：开启图书馆智慧化转型新篇章［J］.中国图书馆学报，2021(1):4-14.

②钱毅.智慧档案馆全域对象与建设层次分析［J］.档案学研究，2019(4):109-115.

③刘振，徐永祥.专业性与社会性的互构：里士满社会工作的历史命题及其当代意义［J］.学海，2019(4):49-54.

④方卿.基于网络的科学信息交流载体整合与过程重构研究［D］.武汉：武汉大学博士学位论文，2001:110-111.

设，开放仓储、在线出版的新型学术交流环境，正极大改变社会知识供给生态。社会化数字图书馆为公众提供图书、期刊等各种类型和载体的数据信息。由于其与国家战略需求密切相关的重要数据资源主要掌握在政府、商业组织、互联网平台和研究机构手中，这也使社会化数字图书馆在信息服务中可以获得一定优势。在档案信息服务领域，过去由专业档案机构垄断的相关服务内容也开始由包括个人主体在内的社会力量去完成。例如，有学者探讨了数字档案资源社会化开发的内涵及模型、个人数字存档对象选择与归档问题[①]。

二是随着公共信息机构与社会互动的深化，信息资源情报档案管理的主体、对象、方法、服务内容等日趋多元，公共信息服务的社会化研究强调应更多关注多样性和个性化的社会需求、关注国家战略。支撑国家创新战略、保障国家信息安全、实践公共文化服务、参与网络空间和数据治理等正在成为公共信息机构的业务领域和信息资源管理学科关注的研究内容。这些开放性和社会性业务内容的融入极大地改变着公共信息机构的专业内涵和信息资源管理学科的研究取向与研究体系。

三是公共信息机构与信息资源管理学科更多关注新技术的变化及其在本领域的运用，并有意或无意地将研究工作重点转移或聚焦到新技术本身。新技术使得信息管理与服务所使用的介质、所处的空间和场景发生了变化，跨学科交叉融合成为新趋势，近年来，欧美图书情报学科也在交叉合并的过程中慢慢淡化了图书情报与档案特色。国内图书情报学科也出现了技术主导一切的倾向。从某种意义上看，这是信息资源管理学科和信息服务专业性弱化的一个重要信号。在这种变化过程中，应特别注意区别聚焦新技术本身和聚焦新技术所带来的信息管理与服务变革所存在的不同，外部信息技术的变革是影响信息资源管理学科与信息服务专业性发展的重要因素之一，但其不应

---

①冯惠玲，等.回顾与前瞻："十三五"档案学科发展调查和"十四五"档案学重点研究领域展望［J］.档案学通讯，2021(1):1-12.

替代信息资源管理学科与信息服务专业性的核心内容。

　　四是信息服务理论在基于服务实践建立起以文献信息服务为专业性特征的概念体系的同时，也逐步建构起以面向社会的信息素养教育服务和阅读推广服务为核心内容的社会化信息服务理论体系。这种因面向对象、面向定位、面向目标要求等所表现出的差异，使信息服务理论在概念体系、理论体系与知识体系等方面均表现出明显不同。从历史演进过程和未来发展趋势看，公共信息机构仍然可以通过其核心业务的专业内涵创新来引领公共信息服务的发展方向。

11.2.3　公共信息服务专业性与社会性的现实关系及其发展趋势

　　基于新兴技术形成的信息活动边界不断向外扩展，Web2.0 环境下用户生成内容（user generated content，UGC）成为信息内容生产组织和服务的新形式，"信息服务"正呈现出从职业语境向社会生活层面泛化、复归的趋势。

　　社会信息需求的多样性、用户生成内容的普及性、服务竞争者的进入等使信息服务的社会性特点突显出来。例如，用户生成内容使信息服务消费者与生产者角色层面合一，这意味着每个人皆可成为信息生产者和传播者，信息服务早已不再遵从专业性的服务模式和服务逻辑，而是成为社会多元主体参与的共同行为。同时，信息技术运用与有关潜在竞争者的进入，它可能导致服务技术、服务内容、服务形式、服务竞争、服务边界、服务关系和服务产品形态等发生相应变化。此前专业性、职业化或垄断性的公共信息服务活动开始向所有主体开放，各类不同类型的信息服务商开始加入到信息服务大军，信息服务开始由公共信息机构的专业性或垄断性服务转变为公共信息机构与各类社会性服务主体的竞争与合作服务，公共信息服务行业的样态正发生着显著变化。

　　与上述服务样态变化相伴随的是，图书馆、档案馆等公共信息机构的主体地位开始降级，公共信息机构与其他服务主体之间在信息服务上表现出一定的竞争性与合作性关系。对公共信息机构而言，竞争性强调的是面对越来越多的社会主体通过捐赠、兴办实体、承办运行等方式参与到信息服务中来，公共信息机构如何保持其核心竞争力，如何继续保持并强化其信息服务上的专业性，并实现专业性内涵的重建；合作性则意味着公共信息机构可能将大量核心业务和技术保障业务外包给社会力量完成，甚至是将公共信息机构的整体运营都交由社会力量完成。例如，越来越多的书商和馆配商已经能够随书提供标准化书目数据，一些企业承接了北京海淀区、安徽芜湖、河北衡水等地公共图书馆的整体管理运营。这意味着社会力量已经全面渗透到图书馆、档案馆所开展的专业服务领域，并有极大的可能替代其信息资源运营与服务。因此，从这个意义上看，信息服务专业性与社会性的现实关系主要表现为竞争与合作关系。但笔者认为，通过这种竞争与合作关系还不足以重建公共信息机构的专业核心内涵，也更不足以促进数据驱动环境下公共信息服务的高质量发展。

数据驱动环境下公共信息服务的高质量发展应实现服务适配能力、内容整合能力、社群连接能力、服务包容能力和产业创新能力等目标[①]。为了实现上述信息服务治理目标，如果仍以传统思维来认识公共信息机构与其他信息服务者或潜入竞争者的关系显然已经不符合时代发展需要。公共信息服务机构与其他信息服务主体之间，显然已经不仅是竞争关系和合作关系，从发展上看，它们在专业性与社会性上也可以体现出互构关系。如果在认识上和实践上能够理解并推动专业性与社会性的互构，那么公共信息服务治理体系建设和公共信息服务高质量发展必将进入一个新阶段。

---

①周毅，白文琳．数据驱动环境下公共信息服务行动的向度与逻辑［J］．情报资料工作，2019(5):61-67.

11.3　公共信息服务专业性与社会性的互构及其意义

11.3.1　何为公共信息服务专业性与社会性的互构

"互构"是社会学领域经常使用的名词。所谓互构，是对参与互构主体间关系的本质刻画，即指社会关系主体之间相互建塑与形构的关系[1]。"互构"是指在一定区域范围内，各主体通过力量对比形塑各自的形态，并在各自形态塑造的基础上，形成一个稳定的机制或体制[2]。基于对互构概念的上述理解，对公共信息服务专业性与社会性的互构可以从以下三个层面上进行概括。

1）主体维度

这是指公共信息机构与其他各类信息服务商、潜在信息服务竞争者之间的关系形态。从国家信息政策与制度设计看，公共信息机构作为一种公共信息服务的制度安排，它保证基本信息服务与公共文化服务的公平；各类信息服务商和信息服务竞争者根据用户个性化的需求组织服务产品生产，它们侧重于追求信息服务的有效，并在有效服务中实现其营利目标。从互构要求看，上述主体虽然在目标上各有差异，也会形成因信息服务内容差异而产生的地位差异，但它们都应有平等的基础数据资源获得机会和信息服务机会，在信息服务结果输出上也可以实现互补。也正是在互构过程中，公共信息机构与其他信息服务主体可以逐步实现差异性基础上的共生发展，一个优化的、具有包容性的公共信息服务治理体系才可能逐步形成，这也正是公共信息机构的核心知识和专业化服务与市场化的信息服务机构之间互构的良性结果。

---

① Merilee S.Public sector reform as problem-solving? Comment on the World Bank's Public Sector Management Approach for 2011 to 2020 [J].International Review of Administrative Sciences, 2013.

②杨智雄.从"互动"到"互构"：当前中国地方治理的路径转移 [J].重庆工商大学学报，2014(5):99-104.

2）运行维度

这是强调各类不同信息服务主体在动态的资源和力量对比之下的相互形塑，这种形塑是在信息管理运行基础上着眼于信息服务参与主体之间的形态塑造，产生"共生发展"和"竞争互变"两种状态。"共生发展"是指信息服务主体之间的正向关系，既可能是强—强关系，也可以是弱—弱关系。而"竞争互变"是指信息服务主体间的反向关系，它主要表现为强弱关系的动态变化。无论是"共生发展"还是"竞争互变"哪种状态，首先它们可以发生在公共图书馆、文献或信息中心和公共档案馆之间。例如，就"网络信息长期保存"项目，公共图书馆和公共档案馆之间就有了互构关系的发生，这可能会形塑公共图书馆和公共档案馆未来的业务发展空间；其次是可以发生在公共信息机构与其他信息服务商、网络信息服务平台或社会组织之间。例如，围绕着"开放存取"运动，目前人们已经对开放存取的内涵、组织形式达成了共识，提出两种开放存取策略——"自存档"的开放式电子文献档案和开放式网络期刊，制定了"开放式档案计划"(open archives initiative，OAI)，众多公共信息机构、学术组织、出版机构、基金会等社会力量均参与到这个过程①。最后，上述关系也可以是发生在各类信息服务商或网络信息服务平台相互之间。例如，目前就知识付费类的信息服务，各类平台或服务商之间就表现出"共生发展"与"竞争互变"等不同的关系格局。从各类信息服务主体互构的基本态势看，公共图书馆、文献或信息中心和公共档案馆因其业务领域的专业性和国家独到的保护性或支持性制度安排，它们在形塑过程中有其优势所在，但这种优势未必就会转为信息服务的优势。系统服务商、数据服务商和网络信息服务平台等因其机制上的灵活性、对用户需求的敏感和细分、对信息技术应用的快捷等，在信息服务过程中更易建构起与公共信息机构之间的强强关系，或在强弱关系竞争变化中逐步获得优势。

---

①乔冬梅.国外学木文流开放存取发展综述 [J].图书情报工作，2004(11):74-78.

3）目标维度

这是指希望通过主体间的形塑致力于提供一个稳定有效的信息制度环境，构造一个有效的公共信息服务治理治理框架，从而输出一种保障公共信息服务高质量发展的治理体系与治理能力。目标维度的互构是基于运行维度各类信息服务主体形态塑造之上的机制与体制形塑，是在主体形塑的同时与建构的有机结合，并产生有效稳定的公共信息服务治理体系与治理能力，最终形成一个让公众信息服务需求得到满足和服务主体定位或目标得到实现的公共信息服务高质量发展格局。公共信息机构与其他信息服务主体应根据其实际地位、功能定位和特色优势等划分信息服务的责任，在专业性与社会性互构基础上实现公共信息服务治理体系与治理能力的"建构"，这既包括各类服务主体相互协同互补等关系的动态变化调整，同时也包括在主体认同的协同互补关系基础上产生相对固化的治理体系和治理能力。只有同时具备了灵活变化的机制与相对稳定的体制才能保证公共信息服务高质量发展格局的形成与运行。

11.3.2 公共信息服务专业性与社会性互构的意义

提到公共信息服务，很多人很容易首先联想到就是公共图书馆、文献或信息中心和公共档案馆等公共信息机构等开展的专业性服务。但是，专业性和社会性应是公共信息服务的两大取向。专业性是公共信息服务发展的基础价值，信息服务的水平与质量，首先取决于其专业化水平。社会性是公共信息服务发展的时代需求，在开放环境中，相较于信息质量，用户更加注重信息的可获取性、便捷性，倾向于优先选择维基百科、搜索引擎而非图书馆获取信息资源[①]。公共信息服务的专业性和社会性各有侧重，它们在互构中也可以产生独到的意义。具体表现在以下几个方面。

---

① Biddix J P, Chung C J, Park H W.Convenience or credibility? A study of college student online research behaviors［J］.The Internet and Higher Education, 2011(3):175-182.

　　首先，公共信息机构通过专业性与社会性的互构可以实现功能拓展和专业性内涵的重建。例如，公共信息机构是国家的一种专门信息制度安排，它理应可以成为社会知识与信息内容的过滤机制或守门人机制。目前开放互联网络已经成为违规或不良信息泛滥的重灾区和滋生地，引发了网络空间的社会公众信任危机和网络信息内容生态危机。从违规或不良信息治理机制看，目前我们将重点放在网络信息服务平台的规制上，希望通过网络信息服务平台的守门人机制、人工与智能审查机制等来实现对虚假信息的治理，并从制度、组织和技术等方面提出了很多具体措施。上述思路虽然一定程度上发挥了作用，但其显然忽视了一个现实，即网络信息服务平台既是违规或不良信息的治理主体同时又是治理相对人，网络信息服务平台作为一种营利性主体，它主要是通过信息流量和用户体验来获得收益，过于严格的审查机制不仅会增加运营成本，而且会损失流量和用户体验。这些本源上的动机和操作矛盾决定了其在违规或不良信息治理上的必然会发生效果损失。很多学者都曾对未来图书馆的发展作出过判断。陈传夫等提出对开放环境下应确立权威图书馆、可信图书馆、智慧图书馆、融合图书馆和无缝图书馆等发展理念。苏新宁提出未来图书馆形态是数字化、虚拟化、可移动和智慧服务[1]。开放环境下来自其他信息服务者的竞争压力和发展需求一定程度上重新形塑着公共图书馆、公共档案馆等的定位、职能和发展趋势。上海图书馆、武汉图书馆等在"信息抗疫"期间所开展的虚假信息过滤和帮助"公众能够鉴别真实信息"服务就是一种成功的实践[2]。公共信息机构作为信息过滤或守门人机制的建立或可被看作是对信息服务中专业性与社会性互构的认知或认同，这种实践及其对公共信息机构专业核心功能的拓展已经初步展示了专业性和社会性互

①苏新宁. 新时代图书馆使命与未来图书馆学教育之思考［J］. 中国图书馆学报，2020(1):53-62.
②上海网络辟谣. 10 年前就有人精确预测疫情何时开始结束？上海图书馆查证：传言不实！［EB/OL］.［2021-2-16］. https：//www.The paper.cn /newsDetail_forward_6078797.

构的力量。

其次，公共信息机构通过专业性与社会性的互构，实现信息服务模式的整合创新。信息服务整合主要表现为资源的整合、内容的整合和服务的整合三个不同层次[①]。资源的整合是指公共信息机构将来源于包括潜在竞争者数据库中的数据整合后实现逻辑上的集中，实现异构数据库中信息资源的合并，以提高数据访问和利用的完整性；内容的整合是指公共信息机构以馆藏信息为基础，通过对不同类型、不同来源、不同载体的信息资源进行描述或链接，实现内容的多重深度关联揭示，提供知识挖掘与发现服务；服务的整合是指公共信息机构在保留自身服务特色前提下，以用户需求为导向，通过与外部各类服务者的合作，在业务流程、服务项目和平台门户等方面进行整合，从而建立一个以公共信息机构门户网站为核心的服务窗口。例如，CALIS 的数字图书馆服务模式就可以被看作是这种在互构中形成的信息服务整合模式。此外，数字参考咨询服务也是在图书馆传统参考咨询服务基础上利用网络环境而发展起来的一种数字信息服务，它也可以被看作是在专业性和社会性互构中产生的一种重要信息服务形式。在传统图书馆中，由职业的图书馆员开展参考咨询服务是图书馆服务精神的重要表现。随着 Web2.0 技术的运用，专业性的图书馆咨询馆员在信息服务中越来越多使用博客、维基、即时通信工具和社会性书签等社交媒体手段，而且在这种互构过程中，也使网络互动问答类网站等社会力量的数字参考咨询服务得到了快速发展，其服务内容与服务方式也表现得更为专业。一些知识付费平台，如知乎、喜马拉雅等，也在着力提升知识付费内容的含金量，不断扩大其自身运营边界。这些知识付费平台在服务内容运营上的做法给公共信息机构的发展带来了更深层次上的启示。公共信息机构能否在服务内容及其边界上有所拓展，并通过其公益性服务在竞争中占据主动，这是值得关注的问题，也是公共信息机构实现其专

①肖希明，等 . 数字信息资源建设与服务研究［M］. 武汉：武汉大学出版社，2008:330-353.

业内涵重建的重要方向。

再次，公共信息机构通过信息服务专业性与社会性的互构实现对社会重大公共事件的应急响应与服务。2020年2月，在武汉市的"抗疫"中，硚口体育馆方舱医院建立后，硚口区图书馆主动提出开辟手机服务阵地，并联系微信运营服务供应商和数字资源提供方，成功开发"方舱之家"小程序。武汉图书馆开辟了"信息抗疫"战场，及时获得《新型冠状病毒感染防护》的版权，并用微信公众号推出该书电子版等多种权威健康信息资源。全国各级图书馆都在防疫抗疫中以各种不同形式开展了相关创新服务[①]。美国图书馆在"抗疫"中也发挥了"传播权威可靠可信知识和信息"等作用。档案机构针对疫情防控先进人物、各地防控政策或决策、社群抗疫和口述经历等进行了主动跟踪建档，并大规模公开征集"抗疫"档案与战"疫"记忆的保存行动，涉及文书、音像、实物、网页等各种形式各种载体的档案[②]。上述这些案例都让我们看到了公共图书馆、公共档案馆等与外部系统服务商、数据服务商、公民个体和社会组织等主体之间通过互构开展信息服务治理的成功实践。已有实践案例也表明，如果公共信息机构要参与社会重大公共事件的应急响应与服务，仅仅依靠其现有的专业能力还远远不够，它们必须与系统服务商、数据服务商、社会组织和公民个体等在专业性与社会性互构中实现对信息服务专业内涵的重建，并在互构中实现公共信息服务治理体系的构建。有学者提出，图书馆员及图书馆应当成为重大社会事件的积极反应者、图书馆生态系统的方向引领者等。在参与社会重大公共事件服务中，公共信息机构可以通过实现信息资源的精准推送，通过用户参与来优化采购，通过数据

---

①王波，周春霞，陈凌，等.积极融入新冠肺炎疫情防控大局，切实创新非常时期服务策略—全国高校图书馆疫情防控期间服务创新情况调研报告［J］.大学图书馆学报，2020(2):5-17, 29.

②周耀林，杨文睿，姬荣伟，等.基于群体智慧的抗疫档案资源库建设研究［J］.档案学研究，2020(2):4-11.

驱动型知识服务来实现向"数据馆"和"知识库"的转型①。同时，公共信息机构针对社会重大公共事件开展的智库服务也是公共信息服务治理创新的一种形式。

最后，公共信息服务专业性与社会性的互构可以实现对公共信息服务治理体系的重建。专业性与社会性互构的深层次意义是要形成一个相对稳定的信息服务机制、体制或治理体系。在互构中形成的公共信息服务治理体系是一个多主体参与、多要素协同和多机制运行的过程，公共信息机构是多主体参与信息服务的核心，它不仅保障公共信息服务的专业性与公共性，而且通过互构过程输出专业理念与专业价值和专业技术。公共信息服务治理体系重建的最终目标是要实现数据驱动环境下公共信息服务的高质量发展，即实现服务适配能力、内容整合能力、社群连接能力、服务包容能力和产业创新能力等目标。

11.3.3　公共信息服务专业性与社会性互构的途径

把"信息服务"从与图书情报档案职业的密切捆绑中解放出来，把公共信息服务当成一种社会化、网络化的活动来理解，这有利于推动公共信息服务专业性与社会性的互构，有利于公共信息服务治理体系的构建。推动公共信息服务专业性与社会性互构的主要途径包括以下几个方面。

一是将社会化的信息服务当作信息资源管理学科的研究对象。社会化的信息管理与服务实践作为一种研究对象，是将社会化的信息服务主体、信息服务组织形式和信息服务规范等均纳入研究内容，进而形成有关理论体系与知识结构。信息资源管理学科或许已经关注到了社会化的信息管理与服务，但并没有将其作为一种重要研究对象。可喜的是，目前学界已经有学者开始

---

① 刘炜. 未来已来—拥抱一个全新的开放平台时代［J］. 中国图书馆学报, 2020(1):77-78.

对数据服务商进行关注和研究[①]；面对数据治理的新动向，信息资源管理学科也开始关注图书馆和信息中心等在数据治理中的角色变化及其发展机遇等[②]。从目前进展看，这种研究显然仍然不够，其所覆盖的研究广度和深度也十分有限。

二是将公共信息机构的专业内涵重建作为信息资源管理学科的研究重点。在很长时间里，信息服务专业性的内涵是将其重点放在资源建设与技术手段上，有学者称之为"书目范式"[③]。在信息服务专业性与社会性互构发生过程中，以用户中心的过程范式应运而生，信息服务的研究重点不再是资源的存取，而是在于资源的阐释、内容的挖掘和知识的重构。张晓林教授提出在计算时代要重新定义图书馆的知识表达、知识发现、知识素养和知识服务[④]。程焕文教授认为数字时代的图书馆要从"纸质资源拥有者"向"数字资源使用者"的转变、从资源整理技术方法的"主导者"向"应用者"的转变、从"读者在馆借阅"向"用户在线访问"的转变[⑤]。这个概括同样也适用于数字时代的档案馆。数字时代的档案馆将从纸质档案物理集中管理者向电子档案逻辑归档保全者转变、从档案资源实体控制与开发服务向电子档案智能控制与知识服务转变、从用户在馆查证服务向用户在线咨询与证据保全服务转变。从上述一系列关于转型过程的表述看，专业性与社会性互构的意义之一就是重新建构信息服务专业性的内涵。如何在推动专业性与社会性互构中重建公共图书馆、公共档案馆的专业内涵理应成为信息资源管理学科的研究重点。

三是将公共信息服务治理体系与治理能力建设和创新作为信息资源管理

---

①肖鹏，赵芷琪.重建津梁：数据商眼中的"程焕文之问"[J].图书馆论坛，2016(5):40-43.

②顾立平.数据治理——图书馆事业的发展机遇[J].中国图书馆学报，2016(5):40-56.

③张晓林.构建数字化知识化的信息服务模式[J].津图学刊，2003(6):13-16.

④张晓林.颠覆性变革与后图书馆时代——推动知识服务的供给侧结构性改革[J].中国图书馆学报，2018(1):4-16.

⑤程焕文，等.程焕文之问：数据商凭什么如此之狼[M].北京：国家图书馆出版社，2016:5-7.

学科的主要研究方向。长期以来，信息资源管理学科或工作系统在面对全新的信息管理与服务问题时，比较习惯于在自身工作系统内部进行（包括在图书情报工作系统和档案管理系统，即使是图书情报系统与档案管理系统之间也相对独立或隔绝）管理业务体系、服务体系和服务能力的"建构"，这种思维表现在信息技术保障、信息资源配置、用户或读者宣传教育等多个方面，近年来又以体现在"网络信息存档"项目实践中最为突出。图书情报机构和有关档案部门都在根据自己的资源条件和记忆保存需要进行相对独立的网络信息长期保存项目。这种保持自身系统相对独立性所开展的业务体系与服务体系等的主动"建构"，虽然彰显了图书情报档案机构各自不同的业务特色和功能定位，但在信息服务边界逐渐模糊、服务内容相互交叉融合、用户自我服务能力提高等背景下，如果仍然是仅运用建构思维而不是互构思维来推动公共信息服务治理体系的建设，则可能会导致国家整体的信息管理与信息服务效率损失，也会使用户的某些服务需求得不到实现。因此，以专业性与社会性互构的思维，根据不同信息服务主体的特点和定位，明确其信息服务的主要领域或责任，形成各类信息服务主体共同参与、共同制约、共同配合的公共信息服务治理体系就是一个重要方向。如何在互构过程中处理不同主体的关系运行、关系结构，实现各主体的责任确认等都是公共信息服务治理体系与治理能力创新中需要解决的问题，也是信息资源管理学科的研究方向。

综上所述，公共图书馆、文献或信息中心和公共档案馆等主体开展的专业性信息管理与服务活动正面临着外部进入者或竞争者的巨大压力，这种外部压力同时也是一种机遇。公共信息机构通过公共信息服务专业性与其他主体信息服务社会性的互构，不仅可以赋予公共信息服务专业性新的内涵，而且可以形塑公共信息服务治理体系与治理能力，其最终目标是实现公共信息服务高质量发展新格局的构建。

参 考 文 献

中文著作类：

[1] 刘春田 . 知识产权法 [M]. 北京：中国人民大学出版社 ,2000.

[2] 刘春湘 . 社会组织运营与管理 [M]. 北京：经济管理出版社 ,2016.

[3] 刘雅琦 . 基于敏感度分级的个人信息开发利用保障体系研究 [M]. 武汉：武汉大学出版社 ,2015.

[4] 马克思 , 恩格斯 . 马克思恩格斯全集：第 11 卷 [M]. 北京：人民出版社 ,1995.

[5] 麦奎尔 D. 受众分析 [M]. 刘燕南 , 李颖 , 杨振荣 , 译 . 北京：中国人民大学出版社 ,2006.

[6] 缪勒 . 公共选择理论 [M]. 杨春学 , 译 . 北京：中国社会科学出版社 ,1999.

[7] 穆勒 M L. 网络与国家：互联网治理的全球政治学 [M]. 周程 , 译 . 上海：上海交通大学出版社 ,2015.

[8] 帕特南 . 使民主运转起来：现代意大利的公民传统 [M]. 王列 , 赖海榕 , 译 . 北京：中国人民大学出版社 ,2015.

[9] 彭国莉 . 政府信息资源的图书馆开发利用模式研究 [M]. 北京：中国社会科学出版社 ,2013.

[10] 冉从敬 . 公共部门信息再利用制度研究 [M]. 北京：科学出版社 ,2015.

[11] 陶鑫良 , 单晓光 . 知识产权法纵论 [M]. 北京：知识产权出版社 ,2004.

[12] 王建平 . 民法学 (下)[M]. 成都：四川大学出版社 ,1994.

[13] 王浦劬 , 郝秋笛 , 等 . 政府向社会力量购买公共服务发展研究 [M]. 北京：

北京大学出版社 ,2016.

[14] 西奥多·H. 波伊斯特 . 公共与非营利组织绩效考评 : 方法与应用 [M]. 肖鸣政 , 译 . 北京 : 中国人民大学出版社 ,2005.

[15] 夏义堃 . 公共信息资源的多元化管理 [M]. 武汉 : 武汉大学出版社 ,2008.

[16] 新玉言 , 李克 . 大数据 : 政府治理新时代 [M]. 北京 : 台海出版社 ,2016.

[17] 杨富斌 . 旅游法教程 [M]. 北京 : 中国旅游出版社 ,2013.

[18] 杨艳东 . 公共部门人力资源管理 [M]. 郑州 : 河南大学出版社 ,2013.

[19] 伊斯顿 D. 政治生活的系统 [M]. 王浦劬 , 译 . 北京 : 人民出版社 ,2012.

[20] 俞可平 . 政治学教程 [M]. 北京 : 高等教育出版社 ,2010.

[21] 俞可平 . 治理与善治 [M]. 北京 : 社会科学文献出版社 ,2000.

[22] 张康之 . 任务型组织研究 [M]. 北京 : 中国人民大学出版社 ,2009.

[23] 张明新 . 参与型政治的崛起——中国网民政治心理和行为的实证考察 [M]. 武汉 : 华中科技大学出版社 ,2015.

[24] 张新时 , 高琼 . 信息生态学研究 : 第 1 集 [M]. 北京 : 科学出版社 ,1997.

[25] 章海鸥 , 谢媛 . 公共部门人力资源管理 [M]. 武汉 : 武汉大学出版社 ,2009.

[26] 赵成根 . 新公共管理改革 [M]. 北京 : 北京大学出版社 ,2007:143.

[27] 赵鼎新 . 社会与政治运动讲义 [M].2 版 . 北京 : 社会科学文献出版社 ,2012.

[28] 郑永年 . 技术赋权 : 中国的互联网 、国家与社会 [M]. 邱道隆 , 译 . 北京 : 东方出版社 ,2014.

[29] 中国社会科学院法学研究所 . 中国政府透明度指数报告 (2016)[M]. 北京 : 社会科学文献出版社 ,2017.

[30] 周毅 , 孙帅 . 政府信息资源管理研究 : 视域及主题深化 [M]. 上海 : 复旦大学出版社 ,2015.

[31] 周毅 . 信息资源开放与开发问题研究 : 基于信息权利全面保护的视域 [M]. 北京 : 科学出版社 ,2012.

[32] 朱光磊. 当代中国政府过程 [M]. 天津：天津人民出版社 ,2008.

[33] 祝基滢. 政治传播学 [M]. 台北：三民书局 ,1983.

英文著作和期刊类：

[1]Arnstein S R.A Ladder of citizen participation[J].Journal of the American Institute Planners,2012(4):217.

[2]Jacobs J A,Jacobs J R,Yeo S.Government information in the digital age:the once and future federal depository library program[J].Journal of Academic Librarianship, 2005(3):198-208.

[3]Bowman S,Willis C.How audiences are shaping the future of news and information [J].We media, 2003(2): 7-14.

[4]Potvin S,Sare L.Public goods and public interests: scholarly communication and government documents in research libraries.[J].Portal Libraries & the Academy, 2016(2):417-441.

[5]Case H,Howard N,Grant M J.Patient and public information delivery through NHS library and knowledge services: how knowledge for healthcare changed the landscape[J].Health Information & Libraries Journal, 2017(3):183-186.

[6]Davison W P.The public opinion process[J].Public Opinion Quarterly, 1958(2): 91-106.

[7]Fowler L,Smith K. Drawing the blueprint as we build: setting up a library-based copyright and permissions service for MOOCs[J].D-Lib Magazine,2013(7/8): 1-17.

[8]Gore H.Massive open online courses (MOOCs) and theirimpact on academic library services: exploring the issues andchallenges[J].New

Review of Academic Librarianship,2014(1): 4-28.

[9]Linton C.Centrality in social networks conceptual clarification [J].Social Networks, 1979(1):215-239.

[10]Nabe J,Fowler D.Leaving the big deal: Consequences and next steps[J]. The Serials Librarian,2012(62):1-4 (2012).

[11]Potter W J.Conceptualizing mass media effect[J].Journal of Communication, 2011(61): 896-915.

[12]Sherry R.A Ladder of citizen participation [J].Journal of the American Institute of Planners, 1969(4):216-224.

[13]Timothy B, Robin B. Political agency, government responsiveness and the role of the media[J]. European Economic Review, 2001(4): 629-640.

[14]Swango,D L. Information, knowledge, and awareness: resources for real estate analysts and valuers[J].Appraisal Journal,2014(4): 335-343.

[15]Janet A.Public Information campaigns as policy instruments[J].Journal of Policy Analysis and Management,1994(1): 82-119.

[16]James W M.The Role of Information and Prices in the Nitrogen Fertilizer Management Decision: New Evidence from the Agricultural Resource Management Survey[J].Journal of Agricultural and Resource Economics. December 2011(3): 552-572.

[17]Larry W.Government policies toward information and communication technologies: a historical perspective[J]. Journal of Information Science. 2002(2):28-89.

[18]Charles N, Chen C F.International students' perception of library services and information resources in Chinese academic libraries[J]. Journal of Academic Librarianship,2013(2):129-137.

[19]Leonard P.Promoting Welfare? Government Information Policy and Social Citizenship[M].Bristol, UK: Policy Press, 2003.

[20]Arnoud D, Chelvin L.Impact of information and communications technologies on government innovation policy: an international comparison[J].International Journal of Internet and Enterprise Management, 2004(3):1-10.

[21]Amjid K,Shamshad A,Noorman M. Scholars, satisfaction with digital library collection and gaps in the provision of effective information resources and services: a Pakistani perspective[J]. Journal of Electronic Resources Librarianship,2014(4):250-267.

[22]An X M, Xu S T, Mu Y, et al. Meta-synthetic support frameworks for reuse of government information resources on city travel and traffic: the case of Beijing[J]. Electronic Library and Information Systems. 2012(1):5-20.

中文期刊类：

[1] 阿里巴巴推出大数据产品经济云图:面向政府开放 [J]. 上海企业 ,2015(3):8-8.

[2] 白文琳 , 周毅 . 教育类公共信息服务产品供给的社会共治 : 以在线开放课程为例的分析 [J]. 图书情报工作 ,2017(9):14-22.

[3] 白献阳 , 安小米 . 政府交通出行信息产权界定分析 [J]. 图书馆学研究 ,2013(3):2-5.

[4] 毕强 , 史海燕 . 网络信息集成服务研究综述 [J]. 情报理论与实践 ,2004(1):20-24.

[5] 曾光辉 . 促进我国信用服务业发展的思路研究 [J]. 现代经济信息 ,2016(10):360-363.

[6] 曾润喜 . 网络舆情管控工作机制研究 [J]. 图书情报工作 ,2009(18):79-82.

[7] 曾祥敏 , 孙羽 . 论媒介融合背景下的电视内容产品生产与集成 [J]. 电视研
　　究 ,2010(4):37-39.

[8] 查继红 . 我国公民信息素养教育体系的构建 [J]. 图书馆学刊 ,2013(12):7-9.

[9] 陈传夫 , 冉从敬 . 欧美政府信息增值开发制度及其对我国的启示 [J]. 情报
　　资料工作 ,2008(4):39-43.

[10] 陈传夫 . 防止知识产权对公共利益的损害 [J]. 情报资料工作 ,2002(6):5-10.

[11] 陈国权 , 张岚 . 从政府供给到公共需求——公共服务的导向问题研究 [J].
　　人民论坛 ,2010(1):32-33.

[12] 陈怀平 , 金栋昌 . 基于大数据时代的公共信息服务政企合作路径分析 [J].
　　图书馆工作与研究 ,2014(8):9-13.

[13] 陈继华 , 徐文莉 . 解悟美国气象经济的发展轨迹和经验 [J]. 中国人口·资
　　源与环境 ,2010(1):61-65.

[14] 陈美 , 付明雪 .《公共部门信息再利用指令》对公共数据开放的影响 [J].
　　图书馆学研究 ,2018(15):53-57，8.

[15] 陈曙 . 信息生态研究 [J]. 图书与情报 ,1996(2):12-19.

[16] 陈水生 . 城市公共服务需求表达机制研究 : 一个分析框架 [J]. 复旦公共
　　行政评论 ,2014(2):110-127.

[17] 陈水生 . 公共服务需求管理 : 服务型政府建设的新议程 [J]. 江苏行政学
　　院学报 ,2017(1):109-115.

[18] 陈晓春 , 赵晋湘 . 非营利组织失灵与治理之探讨 [J]. 财经理论与实
　　践 ,2003(2):83-86.

[19] 陈雅芝 . 政府信息资源商业化开发模式探讨 [J]. 图书与情报 ,2010(2):35-
　　40.

[20] 陈雅芝 . 政府信息资源市场化开发利用研究 [J]. 情报资料工

作 ,2009(3):55-60.

[21] 陈永国 , 邓倩妮 . 网络舆情治理机制的仿真实验研究 [J]. 上海交通大学
学报 : 哲学社会科学版 ,2014(5):63-70.

[22] 程焕文 , 黄梦琪 . 在 "纸张崇拜" 与 "数字拥戴" 之间——高校图书馆
信息资源建设的困境与出路 [J]. 图书馆论坛 ,2015(4):1-8.

[23] 单志广 . 信息惠民的核心是破解信息碎片化 [J]. 中国信息界 ,2016(1):29-
33.

[24] 党秀云 . 公共治理的新策略 : 政府与第三部门的合作伙伴关系 [J]. 中国
行政管理 ,2007(10):33-35.

[25] 邓集文 , 刘霞 . 略论我国政府公共信息服务的道德理念 [J]. 伦理学研
究 ,2011(4):90-95.

[26] 迪莉娅 , 杨燕霞 . 超越价值增值的公共信息增值服务研究 [J]. 改革与战
略 ,2010(4):34-36.

[27] 丁敬达 . 论我国公共信用信息资源的整合与共享 [J]. 现代情
报 ,2007(12):63-69.

[28] 董文琪 . 政府、企业及非营利组织的共生关系探析 [J]. 江淮论
坛 ,2006(2):73-77,89.

[29] 杜治洲 . 电子政务条件下政府与公众互动的三种模式 [J]. 中州学
刊 ,2008(2):16-18.

[30] 段国华 , 后向东 . 政府信息公开 : 成效可观未来可期——写在《全面推进
依法行政实施纲要》颁行 10 周年暨《政府信息公开条例》施行 6 周年
之际 [J]. 中国行政管理 ,2014(6):9-13.

[31] 范丽莉 . 政府信息资源供给的市场机制研究 [J]. 图书情报工
作 ,2008(5):133-136.

[32] 冯惠玲 , 贾子娟 , 朝乐门 . 信息资源的开发利用及其产业链研究 [J]. 情报

理论与实践,2015(1):39-43.

[33] 冯惠玲,周毅.论公共信息服务体系的构建[J].情报理论与实践,2010(7):26-30,6.

[34] 付熙雯,郑磊.政府数据开放国内研究综述[J].电子政务,2013(6):8-15.

[35] 高航.政府舆情应对能力系统动力学建模与仿真研究[J].情报科学,2016(2):133-138.

[36] 高亚瑞玺,汤珊红.基于轨迹聚类的个性化信息服务策略[J].情报理论与实践,2017(6):87-90.

[37] 谷景生.论气象预报不具有知识产权属性——气象部门利益膨胀有损公众利益[J].河北法学,2007(9):188-200.

[38] 关保英.政府公共服务的法律建构研究[J].湖北大学学报(哲学社会科学版),2013(1):81-87.

[39] 管延斌,孙静,王建冬.我国政府公共信息服务的供求曲线和供求均衡分析[J].现代情报,2016(6):16-26.

[40] 郭勇陈,沈洋,马静,等.基于意见领袖的网络论坛舆情演化多主体仿真研究[J].情报杂志,2015(2):13-21.

[41] 国佳,李望宁,李贺.面向智慧城市的社会化信息服务体系构建研究[J].图书馆学研究,2017(9):53-59.

[42] 韩刚,覃正.信息生态链:一个理论框架[J].情报理论与实践,2007(1):18-20,32.

[43] 韩舒立,张晨.网络舆情治理中的政府逻辑:困境与重塑[J].电子政务,2013(5):15-22.

[44] 韩兆柱,翟文康.大数据时代背景下整体性治理理论应用研究[J].行政论坛,2015(6):24-29.

[45] 何炼红,云姣.论公共文化机构对孤儿作品的合理使用[J].知识产

权 ,2015(10):97-102.

[46] 贺德荣 , 蒋白纯 . 提高电子政务信息共享平台数据质量的对策与方法——一个省级信用信息服务平台数据处理实例 [J]. 电子政务 ,2010(7):67-76.

[47] 侯人华 . 政府数据公共服务模式研究 [J]. 情报杂志 ,2014(7):180-182，175.

[48] 胡安安 , 王晋 , 黄丽华 . 国内商业信用信息开发利用主要模式的对比分析 [J]. 金融理论与实践 ,2014(1):24-27.

[49] 胡昌平 , 周永红 . 信息集成服务回顾与展望 [J]. 图书馆论坛 ,2005(4):1-7.

[50] 胡昌平 , 王宁 . 基于客户关系管理的潜在信息需求的显化与互动式信息服务的推进 [J]. 图书情报工作 ,2005(12):93-96.

[51] 胡业飞 , 田时雨 . 政府数据开放的有偿模式辨析 : 合法性根基与执行路径选择 [J]. 中国行政管理 ,2019(1):30-36.

[52] 黄璜 , 赵倩 , 张锐昕 . 论政府数据开放与信息公开——对现有观点的反思与重构 [J]. 中国行政管理 ,2016(11):13-18.

[53] 黄璜 . 互联网 +、国家治理与公共政策 [J]. 电子政务 ,2015(7):54-65.

[54] 黄丽云 . 社会主义核心价值观的价值认同 [J]. 发展研究 ,2008(12):135-136.

[55] 黄如花 , 王春迎 , 范冰玥 , 等 . 图书馆参与政府数据开放运动的驱动因素、实践发展与启示 [J]. 情报资料工作 ,2019(1):98-104.

[56] 黄显堂 . 英国政府信息增值开发及其启示——以知识产权制度为例 [J]. 图书馆建设 ,2009(8)：20-24.

[57] 黄一涛 . 论我国政府与第三部门的合作与互动 [J]. 中共杭州市委党校学报 ,2007(1):43-47.

[58] 吉顺权 , 李卓卓 . 基于信息生命周期的微博舆情规律分析——以食品安全事件为例 [J]. 电子政务 ,2015(5):58-65.

[59] 蒋永福 . 国际社会关于公共信息开放获取的认识与行动 [J]. 国外社会科

学,2007(2):68-72.

[60] 颉茂华,焦守滨.二叉树实物期权的知识产权价值评估定价研究 [J]. 中国资产评估,2014(4):20-24.

[61] 金江军,刘菊芳.新一代信息技术在知识产权服务领域的应用 [J]. 知识产权,2013(6):72-74.

[62] 赖院根,周杰.网络环境下的信息用户分析体系研究 [J]. 情报理论与实践,2011(1):27-30.

[63] 李婵,徐龙顺,张文德.网络信息资源著作权利益关系网络识别研究 [J]. 现代情报,2017(4):33-39.

[64] 李传军.论网络空间的合作治理 [J]. 广东行政学院学报,2015(4):5-10.

[65] 李放,韩志明.政府回应中的紧张性及其解析——以网络公共事件为视角的分析 [J]. 东北师范大学学报:哲学社会科学版,2014(1):1-8.

[66] 李慧.我国英文学术型数据库市场的垄断特征分析 [J]. 图书馆论坛,2015(9):53-59.

[67] 李强,李菁.全媒体语境中的"微博"文化生态 [J]. 新闻爱好者,2011(19):96-97.

[68] 李青,侯忠霞,王涛.大规模开放在线课程网站的商业模式分析 [J]. 开放教育研究,2013(10):71-78.

[69] 李永明,钱炬雷.我国网络环境下著作权许可模式研究 [J]. 浙江大学学报:人文社会科学版,2008(6):93-101.

[70] 李友芝,谭貌.政府信息服务绩效评估指标体系的构建 [J]. 情报科学,2013(12):33-37.

[71] 栗冬红."程焕文之问"的法理分析 [J]. 新世纪图书馆,2016(1):18-22.

[72] 梁丽.政务微博助力推进政府信息深入公开探析 [J]. 情报资料工作,2014(5):69-73.

[73] 廖守亿,陈坚,陆宏伟,等.基于 Agent 的建模与仿真概述 [J].计算机仿真,2008(12):1-7.

[74] 蒲红英.媒介融合趋势下内容产品的设计思路——以《公考 2.0——24 小时移动课堂》为例 [J].传媒,2015(15):58-60.

[75] 刘磊,邵伟波,魏丹,等.基于公众需求的政府信息公开调查分析——以宁京两地为例 [J].图书馆,2013(2):43-46.

[76] 刘黎虹,毕思达,贯君.虚拟社区分类系统比较研究 [J].情报科学,2014(5):24-32.

[77] 刘小波.基于 NetLogo 平台的舆情演化模型实现 [J].情报资料工作,2012(1):55-60.

[78] 刘小康.政府信息公开的审视:基于行政决策公众参与的视角 [J].中国行政管理,2015(8):71-76.

[79] 刘兹恒,董舞艺,孟晨霞.试析数据库商与图书馆的关系 [J].图书馆杂志,2015(3):12-15,11.

[80] 娄策群,方圣,宋文绩.网络信息生态链协同进化方略 [J].图书情报工作,2015(22):27-32.

[81] 娄策群,周承聪.信息生态链:概念、本质和类型 [J].图书情报工作,2007(9):29-32.

[82] 娄兆锋,曹冬英.公共服务导向中基本公共服务与非基本公共服务之研究 [J].中国行政管理,2015(3):102-106.

[83] 陆敬筠,仲伟俊,梅姝娥.公众电子公共参与度模型研究 [J].情报杂志,2007(9):54-56,59.

[84] 罗卫.电子政务"信息孤岛"新探——基于信息生态的视角 [J].情报科学,2013(1):32-37.

[85] 罗贤春.基于社会化服务的电子政务信息资源共享目标定位 [J].情报科

学,2009(2):276-282.

[86] 马捷,孙梦瑶,尹爽,等.微博信息生态链构成要素与形成机理[J].图书情报工作,2012(18):73-77,81.

[87] 马诗诗,于广军,崔文彬.区域卫生信息化环境下健康医疗大数据共享应用思考与建议[J].中国数字医学,2018(4):11-13,25.

[88] 孟华.推进以公共服务为主要内容的政府绩效评估[J].中国行政管理,2009(2):16-20.

[89] 孟天广,李锋.网络空间的政治互动:公民诉求与政府回应性——基于全国性网络问政平台的大数据分析[J].清华大学学报:哲学社会科学版,2015(3):17-29.

[90] 庞靓,冯玉娇,娄冬.网络信息生态链信息共享研究[J].图书馆学研究,2016(1):2-6.

[91] 秦珂.出版商在图书馆数据库贸易中滥用许可权的反垄断法规制[J].图书馆论坛,2015(7):8-13.

[92] 秦珂.图书馆在与数据库出版商博弈中的自我拯救[J].图书馆论坛,2015(8):62-68.

[93] 冉从敬,陈传夫,贺德方.公共部门信息增值利用的社会责任研究[J].中国软科学,2014(12):48-59.

[94] 冉从敬.美国公共部门信息再利用的制度体系研究[J].图书与情报,2010(4):69-74.

[95] 邵培仁,彭思佳.信息低保:构建信息公平社会的基本保障[J].现代传播-中国传媒大学学报,2009(5):28-30.

[96] 邵平.杨玉麟.论公共信息资源管理的体制与模式[J].图书馆学研究,2007(8):49-51.

[97] 申海成,张腾.知识产权评估的驱动因素、存在问题及对策[J].会计之

友 ,2019(2):126-130.

[98] 施雪华 , 邓集文 . 当前中国政府公共信息服务的问题与对策 [J]. 行政论坛 ,2008(2):22-27.

[99] 宋好 . 微博时代"意见领袖"特点探析 [J]. 今传媒 ,2010(11):96-97.

[100] 孙国强 . 关系 、互动与协同 : 网络组织的治理逻辑 [J]. 中国工业经济 ,2003(11):14-20.

[101] 孙开元 . 从合理使用制度到法定许可制度——制衡数据商滥用版权的立法思路 [J]. 图书馆论坛 ,2015(11):52-56.

[102] 孙瑞英 , 徐盛 . 对数据商霸权行为的抵制研究——兼作答"程焕文之问"[J]. 图书馆论坛 ,2015(6):1-6.

[103] 唐承秀 . 数字图书馆环境下的学术信息交流模式探析 [J]. 图书馆工作与研究 ,2005(5):24-28.

[104] 汪德华 . 客观看待各省的财力贡献度——如何分析省级行政区的财力贡献 ?[J]. 中国经济周刊 ,2018(4):16-22.

[105] 王春生 ."程焕文之问":原因与出路——对外文期刊数据库采购工作的思考 [J]. 图书馆论坛 ,2015(5):1-5.

[106] 王春生 . 国外图书馆应对大宗交易困境的措施 [J]. 图书馆杂志 ,2014(8):89-94.

[107] 王佃利 , 刘保军 . 公民满意度与公共服务绩效相关性问题的再审视 [J]. 山东大学学报 (哲社版),2012(1):109-114.

[108] 王芳 , 陈锋 . 国家治理进程中的政府大数据开放利用研究 [J]. 中国行政管理 ,2015(11):6-12.

[109] 王宏鑫 . 基层公共图书馆服务体系建设的碎片化困境与整体化出路 [J]. 新世纪图书馆 ,2015(2):15-19.

[110] 王焕 . 中国政府信息需求研究综述 [J]. 电子政务 ,2015(5):100-106.

[111] 王慧娟 . 政府公共服务外包的法理分析与制度选择 [J]. 行政与法 ,2012(10):25-29.

[112] 王杰 , 周毅 . 知识产权流转 : 科研数据垄断问题的理论回应 [J]. 情报理论与实践 ,2018(4):16-20.

[113] 王杰 . 基于信息经济学的孤儿作品问题研究 [J]. 山东图书馆学刊 ,2018(3):14-18.

[114] 王军 , 臧淑英 . 地理信息公共服务平台的网络化服务建设研究 [J]. 测绘与空间地理信息 ,2010(2):14-17.

[115] 王乃文 , 唐毅 . 国内政府信息服务绩效评估研究综述 [J]. 情报探索 ,2010(11):81-83.

[116] 王培三 . 公共信息公平及政府的主要职责 [J]. 图书馆 ,2013(1):43-46.

[117] 王浦劬 . 政府向社会力量购买公共服务的改革机理分析 [J]. 北京大学学报 ,2015(4):88-94.

[118] 王伟军 , 孙晶 . 我国公共信息服务平台建设初探 [J]. 中国图书馆学报 ,2007(2):33-36.

[119] 王翔 , 刘冬梅 , 李斌 . 我国公共数据开放的促进与阻碍因素——基于交通运输部 "出行云" 平台的案例研究 [J]. 电子政务 ,2018(9):2-13.

[120] 王小丽 . 公共作品利用的法律完善——以开放数据为视角 [J]. 河南财经政法大学学报 ,2018(3):114-122.

[121] 王小平 . 我国 MOOC 建设和管理中的著作权问题研究 [J]. 山东图书馆学刊 ,2015(6):5-8.

[122] 王勇 . 政府信息公开法律制度的理论与适用 [J]. 中共中央党校学报 ,2008(1):107-109.

[123] 王勇安 , 赵小希 . 论数字教育出版物的产品形态创新 [J]. 中国出版 ,2012(3):37-39.

[124] 吴炜．基于 Web2.0 的个性化信息服务模式研究 [J]. 信息技术与信息化,2015(12):104-106.

[125] 夏义堃, 丁念. 开放政府数据的发展及其对政府信息活动的影响 [J]. 情报理论与实践,2015(12):1-6，19.

[126] 夏义堃. 公共信息服务的社会选择——政府与第三部门公共信息服务的相互关系分析 [J]. 中国图书馆学报,2004(3):20-25.

[127] 夏义堃. 公共信息资源市场化开发利用的内涵、渠道及制约因素分析 [J]. 情报理论与实践,2008(4):326-329.

[128] 夏义堃. 公共信息资源市场配置的实践与问题 [J]. 中国图书馆学报,2007(4):68-72.

[129] 肖君, 胡艺龄, 陈婧雅, 等. 开放教育下的 MOOCs 运营机制研究 [J]. 中国电化教育,2015(3):10-14,38.

[130] 肖希明, 唐义. 信息生态理论与公共数字文化资源整合 [J]. 图书馆建设,2014(3):1-4，16.

[131] 熊琦. 著作权许可的私人创制与法定安排 [J]. 政法论坛,2013(6):93-103.

[132] 徐宗本. 用好大数据须有大智慧——准确把握、科学应对大数据带来的机遇和挑战 [J]. 中国科技奖励,2016(4):8-10.

[133] 许淑萍. 论我国基本公共信息服务绩效评估的价值取向 [J]. 理论探讨,2013(6):163-167.

[134] 许鑫. 网络公共事件：议题特征、网民参与和政府回应——基于 1995-2015 年间 300 个案例的实证分析 [J]. 电子政务,2016(12):30-39.

[135] 鄢朝晖, 赵艳枝. 国外图书馆电子期刊采购困境及其应对实践 [J]. 图书馆论坛,2015(11):47-51.

[136] 杨光. 上海将政府大数据"富矿"免费供全民共享 [J]. 计算机与网络,2014(10):7-10.

[137] 杨国栋.电子治理的发展逻辑 [J].电子政务,2016(6):39-47.

[138] 杨红艳.美国联邦政府信息增值服务制度研究 [J].图书情报工作,2009,53(21):130-133.

[139] 杨晶.以加快转变政府职能为核心,深化行政体制改革 [J].行政管理改革,2014(3):4-11,2.

[140] 杨艳红,王昆仑.思维嬗变引领信息服务创新与发展 [J].情报理论与实践,2014(12):53-56.

[141] 杨莹,刘伟章,梁洁珍.信息生态视角下中国电子政务与社会化媒体的整合研究 [J].电子政务,2016(3):98-108.

[142] 姚敏.纽约公共图书馆系统移民信息服务研究及启示 [J].图书馆工作与研究,2018(3):32-35,40.

[143] 姚引良,刘波,郭雪松,等.地方政府网络治理形成与运行机制博弈仿真分析 [J].中国软科学,2012(10):159-168.

[144] 于良芝,谢海先.当代中国农民的信息获取机会:结构分析及其局限 [J].中国图书馆学报,2013(6):9-26.

[145] 俞可平.治理和善治引论 [J].马克思主义与现实,1999(5):37-41.

[146] 虞崇胜,邹旭怡.秩序重构与合作共治:中国网络空间治理创新的路径选择 [J].理论探讨,2014,(4):28-32.

[147] 张冬,郑晓欣.慕课教育模式的著作权风险探究 [J].贵州师范大学学报:社会科学版,2016(1):154-160.

[148] 张舵,吴跃伟.国外高校图书馆在 MOOC 中的作用及其启示 [J].图书馆建设,2014(7):85-89.

[149] 张康之,李圣鑫.任务型组织设立中的任务分析 [J].北京工业大学学报:社会科学版,2007(6):41-46.

[150] 张起.欧盟开放政府数据运动:理念、机制和问题应对 [J].欧洲研

究 .2015(5):66-82.

[151] 张锐昕 , 李健 . 政府电子公共服务供给的愿景筹划和策略安排 [J]. 中国
行政管理 ,2018(4):79-83.

[152] 张维 . 权利的救济和获得救济的权利——救济权的法理阐释 [J]. 法律科
学 (西北政法大学学报),2008(3):19-28.

[153] 张贤明 , 田玉麒 . 整合碎片化 : 公共服务的协同供给之道 [J]. 社会科学
战线 ,2015(9):176-181.

[154] 张向先 , 郑絮 , 靖继鹏 . 我国信息生态学研究现状综述 [J]. 情报科
学 ,2008(10):1589-1593, 1600.

[155] 张鑫 , 王芳 . 个体的政府信息需求调查及成因分析——基于意义建构理
论 [J]. 图书情报工作 ,2017(3):53-60.

[156] 张旭 . 公共文化服务体系背景下我国信息用户的群体化定位与整合 [J].
理论学刊 ,2012(7):107-111.

[157] 赵国俊 . 我国信息资源开发利用基本法律制度初探 [J]. 情报资料工
作 ,2009(3):6-10.

[158] 赵艳枝 . 加拿大萨斯喀彻温省大学图书馆拆分美国化学学会 (ACS) 大
宗交易资源包的方案述评 [J]. 图书馆论坛 ,2016(5):44-48.

[159] 赵震 , 任永昌 . 大数据时代基于云计算的电子政务平台研究 [J]. 计算机
技术与发展 ,2015(10):145-148.

[160] 赵中星 , 施歌 . 应用信息大数据推动社会信用体系建设 [J]. 改革与开
放 ,2014(9):8-17.

[161] 郑磊 , 高丰 . 中国开放政府数据平台研究 : 框架、现状与建议 [J]. 电子
政务 ,2015(7):8-16.

[162] 郑磊 . 开放政府数据研究 : 概念辨析、关键因素及其互动关系 [J]. 中国
行政管理 ,2015(11):13-18.

[163] 郑巧,肖文涛.协同治理:服务型政府的治道逻辑[J].中国行政管理,2008(7):48-53.

[164] 周汉华.我国信用信息管理的立法现状与未来[J].中国发展观察,2007(10):55-57.

[165] 周晓英,刘莎,张萍,等.情报学视角的政府信息公开——面向使用的政府信息公开[J].情报资料工作,2013(2):5-10.

[166] 周叶中,韩轶.论社会主义法治理念对公民的基本要求[J].江汉大学学报(社会科学版),2009(1):43-49.

[167] 周义程.网络空间治理:组织、形式与有效性[J].江苏社会科学,2012(1):80-85.

[168] 周毅.论公共信息服务的法治化[J].中国图书馆学报,2016(4):88-101.

[169] 周毅,吉顺权.公共信息服务社会共治模式构建研究[J].中国图书馆学报,2015(5):111-124.

[170] 周毅,李加才.电子政务发展进程中政府对信息资源开放与开发政策的供给——基于政策文本的内容分析与评价[J].电子政务,2012(4):11-22.

[171] 周毅,白文琳.欧美信息内容产业的发展:内涵、路径及启示[J].国外社会科学,2010(3):44-49.

[172] 周毅,谢欢.论服务型政府的公共信息服务目标及其实现路径[J].信息资源管理学报,2011(3):20-25.

[173] 周毅.公共信息服务的供给侧结构改革研究[J].情报理论与实践,2017(5):1-9.

[174] 周毅.公共信息服务制度的定位及其核心问题分析[J].情报资料工作,2014(4):15-20.

[175] 周毅.公共信息服务质量问题研究:基于建立政府与公民信任关系的目标[J].情报理论与实践,2014(11):17-21.

[176] 周毅 . 论政府信息能力及其提升 [J]. 情报理论与实践 ,2014(10):20-24,5.

[177] 周毅 . 论政府信息增值服务及其运行机制的创新 [J]. 图书情报工作 ,2008(1):39-42.

[178] 周毅 . 社会共治模式下公共信息服务的绩效评估 [J]. 情报资料工作 ,2017(3):83-90.

[179] 周毅 . 以信息权利保护为中心的信息立法价值导向探讨——对我国信息立法若干文本的初步解读 [J]. 中国图书馆学报 ,2010(1):93-99.

[180] 周永红 . 知识共享协议浅析 [J]. 情报理论与实践 ,2009(6):39-41.

[181] 周正柱 , 朱可超 . 知识产权价值评估研究最新进展与述评 [J]. 现代情报 ,2015(10):174-177.

[182] 诸云强 , 朱琦 , 冯卓 . 科学大数据开放共享机制研究及其对环境信息共享的启示 [J]. 中国环境管理 ,2015(6):38-45.

[183] 周毅 . 论信息服务专业性与社会性的互构及其价值 [J]. 情报理论与实践 ,2021(12):19-25.

[184] 周毅 , 袁成成 . 论新情境下公共信息服务的出场及其内在逻辑 [J]. 情报理论与实践 ,2020(5):68-73.

[185] 王杰 , 周毅 . 公共信息服务模式比较研究 [J]. 电子政务 ,2018(10):13-20.

[186] 周毅 , 王杰 . 公共信息服务需求的构成及其有效实现研究 [J]. 电子政务 ,2018(10):2-12.

网络文献类:

[1]2015 中国开放政府数据 " 探显 " 报告 [EB/OL].[2018-7-1]. https://mp.weixin.qq.com/s?__biz=MjM5MTQzNzU2NA==&mid=209834655&idx=1&sn=62e6b7ca6e0b0e681461fffe8c0e5eb6&scene=1&srcid=1012YOP

9BXbIe91uM1NjXmBD#rd.

[2]2016 年全国政务舆情回应指数评估报 [EB/OL].[2016-11-28].http://www. toutiao.com/i6325200700628271618.

[3]Ann Springer.Intellectualpropertyissuesforfaculty[EB/OL].[2017-9-11]. https://www.aaup.org/issues/cop-yright-distance-education-intellectual-property/resources-copyrig-htdistance-education-and/intellectual-property-issues-faculty.

[4]Coursera[EB/OL].[2020-12-09].https://www.coursera.org/about/terms.

[5]Creating value through open data[EB/OL].[2019-1-19]. http://www. europeandataportal.eu/sites/default/files/edpcreating_value_through_ opean_data_0.pdf.

[6]Digital millennium copyright act[EB /OL].[2017-9-22].https://www. copyright.gov/legislation/hr2281.pdf.

[7]edX[EB/OL].[2020-12-9].https://www.edX.org/.

[8]GM. 在线教育如何变现 ?Coursera 又出新招 [EB/OL].[2016-9-12]. http://36kr.com/p/200201.html.

[9]Governance[EB/OL].[2021-2-24].https://en.wikipedia.org/wiki/ Governance.

[10]Grassle S.Americans' views on open government data[EB/OL].[2018-9-3]. http://thegovlab.org/pew-open-data-survey/.

[11]Independent evaluation of the OFT's 2006 market study into the Commercial Use of Public Information (CUPI) A report by DotEcon for the CMA March 2015.[EB/OL].(2015-3-26)[2018-5-19].https:// assets.publishing.service.gov.uk/government/uploads/system/uploads/ attachment_data/file/418097/Evaluation_of_CUPI_study.pdf.

[12]Ken Paxton. Public Information Act Handbook 2018[EB/OL].[2019-1-19]. https://www.texasattorneygeneral.gov/sites/default/files/2018-06/PIA_ handbook_2018_0.pdf.

[13]Li Y, Stephen P. MOOCs and open education: implications forhigher education[EB/OL].[2016-10-5].http://www.thep-dfportal.com/moocs- and-open-education_101588.pdf.

[14]National Weather Service Enterprise Analysis Report[EB/OL].[2018-3- 19].https://www.weather.gov/media/about/Final_NWS%20Enterprise%20 Analysis%20Report_June%202017.pdf.

[15]Netlogo[EB/OL].[2016-1-5].http://ccl.northwestern.edu/netlogo/.

[16]OECD.Working Party on the Information Economy DigitalBroadband Content: Public Sector Information and Content[EB/OL].[2014-9-15]. http://www.oecd.org/dataoecd/10/22/36481524.Pdf.

[17]Open Data Barometer calculated scores.[EB/OL].[2018-7-9]. https:// opendatabarometer.org/data/4thEdition/ODB-4thEdition-Rankings.csv.

[18]Sir J. Making sense of MOOCs: musings in a maze of myth,para-dox and possibility[EB/OL].[2016-10-10].http://tony-bates.ca/wp-content/ uploads/Making-Sense-of-MOOCs.pdf.

[19]We media [EB/OL].[2016-3-21].http://www.hypergene.net/wemedia/ weblog.php.

[20]爱课程 [EB/OL].[2020-12-9].http://www.icourses.cn/home/.

[21]北大报告:中国行政透明度观察 (2014—2015 简明版)[EB/OL].[2016- 7-26].http://www.360doc.com/content/15/1006/06/79186_503532002. shtml.

[22] 表达 [EB/OL].[2016-4-11].http://baike.baidu.com/subview/256985/12507186.htm.

[23] 财政部,国家计委.财政部、国家计委关于将部分行政事业性收费转为经营服务性收费(价格)的通知 [EB/OL].[2018-6-15].http://www.mofcom.gov.cn/article/bh/201412/20141200818753.shtml.

[24] 党政微信公众号开通"春运抢票"方便农民工买票 [EB/OL].[2016-3-25].http://www.qingdaonews.com/content/2014-12/15/content_10819920.htm.

[25] 第 41 次中国互联网络发展状况统计报告 - 中国互联网络信息 [EB/OL].[2021-3-24].https://www.cnnic.net.cn/hlwfzyj/hlwxzbg/201601/P020160122469130059846.pdf.

[26] 复旦大学数字与移动治理实验室 . 中国地方政府数据开放报告 [EB/OL].[2018-6-1].http://www.echinagov.com/news/214045.htm.

[27] 高富平 , 张晓 . 政府数据开放的边界如何厘定 [EB/OL].[2017-8-6].http://www.echinagov.com/news/53907.htm.

[28] 公民权利和政治权利国际公约 [EB/OL].[2016-4-11].http://baike.baidu.com/view/89797.htm.

[29] 国务院 . 国务院关于印发促进大数据发展行动纲要的通知 [EB/OL].[2016-1-15].http://www.gov.cn/zhengce/content/2015-09/05/content_10137.htm.

[30] 国务院办公厅 . 国务院办公厅关于开展第一次全国政府网站普查的通知 [EB/OL].[2015-11-15].http://www.gov.cn/zhengce/content/2015-03/24/content_9552.htm.

[31] 国务院办公厅关于进一步加强政府信息公开回应社会关切提升政府公信力的意见 [EB/OL].[2016-3-25].http://www.gov.cn/zwgk/2013-10/15/content_2506664.htm.

[32] 国务院关于印发政务信息资源共享管理暂行办法的通知 (国发〔2016〕51

号)[EB/OL].[2018-3-18].http://www.gov.cn/zhengce/content/2016-09/19/content_5109486.htm.

[33] 九次方大数据 . 数字经济迎来爆发期："五大前瞻性布局"与"一个数字中国 "[EB/OL].[2019-3-18]. http://mp.weixin.qq.com/s/rH_SDYbDOZEmucOt0UT-Aw.

[34] 科普中国科学百科词条编写与应用工作项目 . 模式的内涵 [EB/OL].[2018-8-27].https://baike.baidu.com/item/%E6%A8%A1%E5%BC%8F/700029?fr=aladdin#ref_[3]_12538847.

[35] 彭飞 . 把握网信事业发展的历史契机 , 才能迈向网络强国 [EB/OL].[2018-5-22].https://mp.weixin.qq.com/s/qsGX-SNZgRJo_2YEPTZHBA.

[36] 彭少峰 , 杨君 . 政府购买社会服务新型模式 : 核心理念与策略选择 [EB/OL].[2016-7-27].http://www.cssn.cn/shx/201607/t20160726_3135404_1.shtml.

[37] 清华学堂在线 [EB/OL].[2020-9-11].https://www.xuet-angx.com/about#history.

[38] 全国网民留言回复办理 10 年研究报告 [EB/OL].[2016-10-26].http://liuyan.people.com.cn/attachments/0921V3.pdf.

[39] 芮国强 . 以四大转变推进政府信息公开 [EB/OL].[2017-1-18].http://www.npopss-cn.gov.cn/n1/2016/0115/c373410-28058724.html.

[40] 唐易 . "大数据"成省级机构改革一大亮点 : 已有 8 省份设立大数据局 [EB/OL].[2019-2-1].https://www.thepaper.cn/newsDetail_forward_2601938.

[41] 王菲李亚鹏双双微博回应离婚 , 转发量惊人 [EB/OL].[2016-3-25].http://ent.sina.com.cn/s/m/2013-09-14/14234008813.shtml.

[42] 我国 "三公" 经费公开的现状 、问题与对策建议 [EB/OL].[2017-1-22].http://www.xzbu.com/9/view-5333370.htm.

[43] 吴汉东 . 知识产权综合管理改革势在必行 [EB/OL].[2019-1-29].http://

www.sipo.gov.cn/mtsd/1071929.htm.

[44] 政府购买公共服务需法制保障 [EB/OL].[2015-12-2].http://www.legaldaily. com.cn/index/content/2013-08/26/content_4792611.htm?node=20908.

[45] 智慧树 [EB/OL].[2021-2-11].http://www.zhihuishu.com/.

[46] 中国行政透明度观察报告 (2014-2015)[EB/OL].[2015-11-16].http://ogi. cppss.org/a/gb2312/news/20150930/1404.html.

[47] 中国互联网络信息中心 . 第 41 次中国互联网络发展状况统计报告 [EB/ OL].[2020-6-1].http://www.cac.gov.cn/2018-01/31/c_1122347026.htm.

[48] 中国互联网络信息中心 . 国家信息化发展评价报告 (2016)[EB/OL]. [2018-1-22].http://www.cnnic.net.cn/hlwfzyj/hlwxzbg/hlwtjbg/201611/ t20161118_56109.htm.

[49] 信息资源深藏闺中是极大浪费 [EB/OL].[2019-1-25].http://www.gov.cn/ xinwen/2016-05/13/content_ 5073036.htm.

[50] 中央纪委监察部网站微信公众号将于 2016 年 1 月 1 日开通运行 [EB/OL]. [2016-3-25].http://www.ccdi.gov.cn/yw/201512/t20151229_71720.html.

[51]2015 中国开放政府数据 "探显" 报告 [EB/OL].[2018-7-1]. https:// mp.weixin.qq.com/s?__biz=MjM5MTQzNzU2NA==&mid=209834655& idx=1&sn=62e6b7ca6e0b0e681461fffe8c0e5eb6&scene=1&srcid=1012Y OP9BXbIe91uM1NjXmBD#rd.

[52] 江苏省政府办公厅《 关于印发江苏省公共信用信息归集和使用暂 行 办 法 的 通 知 》[EB/OL].[2017-8-1]. https://wenku.baidu.com/view/ c406398071fe910ef12df874.html.

[53] 上海市公共信用信息归集和使用管理试行办法 [EB/OL].[2018-7-17]. http://www1.shanghaiinvest.com/cn/viewfile.php?id=8254.

学位论文和报纸类：

[1] 马威．我国基础设施采用 PPP 模式的研究与分析 [D]．北京：财政部财政科学研究所，2014.

[2] 王昊一．基于多 Agent 建模的高校网络舆情演化仿真研究 [D]．大连：东北财经大学，2013.

[3] 钟响．政府公民间沟通的信息成本研究 [D]．武汉：华中科技大学，2011.

[4] 朱丽娜．政府公共信息服务模式研究 [D]．武汉：华中师范大学，2011.

[5] 韩志明，韩阳．网络时代的政府回应制度 [N]．学习时报，2015-12-28.

[6] 孙强．服务外包解电子政务运维难题 [N]．计算机世界，2010-5-17.

[7] 王杰．公共信息利用中知识产权流转研究 [D]．苏州：苏州大学，2019.

[8] 李炜超．公共信息服务成本分担模式研究 [D]．苏州：苏州大学，2019.

[9] 吉顺权．网络空间多元主体协同共治模式研究 [D]．苏州：苏州大学，2016.

[10] 卜冰华．政府公共信息服务的利益协调研究 [D]．武汉：华中师范大学，2011.

[11] 李洁．我国政府公共信息服务模式研究 [D]．北京：北京邮电大学，2010.

[12] 漆贤军．我国自主创新需求导向下的公共信息服务重组研究 [D]．武汉：武汉大学，2010.

[13] 陈静．基于公共信息服务参与主体博弈与仿真的公众采纳行为研究 [D]．福州：福州大学，2019.

索　引

索引编制说明

本索引主要是指主题索引。索引款目的结构为"标目＋页码"，页码以阿拉伯数字表示。索引按照标目的汉语拼音音序排列。相同标目不同页码只保留一个标目，页码依从小到大的顺序依次接连，中间用半角逗号","隔开。

标目从全书正文中选取，目录、摘要、注释以及参考文献部分不选取标目。索引标目主要以原文中的关键词、词组、短句以及事物、事件名称等表示，个别标目由原文增、删、改生成。

本索引由王雅戈研究员负责编制。

后　记

在公共数据共享与开放利用、数据生产要素、数据确权与交易、数据授权运营等新词、热词铺天盖地、席卷而来的形势下，以"公共信息服务社会共治理论与实践研究"为题出版本书，似乎有些落伍于"数智"时代的要求。

笔者认为，在数据价值链中，通过原始性、基础性数据的共享和开放利用可以为数字经济、数字社会和数字政府建设提供更多数据应用场景，而且丰富的数字化应用场景也会形成更多的公共数据。通过基础性、合规性的数据归集汇聚和分类分级、数据共享与开放利用等环节，可以完成公共数据价值链的构建与转换，从而为公共数据的价值发现、价值增值和价值实现提供理论与实践基础。从基础性层面上看，公共数据共享开放和利用的意义在于为公共信息服务生产与供给提供丰富的原料资源。对政府部门、专业性数据服务公司等主体而言，原始性和基础性数据的共享与开放可以为其数据再开发与再利用带来便利，数据作为生产要素和治理要素的价值更易被发现，也能够促进数据价值的增值与实现；而对普通公众而言，有特定含义和指向意义的公共信息服务往往更具实际价值，它能够给普通用户提供可采信的、有价值的、具有特定功能的信息产品与服务。因此，从这个意义上看，公共数据共享与开放利用不仅可以挖掘数据价值，实现数据价值增值，而且可以为公共信息服务生产与供给提供更多可供加工的原料性资源。公共数据开放利用与公共信息服务两者既相互联系、互相依赖同时又互为补充、相互并行、有效协同，其所面向的主要领域与服务对象也表现出一定的差异性。因此，重视并推进公共信息服务始终是政府的一种法定责任与义务，公共信息服务兼具权利保护和功能主义并重的意义。在公共信息服务发展趋势研判中，我们也注意到了公共数据共享与开放将会给公共信息服务社会共治模式的发展带来显著性变化。但因篇幅所限，本书对此仅作出了初步性分析。

总结回顾自己的研究历程，至今主持完成的多项国家社会科学基金项目在选题上有着一脉相承的关系。从政务信息公开进程中的现行文件开放研究，到以信息权利保护为中心的信息资源开发利用研究，再到公共信息服务社会共治理论与实践研究，它们之间表现出了层次递进与深化的逻辑关系，并也都与时代发展和社会需求紧密呼应。从公民知情权的保障，到数据与信息价值增值，这是时代对公共信息服务所提出的发展性要求。也正是在主持这些项目研究的过程中，我们对政府信息公开、政府数据开放、公共数据开放利用等目标有了更深刻的理解，同时也让我们进一步认识到对公共数据开放利用体系、数据治理体系等问题继续开展系统研究的必要性。因此，沿着这个研究思路深入下去将是下一阶段我们团队的工作重点。

作为国家社科基金重点项目的成果，本书历时五年完成。在这五年中，正是我的研究生王杰、李炜超两位同学在读，他们在学位论文选题上主动契合项目研究需要。为了完成项目和学位论文，王杰、李炜超同学付出了艰苦的劳动。本书第4章4.1节，第5章5.3节、5.4节的内容就是来源于他们的学位论文，我根据全书要求进行了适当改写。已毕业多年的白文琳、吉顺权等同学，在项目实施中也付出了大量劳动，个别章节成果就是我们合作的产物。对于他们在项目研究中所作出的贡献表示由衷感谢。在成果调研和最后成文阶段，我们参考了国内外大量文献，在实地调研中也得到了很多专家同仁的无私帮助。在此对所有文献作者和提供帮助的专家们一并表示感谢。

周　毅

二〇二二年元旦于苏州